偽歧視

拆穿政治正確、破解直覺偏見，
用數字與邏輯重新認識歧視的真相！

湯瑪斯・索威爾
Thomas Sowell
吳國卿　譯

獻給一同在工作崗位上勤勉努力的
華爾特・威廉斯（Walter E. Williams）教授

目次

前言

本書的初版討論一個看似正確的無敵謬誤（invincible fallcay），即社經結果在統計上呈現的差異似乎暗示了對較不幸者的歧視對待，或較不幸者有著先天基因上的缺陷。新版挑戰其他常見的謬誤，包括了現今我們主流社會願景中的一個錯誤推論：如果個人的經濟利益無法完全歸功於個人的貢獻，政府就有理由對其利益進行重分配。

這兩個謬誤表面上看起來都言之成理，但也因此值得我們檢驗它們的假設和根本的事實。本書的新版也討論許多其他的新問題——和初版一樣放在國際的背景下討論，但這兩個謬誤似乎是常被簡稱為「社會正義」的主流社會願景的核心。

對社會問題的異議大體而言不但無法避免，而且可能有益處，因為意見相左的各方被迫去面對未曾考慮過的相反意見，和去檢驗未曾經歷過的經驗證據。各方可能都未把所有因素納入考慮，但都必須面對不同的觀點可能帶來自身原本未深思熟慮的看法。

這種重新檢視相反觀點的作法，在政治、媒體，甚至學術界已變得很罕見。過去這些領域的人曾驕傲地宣稱：「我們是來教你們如何思考的，而不是教你們思考什麼。」今日，在有許多學術部門全力投入宣揚社會問題的特定結論之際，重新檢視這種相反觀點似乎特別重要，除非我們已變成一群輕易被強詞奪理踐踏、被少數武斷選擇的事實或數字蒙蔽的人。

那些想尋找政策「解決方案」的讀者將無法在本書找到。但要找尋讓你感到心安的「解決方案」有很多來源，甚至可以說太多來源了。《偽歧視》的目標是釐清一些深陷教條和混淆泥淖的重要社會問題，以便個人決定哪些政策符合他們自己的價值觀和目標。正如莫尼漢（Daniel Patrick Moynihan）曾說：「你有權利表達自己的意見，但沒有權利說你自己的事實。」[1]

湯瑪斯・索威爾
史丹福大學胡佛研究所

Discrimination

and

Disparities

沒有一個社會的所有地區和人口的每一部分都能同等發展。[1]

——布勞岱爾（Fernanad Braudel）

差異和先決條件

Chapter *1*

個人、群體和國家的經濟及其他結果的重大差異，帶來了從困惑到憤怒的各種反應。嘗試解釋這些差異的原因也一樣帶來各式各樣的反應：在解釋的光譜一端是，一些人相信那些際遇較不幸的人天生能力就較差；在光譜另一端的人則相信，較不幸者是其他較幸運者之下的受害者。

介於兩者之間還有許多其他的解釋，但不管是哪一種，普遍的共識似乎是，在真實世界中發現的差異，與我們對機遇的預期有很大的差距，但經濟和其他努力的結果所呈現出來的差異，不見得是因為先天能力差異或人們受到的差別待遇所致。

這種差異也可能單純地反映出許多努力的成果取決於各自特定的先決條件——而在滿足那些先決條件上，很小的差異就可能使結果出現很大的不同。

先決條件和機率

先決條件對機率的影響是很直接的。假設某種努力有五個成功的先決條件，那麼就定義來說，這個努力成功的機會便取決於同時具備那五個先決條件的機會。這些先決條件不一定要很罕見才足以製造出偏態分布的結果，舉例來說，假如這些先決條件都很尋常，任何人都有三分之二的機會可以滿足五個先決條件中的任一個——儘管如此，成功達成所有五個先決條件的機會還是很小。

在這個例子裡，達成任一個先決條件的機會是三分之二，達成所有五個條件的機會就是三分之二的五次方，得出的結果是二百四十三分之三十二[1]，大約是八分之一；換句話說，失敗的機會是大約八分之七。這顯示成功是一個相當偏斜的分布，完全不像我們預期中的鐘形曲線常態分布。[2]

這個簡單的算術練習在真實世界中有什麼意義？結論之一是，我們不應預期個人、群體、機構或國家的成功，在需要多重先決條件的努力中——指大部分有意義的努力——是平均或隨機分布的。如果這些條件確實是先決條件，那麼就成功的結果來說，五個先決條件中具備四個也沒有意義；換言之，具備大多數成功先決條件的人，最後仍可能會失敗。

不管缺少的先決條件複雜還是簡單，缺少它都會使已經具備的其他先決條件失去作用。例如，假設你是文盲，所有你可能擁有的眾多優點在今日的許多——即使不是全部——職涯都可能派不上用場。直到一九五〇年之前，全世界超過四〇%的成年人口都還是文盲，其中包括亞洲和非洲超過半數的成年人。[3]

如果你還沒準備好承受特定努力可能需要的漫長辛勞和犧牲，那麼不管這項努力本身具有多大的成功潛力，且所有機會的大門都已敞開，你可能終究還是會失敗。

無論個人是否具備先決條件，都無法單獨掌握所有的這些條件，即使在一個或一些先決條件上有超凡的能力，對最後的結果也可能起不了作用。例如，在二十世紀初，史丹福大學的特曼（Lewis M. Terman）進行一項研究計畫，追蹤一千四百七十名智商超過一四〇的人超過半世紀。這群人中的男性職涯資料——從女性從事全職生涯還不普遍的時代開始[4]——顯示，即使在這個稀少的群體（所有人智商都屬於最頂尖的一%）中，也呈現明顯的差異。

一些男性有極成功的職涯，另一些人有中等的成就，而約有二〇%明顯地令人失望。在較不成功組別的一百五十人中，只有八個人擁有大學學位、十二個人只有高中文憑。特曼的群體中最成功的一組人數與不成功組相當，但他們有九十八人擁有大學學位[5]——在所有人智商都是頂尖一%的男性中，就出現超過十倍的差距。

另一方面，有兩個男性曾在童年接受測驗時未通過智商一四〇的門檻，但日後卻獲得諾貝爾物理學獎，而那些智商超過一四〇的男性卻沒有人在任何領域達到得諾貝爾獎的成就。[6]因此，顯然特曼的群體所有男性至少都擁有傑出成就的一項先決條件，亦即夠高的智商；而且同樣明顯的是，一定有其他先決條件是這幾百名智商屬於頂尖一%的男性所缺少的。

那些在特曼的群體中造成教育和職涯結果差異的因素中，最大的一項是家庭背景。有最傑出成就的男性來自中層和上層家庭，並且在有許多書籍的環境中被撫養長大；有半數男性的父親是大學畢業，這在當年是遠比今日稀罕的條件。[7]在最不成功的男性之中，將近三分之一的雙親之一在八年級之前就已輟學。[8]即使是優異的智商也無法去除對其他先決條件的需求。

有時候缺少的條件，只是有某人為極有潛力的個人指點出正確的方向。一位國際知名學者曾在一個社交場合中提到，他年輕時並沒有想到要上大學，直到有人鼓勵他這麼做。他不是唯一擁有優異能力而且沒有想過上大學的人。[9]一些其他人——包括沒有像他這般傑出的人——如果來自把上大學視為正常的特定社會階層晉升，就會自動申請上大學；但若沒有人鼓勵這位學者追求更高的教育，他很可能變成某個不需要大學學位生產線上的好工人，而不是世界級的學者。

具備任何一個特定先決條件的人，可能呈現一個近似鐘形曲線的常態分布；但因為成功需要同時符合所有的先決條件，所以成功有一個很偏態的分布。這不但在理論上為真，經驗證據也顯示在實務上確實如此。

例如，在高爾夫球運動中，每回合高爾夫的推桿次數或開球距離等個人技巧，都有一個近似的鐘形曲線，然而要具備完整的高爾夫技巧——也就是能贏得職業高爾夫球協會（ＰＧＡ）巡迴賽——卻有一個非常偏態分布的結果。[10]

大多數職業高爾夫球員生涯中從未贏過一場ＰＧＡ巡迴賽[11]，但光是阿諾・帕瑪（Arnold Palmer）、傑克・尼克勞斯（Jack Nicklaus）和老虎・伍茲（Tiger Woods）三個高爾夫球員，就總共贏得超過二百場ＰＧＡ巡迴賽。[12]此外，在其他方面，棒球和網球的頂尖成就也有類似的偏態分布。[13]

既然許多人類的努力都需要多重的先決條件，那麼如果經濟或社會的進步從來就未曾平均或隨機地分布於個人、群體、機構或國家，我們也不應該感到太驚訝。如果一個國家在一個世紀落後、卻在後來的世紀裡突飛猛進；或者一個國家在一個時代領導世界、卻在另一個時代中落後，我們也不應感到太驚訝。當只要一個先決條件的獲得或失去，就能把失敗轉為成功、或把成功轉為失敗，那麼在多變的世界中，如果一個領導者或落後者，在前後世紀中高下易位，也不應令人驚訝。

如果先決條件本身長期隨著新的努力類型發展而改變，或者因人類知識進步而促成既有努力的變革，那麼特定的成功和失敗標準變成固定模式的機會也可能大幅降低。

人類社會演進中最具革命性的變化，也許是農業的發展——人類物種存在期間最晚近一〇％內的一項發展。農業使餵養城市集中的人口變為可能，而人口集中城市向來是（且仍然是）大多數重大科學、技術和其他被稱作文明進步的來源。[14]

已知最早的文明，皆從明顯具有類似性質的地理環境中崛起，這些性質包括每年河水氾濫的河谷地，不管是古代的美索不達米亞、印度次大陸的印度河河谷、埃及的尼羅河沿岸或中國黃河的河谷皆是如此。[15]這些特定的條件組合在人類物種存在的大多數期間，並未創造出農業或仰賴農業的文明，因此顯然還有其他先決條件。這些特定地點的種族具備的遺傳特性似乎不是關鍵因素，因為這些地區的人口都不是今日人類成就的領導者。

成功的極偏態分布模式，長期以來在真實世界裡就很常見，而這種偏態的結果都違背了政治左派和右派的基本假設。許多問題的正、反支持者，可能都對問題的背景機率水準有不切實際的假設。但對機率的錯誤看法，以及因真實世界未能符合從這種錯誤看法中所衍生的預期，可能驅動意識形態運動、政治聖戰和司法判決，層次高到包括美國最高法院的決定，例如顯示不同群體呈現出不同結果的「差別影響」（disparate impact）統計數字，就足以製造出歧視的假定。在過去，類似的統計差異就足以鼓勵遺傳決定論，進而發展出優生學、禁止跨種族婚姻的法律，以及帶來如大屠殺（Holocaust）的歷史浩劫的條件。

總而言之，人類在經濟結果、科學發現、科技進步和其他成就上的差異，已激發遍及整個意識形態光譜的各種解釋。若要讓這些解釋經得起事實的檢驗，我們應該先檢視有關個人、社會群體、機構和國家間彼此差異的一些經驗證據。

經驗證據

隱藏在許多嘗試解釋和改變人類結果呈現巨大差異的背後，通常有一種隱晦的假設，即如果沒有相對應的遺傳因素或遭到差別的對待，這種差異就不會存在。這些差異存在於個人以及由人群組成的各種機構中，包括從家庭到企業，再到整個國家。結果的偏態分布在人類無法控制的自然界也很普遍，從閃電到地震，到龍捲風都是。

人

雖然平等或至少相近的結果存在於各種社會群體的人中——在沒有偏袒的人為干預下，或沒有遺傳差異影響這些人的結果——似乎是可能的，但這兩種想法都未能通過經驗證據的考驗。

例如，一項針對美國優秀學生獎學金（NMS）得獎學生做的研究發現，來自有五個小孩的家庭的得獎學生在小孩中排行老大的人數，超過其他排行的總人數；[16]來自兩個小孩、三個小孩和四個小孩家庭的得獎學生中，是頭胎出生的孩子也佔大多數。[17]如果相同父母在相同家庭撫養長大的人會有不平等的結果，為什麼我們要預期——或假設——在沒有如此相近條件的情況下應該會有平等的結果？

對相信傳統上所謂遺傳或環境因素的人來說，這類結果是一項挑戰。

英國、德國和美國的智商資料顯示，頭胎小孩的平均智商高於較晚出生手足的平均智商。此外，第二胎出生小孩整體的平均智商高於第三胎小孩的平均智商。[18]

類似的模式也在荷蘭對申請入伍年輕男性所做的測驗中發現。頭胎出生者的平均心智測驗分數高於他們的兄弟姊妹，非頭胎出生者的平均分數也高於他們較晚出生的手足。[19]類似的結果也在挪威人的心智測驗結果中發現，[20]這些研究的樣本大小從數百人到數千人不等。[21]

頭胎出生者的這些優勢，似乎持續到後來人生的許多方面上。密西根大學一九六八年班男性醫學生的資料顯示，班上頭胎出生男性的比率是全部非頭胎出生者的兩倍多，是第四胎及更晚出生者比率的十倍以上。[22]一九七八年針對紐澤西州申請進入醫學院者的研究顯示，頭胎出生者佔申請者的比率超過常態分布，在成功申請入學者中的比率還更高。[23]包括一些最早已追溯到十九世紀的研究，也顯示類似的結果。[24]

大多數國家接受學院或大學教育的年輕人比率都比美國低，但不管一個國家的比率高低，頭胎出生者繼續接受高等教育的比率通常高於較晚出生的手足。英國二〇〇三年的一項研究顯示，家庭中排行老大的孩子有二二%獲得高等教育學位，相較於第四胎出生者的一一%，和第十胎出生者的三%。[25]

法國在二十世紀末針對逾二萬名年輕人做的研究顯示，這些年輕人中是家中獨生子的男性有一八%完成四年的大學教育，相較於頭胎出生男性的一六%，而第五胎和更晚出生的男性更只有七%。女性間的差別略大一些，家中獨生女的女性有二三%完成四年的大學教育，相較於頭胎出生女性的一九%，而第五胎或更晚出生的女性只有五%。[26]

出生順序的不同結果持續到進入職涯。一項針對約四千名美國人的研究得到結論是，早出生與晚出生者呈現的「平均所得下降」比教育程度下降「還更顯著」。[27]其他研究也顯示，頭胎出生者在大波士頓區的律師間所佔比率超過常態分布[28]，在國會議員間的情況也是如此。[29]送人類上月球的阿波羅計畫二十九名初始的太空人中，有二十二名是頭胎出生或家中的獨生子女，[30]頭胎出生和唯一的子女，在主要的古典音樂作曲家比率中也是超過常態分布。[31]

想想同樣父母所生的小孩和在同一家庭中撫養長大的小孩有多少相同點：種族、家族基因、經濟水準、文化價值、教育機會、父母的教育和知識水準，以及家族的親戚、鄰居和朋友，但光是出生順序就使結果產生明顯的差別。

不管特定家庭裡的小孩可能有哪些普遍的優點或缺點，唯一適用於頭胎出生或獨生子女的明顯優勢是，父母對孩子童年早期發展專心一志的注意。

孿生小孩的平均智商往往比單胎出生小孩低的事實[32]，強化了這個推論。不難想見，孿生子女較低的平均智商有可能源自子宮時期，但孿生子女之一若是胎死腹中或早夭，存活的孿生小孩平均智商就較接近單胎生小孩。[33]這意味孿生小孩和其他小孩一樣，父母專心或不專心的關注可能是關鍵。

除了父母可給較早出生小孩的關注量不同於較晚出生的手足之外，不同社會階層的父母對子女的整體注意也有數量上的差異。研究發現，父母從事專門職業的小孩每小時平均聽二千一百字，而勞工階級家庭的小孩每小時聽一千二百字，靠社會救濟過活的家庭小孩每小時聽六百字。[35]其他研究發現，不同社會階層的父母與子女互動方式也有品質上的不同。[36]

在這種背景下，預期或假設以如此不同方式撫養的小孩會有平等或相近的結果，其實並沒有根據。日後求學或就業的不同結果，也不能自動歸因於教育他們、給他們打分數或僱用他們的人，因為經驗證據顯示，人被撫養的方式可能影響他們成年後的結果。

這不只是因為以不同方式撫養的小孩成年後可能有不同能力水準，來自不同社會背景的人也可能有不同的目標和優先順序。許多根據發生多少向上流動來衡量有多少機會的研究，忽視或完全不關注這個可能性[37]，好像每個人都同樣力爭上游，只有社會的障礙會製造出不同的結果似的。

大多數受人矚目的成就牽涉多重因素，首要的是對特定努力的成功充滿渴望，以及願意付出必要的努力。因為若沒有這些條件，個人與生俱來的能力和社會中的所有機會都沒有意義，正如若沒有能力，渴望和機會也沒有意義一樣。

這意味一個人、一群人或一個國家可能擁有特定成就的一些、許多或大多數先決條件，最後卻一直無法真正成功達到那項成就。然而當缺少的某個因素或多個因素終於加入組合時，這個人、群體或國家可能突然立即達到驚人的成功。

貧窮和落後的國家突然進步到人類成就的前端，包括始於十八世紀的蘇格蘭，和始於十九世紀的日本。以歷史的時間尺度來看，兩者都呈現相當迅速的崛起。

蘇格蘭在過去數世紀一直是歐洲文明邊緣相當貧窮、經濟和教育落後的國家之一。據說十四世紀的蘇格蘭男爵沒有一個能寫自己的名字，[38]然而在十八和十九世紀，英國的主要知識界人物有高於尋常比例的蘇格蘭後裔——包括工程界的瓦特（James Watt）、經濟學界的亞當・斯密（Adam Smith）、哲學界的休謨（David Hume）、化學界的約瑟夫・布拉克（Joseph Black）、文學界的華特・司各特（Walter Scott），以及經濟與政治作家詹姆斯・彌爾（James Mill）與約翰・彌爾（John Stuart Mill）。

刺激蘇格蘭改變的因素之一是，他們的新教教會宣揚人人都應該學習閱讀，以親自閱讀聖經而非透過教士解釋聖經的觀念。另一個改變則較世俗，但一樣狂熱，即蘇格蘭的地主學習英語以取代蓋爾語（Gaelic）方言，因此為蘇格蘭人打開更多領域的書寫知識。

這些蘇格蘭人逐漸精通包括醫藥和工程等領域，最後超越英國人，並聞名於國際。他們大多數是蘇格蘭地主，而非繼續使用蓋爾語數世代之久的高地人。

日本直到十九世紀中葉，同樣是一個貧窮、教育不普及和技術落後的國家。一八五三年美國海軍將領馬修．培理（Matthew Perry）率船艦抵達日本，並向日本幕府展示火車頭，令第一次見到火車的日本人大開眼界。[39]此後數世代日本勵精圖治，以求在技術上追趕西方世界，這些努力讓日本於二十世紀下半葉在幾個科技領域之上領先全球，其中之一，是日本製造出讓美國難以望其項背的子彈列車。

有些卓越的進步是由特定的民族而非國家創造的。今日我們已很習慣於看到傑出的猶太知識份子在藝術和科學等領域有世界級的表現，以致於有必要指出，雖然在較早的世紀也出現過零星的國際知名猶太知識份子，但這是一項在十九世紀和二十世紀以一種普遍的社會現象呈現出的突發成就。

正如一位傑出的經濟歷史學家指出，「儘管猶太人數世紀以來，在讀寫能力和人力資本上擁有巨大優勢，工業革命初期他們在科學和技術的歷史上扮演的角色幾乎可以忽視」。此外，「一六〇〇到一七五〇年間，科學和數學的大幅進步中，並沒有與猶太人有關的研究」。[40]不管猶太人在工業革命時代有什麼潛力，也不管他們擁有多少讀寫素養和其他人力資本，他們通常沒有機會進入發動工業革命、更為廣大的歐洲體制中。在十九世紀前，猶太人被禁止進入大多數的歐洲大學。

在十八世紀末，美國成為授予猶太人和一般人平等法律權利的先驅，因為憲法禁止聯邦法律的宗教歧視。法國在一七八九年革命後跟進，其他國家也在十九世紀的不同時期和地方，放寬和取消對猶太人的各項禁令。

在這些發展下，猶太人開始流動，然後大量湧進大學。例如，到一八八〇年代，猶太人佔維也納大學所有學生的三〇％。[41]十九世紀末和二十世紀的發展結果是，在許多領域的國際知名猶太人人數突然大幅增加，包括在之前幾世紀幾乎沒有知名猶太人物的領域。從一八七〇到一九五〇年，猶太人在藝術和科學知名人物間的比率，已大幅超過猶太人口佔各歐洲國家和美國人口的比率。在二十世紀下半葉，猶太人佔世界人口不到一％，他們獲得的諾貝爾化學獎卻佔二二％、醫學獎佔三二％、物理學獎也佔三二％。[42]

這種情況和許多其他的情況相同，即先決條件的程度改變可能在相當短的歷史時間內發生，而使結果產生戲劇化的改變。猶太人的許多障礙被去除後，他們在若干領域迅速崛起的事實，並不代表其他種族的障礙被移除後就會自動地迅速崛起，因為猶太人在達到這些成就上已經擁有許多其他的先決條件。最值得一提的是，在世界各地人口普遍是文盲的數百年間，猶太人就普遍擁有讀寫能力，所以猶太人只需要夠多額外的先決條件就能俱備所有條件。

相反的，中國數世紀以來是世界上技術最進步的國家，尤其是在歐洲中世紀期間。中國人鑄造鐵器比歐洲人早一千年；[43]中國的海軍將領比哥倫布早幾個世代前，就展開比哥倫布持續更久的航海探險[44]，使用的船艦比哥倫布的船更大、造船技術也更先進。[45]

不過，中國在十五世紀的一個關鍵決定，啟動了中國人與歐洲人相對地位的劇烈變化。和其他明確顯示比較進步的其他國家一樣，中國人自認其他民族天生較為低劣，並視這些民族為「蠻夷」，就像羅馬人看待羅馬帝國領土以外的其他民族那般。由於中國政府相信航海探險並沒有發現可以從其他地方的其他民族學習的東西，所以在一四三三年不但決定停止這類探險活動，而且禁止這類航海或建造能從事相關航行的船艦，進而大幅削弱了中國社會對世界其他地方的影響力。

儘管這個決定在當時似乎有其道理，但它正值歐洲因為羅馬帝國衰亡而從退步的「黑暗時代」崛起，並從許多方面展開文藝復興的進步，包括進一步發展源自中國的事物，例如印刷術和火藥。哥倫布的船雖然達不到中國造船的標準，卻足以在尋找通往印度的航線時越過大西洋，並在無意中達成改變世界的發現新大陸之舉。

總之，歐洲擴大了進步的機會，包括源自於內部以及藉由擴張到地球的另一半所打開的世界，而當時中國的統治者卻選擇孤立的途徑——雖非完全孤立，但實質上等於孤立。在世界許多地方，地理障礙造成許多民族與國家的貧窮和落後，形成所謂的孤立拘束衣[46]；但在當時，中國統治者卻自己穿上這種拘束衣。往後數世紀的結果，便是在世界其他地方的科技和經濟呈現大躍進的時代裡，中國卻逐漸落後。

在無情的國際叢林中，這意味其他國家不但超越中國，而且強加意志於脆弱的中國之上，使中國淪落到第三世界的地位，以不同的方式臣屬於其他國家——包括喪失領土，如葡萄牙人接管澳門、英國接管香港，以及日本佔領中國的大片領土。

中國喪失的不是其人民品質所代表的先決條件，而是其統治者藉由一個關鍵決定——只失去一個先決條件——斷送了國家在世界一枝獨秀的地位。

中國人長期以來的素質優秀，可以從遍布世界數千萬名「華僑」移民的成功獲得證明，他們在初抵東南亞和西半球時，往往既貧困且只接受過少量的教育；但歷經數世代後，他們卻能致富並崛起，許多人甚至變成巨富。中國和華僑命運的鮮明對照可從以下的比較得到證明：在一九九四年，五千七百萬名華僑創造的財富，約等於生活在中國的十億人創造的財富。[47]

在其他國家推動的更可怕的計畫中，因為缺少一項先決條件而失敗的例子——幸好這個例子沒有成功——是納粹德國嘗試製造核子彈。希特勒不但推動這項計畫，而且時間上比美國更早。德國當時在核子物理學是領先國家之一，不過，在那個特定的歷史關鍵時期中，許多世界首屈一指的核子物理學家是猶太人，而希特勒狂熱的反猶太主義不僅排除他們參與核彈計畫，而且它對全體猶太人生存的威脅，更導致許多猶太物理學家離開歐洲而移民到美國。

這些移民的猶太核子物理學家喚起羅斯福總統關注納粹的核武威脅，並呼籲美國趕在納粹之前擬訂製造核武的計畫。此外，猶太科學家——包括移民和美國籍猶太人——在美國核子彈的發展上也扮演了重要的角色。[48]

這些科學家是美國的關鍵資源之一，而希特勒因為自己的種族狂熱主義而失去了他們。整個世界逃過一場可能的大規模毀滅和非人道鎮壓，只因為希特勒的核子計畫缺少一個關鍵因素。希特勒有一些重要的核子物理學家，但不夠多。

機構

在世界各國中，中國絕不是唯一喪失優越地位的國家。古希臘和羅馬帝國遠比同時代的英國和斯堪地那維亞進步，在後者大體上還沒有文字時，希臘人和羅馬人已有劃時代的思想巨人為西方文明的知識和物質文明奠立基礎。一直到十世紀，一位穆斯林學者還描述，愈往北方走，歐洲人就愈白，同時「愈往北方走，他們就愈愚蠢、粗俗和野蠻」。[49]

這種膚色和能力的相關性在今日是禁忌，但毫無疑問在他說這些話時的歐洲人之間存在很真實的相關性。許多世紀後，北歐和西歐的經濟和技術將領先南歐這個事實，是一個令人欣慰的跡象，證明在一個時代落後並不表示永遠落後；但這並不否認在特定的時代和地方，人群之間存在巨大的經濟和社會差異。

特定的機構如企業，也會在一段期間內經歷戲劇性的崛起和衰亡。今日的許多美國大企業都從卑微的小販起家（例如梅西〔Macy's〕和布倫明黛〔Bloomingdale's〕），或由出生貧寒的人創立（潘尼〔J.C. Penney〕、伍爾沃斯〔F.W. Woolworth〕）。相反的，許多大公司從獲利豐厚的高峰滑落，甚至破產——有時候只因為喪失一項先決條件。

在長達一百多年期間，伊士曼柯達公司（Eastman Kodak）是支配全世界相片業的業者。喬治・伊士曼（George Eastman）在十九世紀末以他發明的無需專業攝影技術的相機和底片，首先為廣大數量的一般人打開攝影的大門。在柯達相機和底片出現前，只有專業攝影師知道如何把感光乳膠塗於裝在用三腳架支撐的笨重大相機裡的照相底片，並在照相後以化學劑顯像和洗成相片的技術。

使用簡單的小柯達相機，裝上取代照相底片的柯達底片捲，就能讓完全沒有技術知識的人照相，並把顯影和洗成相片的工作交給別人。柯達相機和底片散播到世界各國，伊士曼柯達在數十年間獨家銷售這種底片給全世界，即使其他國家開始製造底片，以及日本富士公司在二十世紀下半葉大舉擴張，到一九九三年佔有全球二一%的市場，伊士曼柯達仍繼續銷售大部分底片給世界市場。[50]

伊士曼柯達也供應業餘和專業攝影師各種採用底片技術的照相設備和供應品。伊士曼柯達在這一百多年間顯然擁有成功的所有先決條件。在一九八八年時，該公司於世界各地僱用超過十四萬五千名員工，它的年營收在一九九六年達到近一百六十億美元的高峰。[51]然而，它支配全世界的地位在二十一世紀初相當突然地沒落，收入劇減，公司隨之破產。[52]

相片業只發生一個關鍵因素改變——數位相機取代底片相機。底片相機的全球銷售在二〇〇〇年達到高峰，當時的銷售是數位相機的四倍多；但三年後，數位相機在二〇〇三年的銷售首度超越底片相機。然後在短短兩年後，數位相機超越了底片相機二〇〇〇年的高峰銷售量，如今數位相機銷售是底片相機的四倍多。[53]

曾經製造世界第一顆電子影像感應器的伊士曼柯達，卻被自己的發明擊倒，[54]因為其他公司發展出更高級的數位相機。這些公司包括原本不在相片業的企業，例如 Sony 公司到二十世紀末和二十一世紀初的數位相機佔有率已是伊士曼柯達的兩倍多，[55]且數位相機銷售正一飛沖天。

在底片相機市場突然崩跌的情況下，柯達使用底片技術的眾多照相裝置和供應品突然失去大部分市場，導致財務的崩潰。它過去掌控的成功先決條件在其中一個條件改變後已毫無意義。在產業世界中，這種從稱霸淪落到破產的例子，當然也不只伊士曼柯達一個。[56]

自然界

在自然界和在人類的努力一樣，各種自然現象也需要多重的先決條件，且這些先決條件也一樣可能導致很偏態分布的結果。

要製造出龍捲風需要多重因素匯聚在一起，而全世界的所有龍捲風有超過九〇％發生在一個國家——美國。[57]但以個別的特性來看，美國這些氣候或地形並沒有令人驚奇的獨特之處，它們並非在世界其他地方找不到，只是在世界其他地方龍捲風的先決條件較不常一起出現，不像在美國那般頻繁。

類似的，閃電較常發生在非洲，次數多過於在歐洲和亞洲的總和，雖然光是亞洲的面積就大於非洲或任何其他洲。[58]雷暴有其先決條件，而這些先決條件最常在特定地理環境的組合中匯聚。在美國，雷暴在南佛羅里達發生的次數比在加州海岸頻繁二十倍。[59]

自然界中的許多偏態分布包括，地震在環太平洋帶很常見，不管是在亞洲或在西半球，但在環大西洋帶很罕見。[60]其他高度偏態分布的大自然現象是，一些地理組合製造出的物種遠多於其他組合。南美洲的亞馬遜地區就是一個這種組合：

南美洲的亞馬遜盆地涵蓋世界最廣的熱帶雨林，以生物多樣性著稱。一九八八年威爾森（Edward Wilson）在秘魯的一棵樹上就發現四十三種螞蟻，相當於英倫三島的所有螞蟻種類。[61]

類似的巨大差異也出現在比較南美洲亞馬遜地區與歐洲的魚類數量的情況：「在亞馬遜一座網球場大小的水塘捕捉到的魚類種類，是所有歐洲河流魚類的八倍。」[62]

人類當然是自然界的一部分。黑猩猩和人類基因相似度超過基因組成的九〇%以上，但大猩猩製造的東西顯然達不到人類製造東西的九〇%，例如飛機、電腦和能飛到月球和外太空的火箭。還有一種用顯微鏡才能看到、蠕蟲似的生物的基因組合和人類很像，[63]但擁有許多或大多數先決條件對最終的結果可能毫無意義。

影響

我們從這些世界各地高度偏態分布的例子，可以得到什麼結論？在自然界或在人之間都不會自動呈現平等或隨機分布的結果。相反的，在自然界和人之間呈現大幅度不平等分布的結果很常見，而且出現的情況都不涉及遺傳或歧視。

一個似乎更合理的結論，就像經濟歷史學家大衛・蘭德斯（David S. Landes）說的：「世界向來就不是一個公平的遊戲場。」[64]認為如果不是因為遺傳或歧視，世界會是一個公平遊戲場的想法，是一個不合邏輯和事實的偏見。尋找人的罪過是最容易的事，但自動把這些罪過視為不同的人呈現不同結果的唯一或者主要原因，將忽視這些差異的許多其他原因，例如，地理和人口特性，是造成人類之間不太可能產生相同或隨機結果的許多因素之一。

地理因素

在沒有歧視或基因差異的情況下，地理是被隱而不宣地假設是相同或隨機結果的大障礙。水路運輸和陸路運輸的懸殊成本差距，只是地理製造偏態分布結果的面向之一。

回顧羅馬帝國的時代，運送貨物橫越整個地中海——超過二千哩——的成本，比在陸上用車載運相同貨物走七十五哩的成本還低。[65]這表示住在海岸地區的人擁有遠為廣大的經濟和文化世界，可與其他民族相互交流。一篇地理學論文指出，在古代，歐洲內陸「與地中海沿岸比較起來是一個停滯落後的文化」。[66]

一直到十九世紀中葉之前，走水路從中國的港口橫越太平洋到達舊金山，比從美國的中央走陸路更快且更便宜。[67]同樣的，陸路運輸和水路運輸極大的成本差異，意味住在海岸的人，擁有比住在內陸者更廣大的經濟和文化世界。

長期以來，住在海岸的人向來可以在經濟上和其他方面，與遙遠距離外住在相同海岸的人溝通和互動，在許多例子中還能通達更遙遠的地方。住在較隔絕地區的人，不管是遙遠的山地村落、熱帶叢林或難以到達的沙漠，向來無法擁有可比擬的經濟和社會發展機會。陸地、海洋和空中運輸的現代革命已減少——但絕非完全消除——水路比陸路更容易通達廣大世界的成本差異。此外，現代運輸革命也無法抹除過去許多世紀來居住在迥異地理環境的人，持續進行大不相同的經濟和社會演化的效應。

長期以來，海岸民族傾向於比居住於內陸的同一民族更富裕和更先進，而居住河谷的民族同樣也比住在世界各地的隔絕山區的民族更富裕和先進。[68]進出山地社區的運輸成本長期以來就極其高昂，除非是運輸體積小、重量輕的極高價值貨物。世界各地許多山地社區製造的各種精緻的手工藝品[69]，為這類向來普遍貧窮的社區提供了一些經濟救援。

氣候和土壤對同等的機會或結果也是屬於地理類的障礙。世界上最肥沃的土地大多數位於溫帶，絕少或沒有一個位於熱帶。[70]這不只影響農業，也影響都市化的時間和速度，因為需要夠高的糧食生產力才足以餵飽集中在都市的人口。靠近海洋和位於溫帶的地區佔世界有人居住地區的八%，卻佔世界人口的二三%，和世界國內生產毛額（GDP）的五三%。[71]

所有這些並非全都歸因於肥沃土地和農業的重要性。但即使是今日高度工業化和商業化的社會，也需要數世紀的文明和都市發展後才崛起，而文明和都市發展的起源、範圍和速度，則來自有足夠生產力的農業，足以供都市社區建立和發展——要在這類社會得以在土地較不肥沃的地方發展出來之前很久就先具備的條件。

在過去數百年或數千年來，不同地點的社會因為具備不同的地理因素，例如肥沃的土地、可航行的水道，以及有沒有可被用來作為馱獸或役畜的動物，而大大影響了它們能否以相同速度發展成為進步社會。

就肥沃的土壤、可航行的水道和氣候的地理條件來說，西半球大部分地方很類似歐洲，但西半球幾乎沒有能從事粗重工作的馱獸和役畜，例如在歐洲經濟發展扮演重要角色的馬和牛，直到這些動物被歐洲人帶進西半球。即使是在歐洲人抵達前，被印加人用來當役畜的較小的駱馬，也僅局限在南美洲一小部分地區。

過去數世紀對這些社會的發展有重大影響的因素，例如土地的肥沃與否，在今日的重要性可能不同於過去，因為高度工業化或商業化的社會，可以隨時從全球化的世界經濟體進口食物和原料。同樣的，過去扮演關鍵社會經濟角色的馱獸和役畜，大體上在大多數工業化和商業化國家已被汽車、卡車、曳引機、火車和飛機所取代。但馱獸和役畜在這些國家的發展扮演重要角色，重要到這些動物可以被自己驅動的機器所取代。今日的社會在社會經濟的發展上可能千差萬別，其原因是在過去數世紀中，它們發展的速度受到地理因素的加快或阻礙。

光是地理差異，就足以排除在沒有歧視偏見或基因不同的情況下會存在同等機會的假設。山地人不是一個種族，因為他們存在於世界各個大陸之上，且彼此隔絕數千年。但他們有許多相同的社會特性，使得他們的選擇和成就截然不同於四周平地人的選擇和成就，他們與住在沿海地區的人差異還更大。

山地人約佔世界人口的一〇%到一二%[73]，這個比率看起來不高，但以絕對數字來看，他們的人口是美國人口的兩倍，也是義大利人口的逾十倍。[74]但義大利曾出過像伽利略、達文西、米開朗基羅、馬可尼和費米（Enrico Fermi）等人類歷史上的重要人物，全世界的山地社區卻從未出過這種人，儘管他們的人口遠多於義大利。

這不是針對山地人的批評，而是嘗試證明他們本身的地理環境限制的結果。義大利境內的山地人也沒有像該國其餘人口一樣創造出偉大的成就。二十世紀中葉對義大利一個山區村落所做的研究發現，住在該地區的人不僅極度貧窮，而且大多數與外面世界隔絕。[75]大多數山地人無法擁有與同時代居住在較有利環境的人相同的機會，即使他們慘況的原因並非來自於其他人，而是來自他們居住的地理環境本身的限制。

地理的影響不限於某個地方的地理特性，例如水路運輸成本相對於陸路運輸成本，或土壤肥沃度的不同，這類地理特性會產生重大的影響。當農業在史前時代在中東發展、且帶來較進步的都市文明和書寫文字等事物時，這些進步的知識傳到希臘的年代遠比不列顛群島或斯堪地那維亞早，只因為希臘的地點距離這些進步的源頭近。從幾乎所有標準來看，古希臘文明比不列顛群島或斯堪地那維亞的社會進步許多。

隨著歷史演進，其他重大進步在世界各地的不同地方發生，特別是居住地點靠近這類進步來源的人，擁有提升自己的機會比住在遙遠地方的人多。許多其他的歷史發展——包括從戰爭、政治動亂、災難性的瘟疫、大規模移民，到具里程碑意義的航海發現，以及科學與技術的突破——都使不同地方的不同的人，甚至同在一個社會的人，擁有的機會差異進一步擴大。

多種族社會匯聚來自世界各地其他社會的族群，它們可能繼承一些其他社會有利和不利的地理地點帶來截然不同的文化後果，以及它們今日居住在一起的社會帶來的影響。投入這類研究的學者，往往從那些盲目假設沒有同等結果是不尋常和有問題的人，得到極為不同的結論。

法國歷史學家布勞岱爾（Fernand Braudel）的結論：「沒有一個社會的所有地區和人口的每一部分都能同等發展。」[76]，是一個許多曾對世界各地的人、機構和社會做過實證研究的人達成的結論。由杜克大學霍羅威茨（Donald L. Horowitz）教授做的種族國際研究下結論說，對認為這些族群應該有同等「比例代表」的概念，「很少、甚至沒有任何社會曾接近過」。[77]麻省理工學院的韋納（Myron Weiner）做的研究讓他得出結論說：「所有多種族社會呈現出一種傾向，即各種族群體從事不同的職業、有不同水準（以及種類）的教育、獲得不同的收入，並在社會階層佔有不同的位置。」[78]一項軍隊種族組成的國際研究發現，軍隊兵員的組成「距離反映多種族社會很遙遠，連粗略的反映也說不上」。[79]

在各種社會經濟結果和智能成就上也發現過具體的地點差異。例如，柯地維拉（Angelo Codevilla）教授把歐洲分成幾個文化區，並作結論說，歐洲的小孩若出生在「從波羅的海往南沿著波蘭東部邊界到斯洛伐克西方邊界，再到沿著匈牙利東方邊界，繼續往下穿過波士尼亞中間到亞得里亞海的一條線東邊或西邊，將有極為不同的人生」。[80]

莫瑞（Charles Murray）具代表性的實證論文〈人類成就〉（Human Accomplishment）追蹤歐洲不同地區的歷史性藝術和科學進步的差異，並結論說「所有歐洲的重要人物有八〇％集中在一個不包括俄羅斯、瑞典、挪威、芬蘭、西班牙、葡萄牙、巴爾幹半島、波蘭、匈牙利、東普魯士和西普魯士、愛爾蘭、威爾斯、蘇格蘭、義大利最南部四分之一，以及約三分之一法國的地區」。[81]在美國，這個研究發現值得注意的藝術和科學成就來源，也有類似的偏態地點差異，以東北部的比例偏高，除了維吉尼亞州以外的南方大部分地區則比例偏低。

人口特性

社經結果差異最被忽略的因素，在國家內和國際間都可見到，就是像年齡差異中位數這類人口特性因素。這些差異並非小事，而且影響也非同小可。

例如在美國，中年人和年輕成人間的所得差異，比黑人和白人間的所得差異大[83]。不過，年齡族群間的所得差異已逐漸擴大，因為受到人類肌肉力量被機器力和電力取代的影響，年輕人身體活力在經濟上的價值已經降低，同時隨著更進步的科技和更複雜組織的發展，人力資本——知識、技術和經驗——的發展已變得愈來愈有價值。

人種或其他社會群體的年齡差異中位數多達二十年或更大，例如在美國，日裔美國人的年齡中位數為五十一歲，而墨西哥裔美國人的年齡中位數只有二十七歲。[84]

這兩個族群——或其他族群——的人口在需要較長教育年數和／或較久工作經驗的職業、機構或活動中，怎麼可能有同等的比例？如果西班牙裔美國人在專門職業，或管理級職涯——它們通常需要較長年數的教育和經驗——的比例比日裔美國人低，我們應該感到驚訝嗎？無論任何人種背景，有多少二十七歲年輕人，符合執行長或陸軍和海軍將官的職涯要求？

即使日裔美國人和墨西哥裔美國人在年齡以外的所有條件完全相同，他們的所得和其他年齡相關的結果也會呈現大幅差距。種族、人種和其他群體當然很少會其他一切條件相同，這使得相同結果的可能性更小，所以把結果差異自動視為歧視的指標也更加值得懷疑。就能力而言，一個人甚至在人生不同階段的能力也不相同，更遑論各式各樣的人在各自不同人生階段會更加地不同了。

在這些情況下，所有人的同等權利和同等對待，並不表示會有同等的表現——而且實際上保證會有不同等的表現和結果。這並不表示基因或歧視在任何情況下都不可能是因素之一，而是說需要明確證據來證實它們各自的可能性，因為截至目前，它們仍是有待驗證、沒有獲得結論的假說。

決定論的誘惑

相信所得的差異是差別對待低所得者的指標，是一組更廣泛的假設的一部分，這個假設認為某個特定因素是結果差異背後的關鍵或主要因素。在二十世紀初，不同族群間的經濟、智能和其他差異背後的關鍵因素被假設是遺傳所致。[85]這個觀點在當時是主流，正如今日相反的觀點認為結果的差異暗示了歧視是主流。美國的學院和大學在當時有數百種有關優生學的課程[86]，正如今日許多學術機構也有課程和整個學系教導結果差異暗示了歧視一樣。

在過去，基因決定論對美國也不陌生，或不局限於政治或意識形態光譜的特定部分，雖然當時是由美國的進步主義者領導提倡美國的基因決定論，一如後來他們在二十世紀下半葉也領導提倡了差異暗示歧視的相反假設。在大西洋兩岸的這兩個時代，主要的知識界和政治界人物都站在倡導他們時代的主流假設的前鋒。

例如在英國，凱因斯是牛津大學優生學學會的創始人之一，其他政治立場左傾的國際知名英國作家如H・G・威爾斯（H.G. Wells）、蕭伯納（George Bernard Shaw）、朱利安・赫胥黎（Julian Huxley）、拉斯基（Harold J. Laski）以及希德尼與碧翠絲・韋伯（Sidney and Beatrice Webb），都倡導優生學。在英國保守派中，後來在其他問題意見相左的邱吉爾和張伯倫（Neville Chamberlain），也都是優生學的支持者。[87]

在美國，優生學運動的主要人物包括美國社會學會和美國經濟學會的創辦人和主要幹部[88]。心理測試發展的先驅中，史丹福大學的特曼（L.M. Terman）教授從他對美國西南部少數族群的研究得到結論說：「他們無法了解抽象概念。」[89]而學術能力測驗（SAT）的創始人布林罕（Carl Brigham）宣稱，第一次世界大戰期間的美國陸軍心理測驗，傾向於「否定猶太人智力很高的流行信念」。[90]

簡而言之，即使是一個時代的主要知識份子，也免不了盲從一個因素的解釋。一個因素的解釋也不局限於人類的差異，它擴及到有關自然界的問題。沒有人爭論陽光在熱帶是否比較熱，但科學事實無法阻止在亞洲、非洲、北美洲和南美洲的歷來最高溫紀錄發生在這些大陸的熱帶以外的地方。[91]歐洲所有地方都不在熱帶，但有些歐洲城市的最高溫紀錄高於新加坡歷年來的最高溫紀錄，而新加坡幾乎就位於赤道上。[92]

整體而論，即使是一個主要因素——沒有疑義的科學事實——也可能被一些其他因素的組合壓過。無法否認的是，南北地點不同對氣溫的影響指出，雖然倫敦和華盛頓十二月的平均氣溫相同，倫敦的位置比華盛頓的位置更偏北八百五十哩。[93]墨西哥灣流溫暖的海水流過大西洋，把溫暖往北輸送經過包括倫敦在內的西歐，創造比起亞洲、北美或東歐相同緯度的地區更溫暖的冬季。

其他因素也讓溫帶許多地方的氣溫比熱帶地方高，[94]這些都不違背陽光在熱帶比較熱的科學事實，但不爭的事實並不表示這個單一因素自動決定了所有結果。同樣的，在人類中間，歧視對待世界各國許多族群這個不爭的事實，並不否定特定地方和特定時代一連串其他因素也可以對結果有決定性的影響。

雖然我們發現世界各地人類活動許多面向的結果呈現偏態分布，我們也發現許多社會理論把同等或可比較結果的假設當作標準答案，將結果的差異自動視為有著不當的力量阻止了自然平等的發生，但其實相同的成就或是犯罪並不常見。

數世紀以來，東歐的謀殺率一直是西歐的好幾倍。[95]根據英國刊物《經濟學人》報導，今日拉丁美洲「佔全世界人口的八％，但報案的謀殺率佔全世界的三八％」；此外，「拉丁美洲城市的暴力殺人案件只發生在二％的街道」。[96]

遺傳或歧視都不是所有人類偏態結果的必要條件或充分條件。但由於這兩種解釋，亦即遺傳或歧視，對世界各地的思想、法律和政策造成廣大、長久且強烈的影響，所以如何讓我們不受這些普遍存在的偏見束縛實在不是一件小事。

二十世紀兩場搖撼歷史的災難：納粹主義和共產主義，導致數千萬人遭到自己政府的屠殺，它們分別假藉為世界消滅「劣等」種族和為全世界被剝削的貧民去除「剝削者」之名。雖然這些信念可能是可以驗證的假設，但它們最大的政治勝利是展現為不容證據或邏輯碰觸的教條。

希特勒的《我的奮鬥》（*Mein Kampf*）和馬克斯的《資本論》（*Capital*）都不是經過驗證的假設。雖然馬克斯這部有三冊的經濟巨著是偉大的思想成就，「剝削」在這部二千五百頁的著作中，從未被視為有待驗證的假設，反而變成是一套繁複的思想巨構建立的根本前提，而這個前提證明是一片流沙。在共產國家，消滅資本主義剝削者後，並沒有提升工人的生活水準，甚至無法達到許多資本主義國家的普通水準，雖然資本主義國家的工人被假設遭到像發明這個詞的馬克斯主義者所說的剝削。

歧視被當作經濟和社會差異的解釋，對許多人可能有類似的情感吸引力。但我們至少可以將這些解釋和其他理論視為有待驗證的假設。把信念視為神聖的教條而不容證據或邏輯檢驗的歷史教訓，應該已足以說服我們不再重蹈覆轍，不管政治教條及其激發的聖戰可能多刺激或滿足情緒，或多方便我們逃避思索自己的信念或檢驗它們是否符合事實的辛苦和不舒服。

歧視：意義和成本

Chapter 2

有些人據說有區別品味的特殊能力，不管是在選擇葡萄酒、繪畫或其他產品與服務，在察覺品質和據以做選擇時能區別細微的差異。但區別（discriminate）這個詞也有另一個完全不同的歧視意義，指的是根據人的群體身分而以武斷的不同方式對待他們，不管他們真正的個人品性如何。

不管是在評斷人或事物上，兩種意義的區別可能導致大不相同的結果。葡萄酒鑑賞家可能最後選擇一種葡萄酒的次數多過於另一種，並支付比另一種葡萄酒更高的價格。

在對待人上也經常能觀察到類似的現象。在世界各國都常見到一些族群在僱用、教育和其他狀況中，得到與其他人大不相同的評價結果。因此不同的族群可能獲得大不相同的收入、職業和僱用率，或大不相同的學院和大學入學率，以及各種性質的族群結果差異。

根本的問題是：哪一種區別（歧視）導致這種差別的結果？個人或群體品性的不同是否受到他人正確的判斷，或他人根據個人的好惡或對特定族群成員武斷的假設而做決定？即使嘗試回答這個問題會引發做出相反結論的觀察者強烈的情緒和想法，但這終究是一個經驗性的問題。

這件事的另一種說法是：群體結果的差異到底是內在行為和能力的不同被外人正確地評價，或者是外界偏頗的錯誤判斷或外人的敵意所加諸的？

所有族群差異的答案未必相同，對一個特定族群在不同的時間和地方的答案也未必相同。如果尋找這種問題的解答終極的目的，是讓更多人有更好的機會改善生活，那麼它就不再僅止於學術的探究。但在尋找解答之前，我們必須很清楚自己在問問題時使用的字詞。

歧視的意義

在最低程度上，我們必須知道當使用像「歧視」（discrimination）這個詞時所代表的意義，尤其是因為它有著互相衝突的意義。較廣義的意思：區別人和事物品質的能力，並據以做選擇，可以稱為歧視I。較狹義、也較常被使用的意思：根據個人對特定種族或性別的武斷好惡和敵意，而以負面方式對待人，可稱為歧視II，即促成制訂反歧視法律和政策的那種歧視。

理想上，用於人的歧視I意味以人的本身來判斷每個人，不管那個人屬於何種群體。但這種情況和其他情況一樣，是在真實世界中很難找到的理想，即使是支持這個理念的人也是如此。如果你晚上走在一條無人的街道，看到前面一條巷子裡有個幽暗的人影，你會以一個個人來判斷那個人，或者你會選擇跨過馬路，換走街道的另一邊？巷子裡那個幽暗的人影可能實際上是個友善的鄰居晚上出來遛狗。但當我們做這類決定時，你個人犯的一點小錯可能成本很高，高到包括送掉你的性命。

在其他情況下，你可能真的以一個個人來判斷每個人，但這種「視情況而定」暗示了人已經被這種情況所揀選，然後才被以個人來判斷。例如，一位在新學年走進教室的教授可能以一個個人看待每個學生，但這個教授晚上走在一條無人的街道時，可能不會以一個個人來判斷和應對前面路上的每個陌生人。

大學教室裡的學生不太可能是一般人口可能出現的所有變數的隨機樣本，而比較可能代表一個狹窄範圍的人群、為了一個較狹窄範圍的目的而聚集，帶著較狹窄範圍的個人特性，也是處在一個比晚上黑暗的街道上較不危險的情況。

簡單的說，歧視I和歧視II在實際應用上的差別之一是成本，而且這種成本不見得微小，也不是一種能完全以金錢來衡量的成本。每個人可能都同意，在其他條件相同下，歧視I比歧視II好。儘管如此，我們可能注意到，其他條件不一定相同，而且有時候其他條件有很大的不同。

雖然選擇歧視I和歧視II有成本上的不同，但成本有多高可能才是重點所在，尤其是誰得支付這種成本。在晚上、甚至大白天也從來不會走在特定街區的人，仍然可能對一些銀行的「劃紅線」（redlining）作法——絕不把銀行的錢投資在某些街區——感到氣憤。這些氣憤的評論者絕不會認為自己對走在街區的選擇，實際上也是相同的「劃紅線」例子。

總之，歧視I在一些情況下可能帶來高昂的成本，尤其是在個人層面上時更是如此。不過，歧視II——對一群人採用武斷或厭惡的作法——不是唯一的其他選項。另一個做決定的方法是藉由衡量有關整體族群、或有關不同族群間彼此互動的經驗證據來做判斷。

為了說明起見，我們舉一個極端的例子：如果族群X有三〇％的人酗酒，而族群Y的人有二％酗酒，僱主可能寧可只僱用族群Y的人，去做會因酗酒造成低效率而且危險的工作。這表示族群X的大部分人——在這裡是七〇％——將不會被僱用，雖然他們並非酗酒成性。對僱主來說，很重要的是，在所有應徵工作者應徵當天都表現得很清醒時，判斷哪一個個人是酗酒或不酗酒所花的成本。

這對購買此僱主產品的顧客以及整體社會來說也有其重要性，如果酗酒者製造出有瑕疵的產品比率較高，就是顧客得承擔的成本，不管是顧客可能買了產品後發現它有瑕疵，或產品的瑕疵可能在工廠被發現而必須拋棄，都意味被賣出的產品價格會提高，因為在工廠被篩除丟棄的瑕疵品成本，必須由通過這個程序而被賣出的好品質產品的價格來彌補。

如果酗酒達到不只降低效率而且危險的程度，這種危險的成本將由在工作中面對危險的同事，或購買危險瑕疵產品的顧客，或兩者一起來承擔。簡而言之，這種情況本身就具有高昂的成本，因此不管是族群X中七〇％的人、僱主或顧客——或三者一起——最後都得為族群X中三〇％的人酗酒成性支付成本。

這當然不是以個人來判斷每個應徵工作者，所以它不是純粹意義的歧視I；但另一方面，這也不算是根據個人對整體族群的偏見或厭惡來做決定的那種歧視II。該僱主可能有來自族群X的個人朋友，他們對這些特定的個人有遠超過應徵工作者的了解，而不必擔心付出高昂的成本。

此處的重點不是為僱主辯護或譴責他們，而是為不同的決定過程分類，以便分析它們的影響和結果。這種知識成本的真實例子之一是：根據一項研究顯示，許多僱主不願意僱用年輕黑人男性，因為他們有很高比率的犯罪紀錄，那些會自動查核所有員工犯罪背景的僱主，往往比其他僱主僱用更多年輕黑人男性。[1] 換句話說，在工作性質使僱主值得花錢查核所有員工犯罪背景的情況下，就不再有必要利用族群資訊來評估個別年輕黑人求職者的犯罪背景。

因此，歧視I——根據經驗證據做的決定——有兩個變形。理想且成本較高的變形是尋求並支付能用來以個人品性判斷每個人的資訊，不管這個人來自哪一個族群。我們姑且稱它為歧視IA。

在其他情況下，這些資訊的成本可能高到不值得支付，個人可能被根據他們所屬族群呈現的經驗證據來判斷，這可以稱作歧視IB。兩種變形都與歧視II不同，歧視II是指基於對特定族群成員的個人偏見或好惡來差別對待來自不同族群的人，而非經由經驗證據。

即使是對特定族群沒有敵意或厭惡感的僱主，也可能有歧視IB的作法——基於實證經驗上的概化理由——當僱主知道不同的族群對與其他族群共事會有不同反應時。例如，在十九世紀的美國，勞動人口中有許多來自歐洲的移民，有些族群把他們在歐洲時相互間的敵意帶到美國來。當僱用的勞工同時有愛爾蘭新教徒和愛爾蘭天主教徒一起工作時，就有摩擦、甚至暴力的危險，並可能帶來降低生產力的負面效應。換句話說，一群不包含其他族群的工人，效率可能高於同時有兩個族群的工人。

相同的原則適用於對彼此特別有好感的族群。例如，僱主可能不在乎工作是由男人或由女人來做，但很清楚男人和女人對彼此並非沒有感覺，否則人類早就滅絕了。因此，在員工效率的考量下，當一種職業一面倒地是由女性擔任時，例如護理師，僱主可能不情願僱用一名男性護理師；相反的，伐木工人絕大多數是男性，僱主可能不情願僱用女性伐木工人，即使她的表現完全和男性一樣夠格也是如此。

指出特定個人的性別完全不影響其資格的觀察者沒有抓到重點。一個有相同資歷的個人可能把工作做得和其他人一樣好，但如果有一些其他人在工作時會分心，那麼淨效果可能是整體員工的效率降低。這是一個有實證經驗的理由，可能導致僱主採取歧視IB的作法，即使這些僱主對他們較不想僱用的人並沒有偏見或厭惡。

錯誤診斷歧視的原因所製造的不只是解釋的差異，它還可能製造出較難以達成目標的政策，甚至讓情況惡化的政策。例如，禁止僱主對求職者做犯罪紀錄查核，可能意味減少沒有犯罪紀錄的年輕黑人男性的工作機會。

僱主的決定不是唯一受到各種歧視影響的決定。在族群之間有真正差異的情況，而且牽涉嚴重的後果時，例如一個族群的謀殺率比另一個族群高好幾倍的情況，歧視IB可能被採用到對整個社區或族群「劃紅線」的程度，即使被排斥的那個族群大多數人沒有做歧視者擔心的行為。例如，即使在高犯罪率的社區，大多數人不見得是罪犯，*但對地方人口做個別查核的成本可能極其高昂。因此決定可能經由一個較粗糙的決策程序達成，根據的是從實證得來的概化歧視IB；而非較精確、但成本較高的歧視IA，或基於憎惡或偏見的歧視II。

這種情況可能衍生的後果之一是，在高犯罪社區守法的大部分人，最後可能為社區中犯罪

---

* 根據個人經驗，幾年前有一個年老的親戚在紐約犯罪率很高的布朗克斯（Bronx）穿越一條繁忙的街道時，突然失去意識跌倒。人行道上的人紛紛衝到街上，指揮車輛繞過她，其中一個女人保管我那位昏倒親戚的皮包，並在她甦醒後交還給她。皮包裡一分錢也沒少。

的少數同胞付出高昂的代價。一些企業將不運送產品——不管是披薩或家具——到高犯罪社區，以避免它們的司機遭到包括死亡在內的身體傷害。計程車司機可能為同樣原因而避免載送這類社區的乘客，甚至黑人計程車司機也會拒絕進入黑人的高犯罪社區，特別是在晚上。連鎖超級市場和其他企業往往避免把商店設在這類社區，理由也相同。

高犯罪社區守法的居民受到的這些傷害，實際上是為其他人的行為付出代價。除了是社區罪犯犯行的主要受害者外，他們確實也為他人的行為付出金錢的代價，因為這些社區高比率的順手牽羊、破壞、闖空門和搶劫，導致企業經營成本升高，進而提高在社區銷售產品的價格——這些社區的脫序也推升企業支付的保險費。[2]

一項以「窮人支付較高價格」為名的研究發現，整體而言窮人是「被剝削的消費者」[3]，被低收入社區的商店佔便宜。這個看法引起媒體、政府和學術刊物的回響。[4]不過，因為許多低收入社區也是高犯罪社區，「窮人支付較高價格」的說法犯了常見的錯誤，就是假設一些不好的結果是蒐集的統計資料所決定的。在這個例子，研究人員蒐集社區商店的價格資料，但這些高價格的原因不是在商店貼價格標籤的人。此外，雖然內城低收入社區商店的價格較高，投資這些商店的獲利率並沒有比平均水準高，反而是比較低。[5]

對不理解這些事實的人來說，較高的價格可能被視為只是「貪婪」的商店業主「哄抬價格」的行為。對以這種方法看待這件事的人來說，較高的價格可能看起來是政府可以藉由實施價格控制來解決的問題——正如一九六〇年代揭露「窮人支付較高價格」引發人們憤怒時，一家哈林區報社的報導所建議的作法。[6]但如果這些社區的企業不藉由較高的價格轉嫁在此處做生意的高昂的成本，它們將面臨關門的風險。

低收入、高犯罪社區裡的企業往往不足，這種現象與在這類社區賣較高價可以賺較高獲利的解釋互相矛盾。高犯罪社區守法的居民必須支付較高價來補償在當地做生意較高的成本，這樣的理由可能很難讓他們感到寬慰。在此同時，政治人物和地方倡議人士有充分的動機宣稱較高的價格是基於歧視——這裡指的是歧視II——雖然事實上純粹是社區因為其中的部分居民而支付了額外的成本。

因此，對於沒有製造這種成本的社區居民來說，加害者是製造這些成本的其他居民，而不是被迫收取較高價格的商店業主，這不只是抽象的哲學觀點或釐清語意的事。了解較高價格的來源和錯誤怪罪收取較高價格的人之間的差別，就是做減輕問題的事和把迫切需要的企業趕出社區而讓問題更加惡化的差別。歧視IB和歧視II的差別不只是一項學術上的區分而已。

雖然低收入社區的較高價格往往被從種族和少數族群的角度討論，同樣的經濟後果也被發現出現在白人的低收入社區。《辛辛那提詢問報》報導：「肯塔基州東部的居民把該地區較高的價格和利率形容為『內山人稅』。」[7]

消除高犯罪社區的守法居民承受不公平結果的作法，可能是強化警方和法院的執法。不過，如果大眾——包括受影響社區內外的大眾——把較高的價格看成是社會因為偏見和憎惡而歧視（歧視II）受影響的社區，加強執法將只是對受影響社區加諸另一種不公義。

總之，不管人們是否相信低收入、高犯罪社區較高的價格是因為歧視II，或者是經驗上的決定，都攸關減輕守法居民承受不公平結果的政策是否在政治上可行。社區或族群的團結一致可能反而變成看清、相信或因應事實的一大障礙。

上述討論沒有告訴我們一個特定社會中存在著多少歧視I與歧視II，或是其他情況與決策程序造成了多少結果上的差異。在某些情況下，可能很明顯的是外人故意把成本加諸於一個群體——歧視II——造成的，例如過去許多南方的州拒絕給美國黑人公民投票權。這些州的種族隔離法律強迫黑人乘客坐在巴士和電車後面，並且不准他們進入這些州僅收白人學生的大學，這顯然是更廣泛的種族歧視——歧視II——的例子。

過去數世紀存在的歐洲猶太人區，強迫猶太人居住在受限制的區域，並禁止他們進入大部分歐洲大學，也是歧視II的例子之一。世界各地許多國家的無數其他族群——印度的「賤民」是典型的例子——面對更多更加惡劣的限制和壓迫。

這些都是歧視II讓它的受害者付出的成本。為了了解因果關係，值得分析的是歧視者付出的成本，因為這些成本是考量歧視II如何持續存在於特定環境和體制中的因素之一。這些成本沒有像受害者付出成本所能帶來的道德、政治或意識形態的吸引力，但歧視者必須付出的成本，以及他們在何種環境會付出這些成本，事實上能影響歧視II可能被施加的數量多寡。

了解歧視者付出的成本，也帶來制訂政策以確保無法逃避這些成本的機會，還有警惕我們其他政策可能在不了解的情況下，不自覺地幫歧視者免除了這些成本。

|側記|價格差異背後的因素

犯罪不是許多低收入社區價格較高的唯一原因。對不熟悉經濟學的人來說，沃爾瑪（Wal-Mart）只賣七十五美分的產品在低收入社區的商店賣一美元卻賺不到錢似乎很奇怪，但除了經營商店的成本外，還有許多影響因素。沃爾瑪的成本在許多方面都較低，安全的地點只是其中之一。

即使一家地方商店售價一美元的產品能賺進十五美分的毛利，高於沃爾瑪只賺十美分，但如果沃爾瑪的庫存周轉率是地方商店的三倍，那麼沃爾瑪在相同的一段時間內賺進的錢將是三十美分，而地方商店只賺十五美分。沃爾瑪的周轉率事實上比一些別的知名連鎖商店高，比地方社區商店更高出許多，也就是說地方商店賣出同樣商品所需的時間要遠為長久。

運送商品到沃爾瑪商店的成本也可能較低。例如，運送一百箱麥片到一家大型沃爾瑪商店的成本，可能遠低於運送到分散在城市各地十家不同的社區商店各十箱麥片所花的成本。同樣是運送一百箱麥片，但運送的成本可能大不相同。

歧視的成本

歧視II的數量或嚴重程度都不是永遠固定的，它因國家和時代的不同而有很大的差別。有一段期間，許多美國僱主的求才廣告會寫「愛爾蘭裔請勿應徵」，或「僅限白人」；在哈林區還有高檔白人社區時，一些商店的招牌會寫著「猶太人與狗不准進入」。[8]

美國人也非特例，在世界各地和各個時代的其他地方，族群歧視——也就是歧視II——是如此普遍和變成共識到不需要這類招牌。對女性、猶太人或一些其他族群來說，應徵某些工作曾被視為是冒失地浪費僱主的時間。

僱用和升遷上的歧視II引發因果關係和道德的問題，這兩類問題值得分開來探討。

因果關係

在嘗試了解僱用和升遷歧視的原因和結果時，我們必須再一次思考這是歧視I或是歧視II。這向來就不是一個容易回答的問題，而且事實上容易的答案如自動把統計結果的差異等同於歧視II，可能是得到真相的一大障礙。

一個不在意求職者屬於哪個族群、只根據個人資歷判斷求職者的僱主，最後可能僱用的員工人口特性組成會與地方人口的特性組成大不相同。

自動把統計結果的差異等同為歧視II的人經常忽視的一個人口特性事實是，不同民族群體間有大不相同的年齡中位數。正如前面已經提到，口裔美國人的年齡中位數比墨西哥裔美國人老二十多歲。[9]即使同年齡的每一個個人有相同的收入，不管那個個人屬於哪個族群，日裔美國人和墨西哥裔美國人的收入還是有很大的差異，而且許多其他族群之間的情況也是如此。

一個年齡中位數為二十幾歲的族群，其人口中有二十年工作經驗的比率顯然會比不上年齡中位數為四十幾歲的族群。因此，一個族群可能有超高比率的人口從事需要許多年工作經驗的高階職業，而另一個族群可能同樣的有較高比率的人從事職業運動或涉入暴力犯罪，因為年輕人從事這些活動的比率特別高。

這種結果的差異並不能自動證明族群外面的人有偏見，也不能證明族群內部的人有什麼缺點。這兩者可能都存在或不存在，但那將需要統計數字差異以外的經驗證據來證明。

簡而言之，求職者找上僱主之前的條件，對來自特定族群的某個人被僱用或升遷的機會，可能有「差別影響」，即便是僱主根據求職者個人的資歷判斷每個求職者，忽視求職者來自哪個族群。換另外一種說法，即使是歧視IA也可能製造出「差別影響」的統計數字，正如歧視II一樣。

年齡只是那些既有條件之一。正如前面已提過的，出生於父母是專業人士家庭的小孩每小時聽到的字句，是勞工階級小孩的兩倍，更是領救濟金過活家庭的小孩每小時聽到字句的三倍。[10]我們能相信這些以及其他差異，加起來在成長的許多年間，對那些小孩長大成人後找工作時的個人能力和社會結果，不會有影響嗎？這些個人可能在出生時很類似，但從出生到應徵工作或申請上大學之間會發生許多事，而且這些發生在每個人身上的事很少會相同。正如我們都知道，它們發生在相同家庭出生和撫養的小孩身上就不同。更廣泛地說，你無法分辨結果差異的來源，和統計數字蒐集的地方。這種資料可能是在僱主的企業場所蒐集的，但這不能排除個人能力差異是來自家庭，或來自人被撫養長大的地方文化。

影響結果的不只是孩子的教養，每個人自己做的決定也影響他們的結果。當超過四分之三的大學教育學位由女性取得，而超過四分之三的大學工程學位由男性取得時，[13]女性支配教育職業和男性支配工程職業的統計數字，就不能自動歸因為僱主的偏見。更根本的是，特定結果的原因是一個實證經驗的問題，它的答案必須解開許多複雜的因素，而非只是誇張地指出結果上的統計差異。

成本及其效應

我們不難了解被拒絕僱用或升遷某些工作，可能導致一些族群的收入比其他族群低，以及何以這會激起道德上的反對，不只是被拒絕工作者的反對，也因為這些作法激起其他人道德上的厭惡。

從原因的角度看，這類作法的理由也引發其他問題。在此處，歧視者付出的歧視成本在結果中扮演原因的角色，整體社會也付出某個代價。一個女性被專制地禁止從事許多工作的社會，可能因為失去半數人口的潛在生產力而付出龐大成本。

不過，「社會」很少是一個決策單位，除非是在選舉期間或發生群眾暴亂的時期。要了解一般而言的決定，或是特定的僱用決定，必須了解特定決策者在特定類型的體制下面對的誘因和限制，他們無法隨心所欲做選擇而不顧做決定的成本。

在競逐員工或僱主的產品的競爭市場，企業主的決定背後的信念是否正確，可能將決定該企業營運賺錢或虧損、能生存或被迫關門。簡單的說，我們不能只是從態度直接斷定結果——即使這些態度牽涉種族歧視或性別歧視——好像在競爭市場做的決定沒有中間因素。做市場的系統分析時，必須也考量各個決定者的偏好因素以外的其他因素。

承認這一點的經濟學家包括從亞當・斯密的信徒到卡爾・馬克思（Karl Marx）的追隨者。最清楚表達這個觀點的也許是與馬克思合著《共產黨宣言》的恩格斯（Friedrich Engels）。恩格斯說：「每個人的意志都遭到其他人的阻礙，而出現的事物都不是出於人的意志。」[12]原因的系統分析關心的是出現的事物。

自由市場資本主義的守護聖徒亞當・斯密一樣有一套原因的系統分析，他沒有把資本主義經濟的好處歸因於資本家的善良意圖；[13]相反的，亞當・斯密對資本家身為個人的觀點甚至比馬克思的觀點還負面。[14]斯密和馬克思對自由市場資本主義的好處和壞處得到相反的結論，但他們的結論都不是根據資本家的意圖，兩個人的結論都根據對經濟競爭的系統性誘因和限制。

有太多其他觀察家——包括一些學者——的看法好像是意圖會直接自動轉換成結果。因此，社會學家威森（William Julius Wilson）在他的書《種族重要性的式微》（*The Declining Significance of Race*）中指出，內戰期間的南方地主和僱主採用各種有組織的方法，尋求壓低黑人勞工和黑人佃農的收入。[15]但書中沒有提出經驗證據來說明這些意圖實際上如何展現——也就是說，恩格斯所稱的「出現的事物」。

對照之下，經濟學家希格斯（Robert Higgs）研究內戰後美國南方僱主和地主那些作法的實際後果，他發現這類有組織的作法通常以失敗收場，原因是白人僱主和地主競爭僱用黑人勞工和佃農。[18]當時的情況似乎是剛被解放的黑人——極度貧窮、往往不識字，不熟悉如何在勞動市場以自由人的身分工作——很容易變成白人聯合起來任意執行薪資和佃農條件的受害者，但那忽略了市場經濟固有的系統性競爭壓力。

在農業——當時南方大部分是農業區——特別是春季有必須耕田和播種的迫切需要，否則秋季將沒有作物可以收割。雖然白人地主尋求壓制黑人勞工和佃農，但那些率先違反聯合抵制的白人地主將可確保自己獲得充足的勞力，以便讓農地上的作物產量和品質最大化。

堅持抵制黑人，或以各種方法欺騙黑人勞工和佃農的其他白人地主，往往發現他們必須將就接受剩下的黑人勞工和佃農，因為其他白人地主已捷足先登，為了獲得較有利可圖的作物收成機會，而以較高薪資和較高的作物收成比率搶先僱用較好的工人和佃農。黑人勞工和佃農不需要了解經濟學，就能知道哪裡的親戚朋友獲得較好的條件，進而前往那些地方。[17]

不令人意外的是，壓制黑人勞工薪資和黑人佃農收成比率的這些努力，通常在這類經濟壓力下瓦解。「出現的事物」在這個例子是，黑人的人均所得在一九〇〇年至少比一八六七到一八六八年時高出「近一半」，這個成長的比率超過那段期間整體美國經濟的成長率。[18]由於黑人從一個很低的經濟水準出發，所以他們仍比白人貧窮，但希格斯教授的資料顯示，「黑人收入成長在十九世紀最後三分之一比白人收入成長快」。[19]

整體來看，企業不管是在勞動市場或產品市場中做決定，都不像教授在教務會議中投票那樣，因為那些投票很少需要教授自己付出成本，投票的結果對學生或對學校是好是壞都一樣。不同之處在於，在競爭市場做的決定必須考量結果的反饋，而學界和在其他情況下所做的決定卻與這種反饋隔絕。

種族隔離下的南非

為了避免對種族歧視的存在或程度進行無休止或無結論的辯論，我們可以在對討論主題而言很明確的歷史背景下測試我們的假說——就是種族隔離期間的南非，由少數族群白人政府統治，多數族群被剝奪選舉權，而且公開提倡白人優越論。

種族隔離法限制特定產業和職業可以僱用多少黑人，並禁止那些產業和職業僱用黑人擔任特定職階以上的工作。但在競爭激烈的產業，南非的白人僱主往往僱用的黑人人數超過種族隔離法的上限，且擔任比法律限制的職階更高的工作。

一九七〇年代，政府的取締導致南非營建業的數百家公司因為觸法而被罰款。營建業並非唯一在競爭性市場因為僱用更多黑人和擔任更高職階而遭罰款的產業，在一些產業完全禁止僱用黑人的特定工作類別上，黑人人數甚至還超過白人。[20]

沒有可信的證據顯示，觸犯那些法律的白人僱主和通過那些法律的白人國會議員有不同的種族觀點，不同的是未僱用黑人的僱主為歧視II而付出喪失賺錢機會的成本（僱用黑人可以賺更多錢），而通過法律實施歧視II的國會議員不必付出任何成本。的確，未通過這種法律的國會議員會付出政治上的成本，因為他們所處的環境是只有白人可以投票，且白人勞工希望法律保障以免除黑人勞工的競爭。

僱主和國會議員都理性地追求他們的自利。只不過競爭市場的體制性誘因和限制，不同於在政治機構中的誘因和限制。在南非，勞動市場也不是唯一受到歧視者成本影響的市場。

種族隔離法禁止非白人居住在法律規定只限白人的特定地區，但許多非白人實際上居住在這些僅限白人的地區，這些人包括美國籍黑人經濟學家威廉斯做研究時在南非暫居三個月，[22]南非至少有一個僅限白人地區的大多數居民是非白人。[22]同樣的，成本是關鍵。僅限白人地區的出租房地產業主若拒絕出租給非白人，將付出損失經濟利益的成本，對照之下，他們若觸犯種族隔離法也必須付出成本，而且後者未必比較划算。

雖然種族歧視者就定義來說，是偏愛自己的種族勝過其他種族，但個人種族歧視者和其他人一樣，傾向於最偏愛自己，這是南非競爭性產業中很多白人僱主和地主觸犯種族隔離法的原因。南非白人投票給提倡白人至上的候選人不需要付出成本，但拒絕僱用可以讓企業賺錢的黑人勞工，卻得付出高昂成本。

此外，拒絕僱用黑人的成本是，眼看著在產品市場競爭的其他企業僱用他們，並因此能有較低的營業成本——讓競爭者的價格可以低於未僱用黑人勞工的僱主——並使遵守種族隔離法的僱主承受損失獲利、甚至損失整個生意的風險。

這不是說歧視的法律和政策沒有影響。觸犯法律得付出成本，遵守這些法律也得付出反成本，因此結果取決於在特定時候和地方的特定情況。

不過，歧視II對歧視者的成本——在競爭市場的情況下——遠為輕微，在自由市場競爭不存在的情況下甚至沒有成本，例如：（一）獨佔性公共事業的價格和獲利直接由政府控制，（二）非營利組織，當然還有（三）政府的僱用。在所有這些特定情況下，歧視II往往比競爭性市場普遍得多，不僅發生在種族隔離下的南非，也發生在世界各地的其他國家。[23]

除非我們相信這些特定機構的決策者，有著不同於競爭性市場決策者的種族觀點和其他觀點，而且這種不同長期存在於各世代的決策者，否則這類機構性不同的原因，必定來自它們的不同處境帶來的特定誘因和限制。

機構性誘因和限制

二十世紀中葉美國民權運動的里程碑之一是，在規定黑人只能坐在或站在巴士後面、前面座位保留給白人的南方各州號召反對法律的運動。雖然這場奮鬥兩邊的許多人把這些法律視為恆久以來就已存在，但實際上並非如此。這類法律的歷史再度顯示出經濟誘因和限制相對於政治動機和限制所扮演的不同角色。

在十九世紀末，奴隸制度結束三十年後，許多南方社區開始通過市區運輸車輛座位的種族隔離法律。當時的政治情況已經改變，不同於內戰剛結束的所謂重建期間美國軍隊還駐紮於南方各州，南方政府必須遵守聯邦政策授予黑人投票權。

重建結束後，南方的地方政府恢復自治，黑人往往失去投票權，原因從法律到組織化的恐怖主義不等，城市運輸車輛座位的種族隔離規定只是當時的政治結果之一。在這些法律通過前，常見的是南方公共運輸車輛上黑人和白人任意坐在他們想坐的位子。

大多數電車公司在那段期間是私營的，它們的獲利取決於多少人——不管黑人或白人——選擇搭乘它們的車輛，以及搭乘的頻率。這些私人公司的決策者了解，如果規定黑人顧客坐在後座，或後座客滿時站著——即使為白人保留的前座還有空位——可能得罪他們而損失獲利。的確，種族隔離座位甚至可能觸怒一些白人，因為白人座客滿時，後面的黑人座區卻還有空位。

總之，城市運輸車輛的種族隔離座位對擁有和管理這些公司的人來說，是一件會損失獲利的事，因此南方的城市運輸公司反對通過巴士和電車設置種族隔離座位的法律。在政治方面輸掉阻止立法後，城市運輸公司把問題告上法院，但再度敗北。等到開始實施法律後，許多南方城市運輸公司完全不執行種族隔離座位。在許多地方，乘客持續多年都任意坐在他們喜歡坐的位子上。[24]

不過，最後南方政府當局採取取締措施，開始控告城市運輸公司僱主違反種族隔離座位的法律，在一些例子中，這些公司的業主被威脅如果他們的運輸路線不執行種族隔離法將遭到起訴。直到這時候這項法律才開始落實執行，在一些地方已經是法律通過之後好幾年的事。[25]

鐵路也受到種族隔離法律的經濟影響。當黑人和白人乘客必須坐在不同車廂時，鐵路公司必須負擔高昂的成本為客運火車添購額外的車廂，和消耗更多燃油來推動變得更重的列車。在沒有足夠的乘客來填滿車廂時，這種成本顯得格外沉重。如果黑人和白人乘客的總數只能填滿一個車廂的三分之二座位，種族隔離法律可能製造出一個需要兩個車廂、分別只坐了三分之一座位的情況。

和城市運輸公司一樣，南方的鐵路管理業者基於自利而反對種族隔離法律，即使他們的種族觀念與通過這類法律的政治人物可能相似。但政治人物反應的誘因是選票——白人的選票——而鐵路業主和經理人反應的誘因則是財務。而錢沒有黑白之分，不管它的來源是哪一個種族。

一八九六年著名的最高法院普萊西訴弗格森案（Plessy v. Ferguson），起於鐵路公司與普萊西（Homer Plessy）合作，挑戰這種種族隔離法律，希望建立一個判例。雖然普萊西是黑人社區的一份子，實際上他的高加索血統多過非洲血統，而且外表與白人無異。如果他搭上一列火車前往他的目的地，坐在僅限白人的車廂時幾乎不可能被質疑，但鐵路公司的律師和普萊西的律師合作採取法律行動，以便有案例可以上法院。[26]遺憾的是，原告和更廣泛的平等權利訴求都遭到最高法院的多數法官否決。

這並非經濟和政治勢力衝突必然的結果。重要的是在草擬或修改法律和政策時，要認清這種衝突的影響。不只是在政治機構，一些經濟機構的決策者在加諸別人歧視II時，也與必須付出這種歧視的成本隔絕。獨佔性公共事業的價格和獲利率由政府的監管機構直接控制，它們與在競爭性市場加諸歧視行為的經濟成本隔絕，不管這類歧視行為是指向少數民族、女性或其他人。

雖然在僱用員工時從事歧視II行為可能意味在競爭性市場營運的公司獲利減少，但由政府監管且壟斷市場的公共事業卻不准賺取高於政府機構認為合宜的獲利率，因此公共事業公司如果在僱用時不考慮求職者所屬的族群，它們也不會損失被允許保留的額外獲利。

歧視II可能讓受監管的公共事業公司付出額外的勞動成本，因為它們必須提供較高的薪資以吸引更多合格的求職者，以便從決策者所偏好的族群中挑選出僱用的人。但對受政府監管的獨佔事業來說，這種成本可以轉嫁給顧客，而顧客別無選擇只能支付那些成本。

在電話還僅限固網的年代，美國的所有主要電話公司都是美國電話電報公司（AT&T）的子公司，這段歷史凸顯出這種模式。直到一九三〇年，整個美國只有三百三十一名女性黑人擔任電話接線生的工作，佔這個職業二十三萬名女性從業人員極低的比率。到了一九五〇年底，電話公司的黑人女性員工仍然只佔所有女性員工的一％。[27]不過，在一九五〇年代一些北方州制訂「公平僱用」法律，和一九六〇年代的聯邦民權法案和政策後，許多電話公司修改它們的政策，開始大幅增加僱用黑人。

但在一九六〇年代前，州級的公平僱用法律只存在南方以外的地方。雖然一項全國性的電話業僱用抽樣顯示，黑人電話接線生的僱用在一九五〇到一九六〇年間增加了三倍多[28]，但紐奧良、南卡羅來納州或佛羅里達州等南方地區的電話公司，一直到一九六四年才僱用第一個黑人電話接線生。[29]

這些地區性的不同，反映出個別的電話公司是由州政府監管，而且受到州級政治勢力影響。在一九五〇年代的南方，曾組成美利堅聯盟國的所有十一個州中，黑人佔電信公司男性員工的比率在這十年間實際下降，而在東北部和中西部各州的電信公司僱用的黑人，在這十年間卻增加。[30]

後來的一份全國性電話公司樣本資料顯示，這些公司從一九六六到一九六八年總員工數量的成長上，黑人佔了三分之一——這股趨勢始於一九五〇年代，且主要集中於東北部和中西部的公司。[31]由於這些電話公司都由AT&T擁有和控制，所以個別電話公司政策呈現出明顯的地區性差別的原因，與監管這些公司的南方與非南方州政府間的地區性政治差異比較有關，而與AT&T全國性管理團隊施行的政策較無關。所有不同地區間一致的是，電話公司對黑人求職者的優惠或歧視帶來的額外成本可以轉嫁給顧客，而顧客別無選擇只能買單，因為當時只有固網電話，且每家公司在各自的地區都是獨佔事業。

當時政府監管的石油和天然氣公共事業情況也一樣，它們都由州級機構監管，且增加僱用黑人也局限於那個年代南方以外的州。[32]這些公司都未付出決策以前歧視黑人的成本，也未付出決策以後僱用黑人的優惠待遇的成本。管理非營利組織的決策者，或負責政府僱用政策的官員也是如此。

類似的誘因在非營利組織如學術機構、醫院和基金會製造了類似的結果，並且在競爭性市場營運的營利企業製造了不同的結果。和受監管公共事業的決策者一樣，這些非營利組織可以接受當時的任何主流意見和壓力，而不必擔心對少數族群的歧視II製造的成本，因為他們的機構會支付。在這種背景下，不令人意外的是，直到二次大戰後對納粹種族歧視的厭惡興起，對黑人和猶太人的僱用歧視在學院、大學、醫院和基金會仍然特別普遍。在此之前的年代，私人企業僱用了三百名黑人研究化學家，但白人大學在任何領域中僱用的黑人博士只有三個人。[33]

至於猶太人，在二次大戰前美國學院和大學的教職員很少有猶太人。雖然傅利曼（Milton Friedman）在戰前曾短暫擔任學界職務，但只持續一年，雖然學生和同僚都高度推崇他的研究，且他在戰爭期間擔任統計師的工作，直到戰後成為芝加哥大學終身聘的經濟學教授。[34]在大約同一時期，芝加哥大學僱用第一位黑人終身聘教授。[36]芝加哥大學是當時唯一做這類事情的大學，領先美國學術界。*

幾十年後，政治氣氛大幅轉變，學院和大學開始採用黑人教職員優惠僱用，以及黑人學生優惠入學。同樣的，學界決策者不必為這些決定付出任何成本，正如之前不必為相反的政策付出成本。「平權措施」在學術界被採用比在競爭性市場營運的私人產業更快且更徹底。

在非營利組織，這類政策大反轉發生得太快，因此不太可能是因為決策者的人事更迭。在許多例子、甚至是大多數例子裡，原本歧視黑人的決策者開始採用優惠黑人的政策。這兩種歧視和優惠的政策，都未必是基於個別決策者的個人信念、偏見或價值觀，政策改變也未必是無數決策者同時發生個人觀點的大轉變。

意料之外的結果

除了直接與歧視II有關的法律和政策，目的大不相同的其他法律和政策也可能改變種族、性別和其他特性的歧視對族群的影響程度。簡而言之，意外的結果可能造成的影響和想要的結果一樣確實，有時候甚至影響更大。最低工資法和營建限制規定是其中兩個例子。

最低工資法

雖然美國的最低工資法適用於所有種族，但這不表示它對黑人的影響和對白人相同。固定數額的薪資不是根據自由市場的供應與需求決定的，而是由最低工資法規定，這可能對歧視者帶來歧視II的成本。

＊根據個人經驗，我第一次看到一位白人教授在一所白人大學僱用一位黑人祕書，是一九六〇年傅利曼（Milton Friedman）在芝加哥大學時——比一九六四年的民權法案早四年。

原本在自由競爭市場由供需決定的薪資如果改為依法律規定，通常至少有兩個影響：（一）求職者人數因為薪資金額提高而增加；和（二）因為勞工成本提高，實際被僱用的勞工人數減少。在這種情況下，求職者超過可得職缺數的長期剩餘，降低了拒絕僱用來自特定族群的合格求職者的成本（只要被拒絕的合格求職者人數不超過剩餘合格求職者的人數）。例如，當被拒絕僱用的合格黑人求職者人數，可以輕易被剩餘的合格白人或其他求職者取代，歧視的僱主付出的歧視II成本將降低到趨近於零。從最基本的經濟法則看，這種情況讓種族歧視或其他歧視對僱主來說更容易負擔，因此也更長久地持續下去，超過薪資在競爭性市場由供需決定的情況。

在後者的情況，供應和需求不會讓勞工呈現長期剩餘或長期短缺，被拒絕的合格黑人求職者必須藉由提供更高的薪資（比在自由競爭和非歧視的勞動市場由供需決定的薪資高）吸引來自其他族群的合格求職者來取代。換句話說，歧視II在自由市場必須承擔的成本，高於最低工資法律製造出來的求職者長期剩餘的成本。

經驗證據與這個假設一致。目前美國執行的全國性最低工資法是一九三八年的公平勞動基準法（FLSA）。不過，一九四〇年代開始的高通貨膨脹率，使幾乎所有薪資都漲到超過該法案規定的水準，因此就實務而言，該法案實施十年後，美國實際上已經沒有實施最低工資。正如經濟學家斯蒂格勒（George J. Stigler）一九四六年指出：「一九三八年公平勞動基準法的最低工資條款，已被通貨膨脹廢除。」[37]

到了一九四八年，在這段實際上沒有最低工資法的時期，黑人和白人青少年的失業率極低，遠低於一九五〇年代最低工資開始提高、然後持續增加，而且通貨膨脹上揚的時期。不過，特別引人注意的是，一九四八年的黑人青少年和白人青少年失業率沒有明顯差異。十六歲和十七歲黑人男性的失業率為九・四%，而同年齡白人男性失業率為一〇・二%。白人十八歲男性和十九歲男性的失業率為九・四%，黑人則為一〇・五%。總之，在實際上沒有最低工資的一九四八年，青少年失業率沒有明顯的種族差異。[37]

在後來幾年藉由提高最低工資而恢復實施最低工資法期間，不但整體青少年的失業率升高到一九四八年時的好幾倍，黑人青少年男性失業率升高的程度，還遠高於白人青少年男性的失業率，從一九六七年到進入二十一世紀，始終維持在至少是白人青少年男性的兩倍。[38]

勞動參與率訴說著相同的故事。直到一九五五年，十六歲和十七歲的黑人和白人男性勞動參與率幾乎相同；而在十八歲和十九歲的男性，黑人的勞動參與率略高於白人；二十歲到二十四歲男性的情況也是如此。但後續幾年隨著最低工資攀升，這種模式也急劇改變。

在一九五〇年代中期，十六歲和十七歲男性黑人的勞動參與率開始跌到低於同年齡的白人，且在後續數十年差距持續擴大。而在十八歲和十九歲男性間，同樣的種族勞動參與率逆轉發生在十年後的一九六〇年代中期。對二〇歲到二十四歲的男性，同樣的種族逆轉則從一九七〇年開始發生。在這種種族逆轉後，男性勞動參與率的種族差距也跟隨相同的模式，其中十六歲和十七歲男性的差距最大，其次為十八歲和十九歲男性，二十歲到二十四歲男性差距最小。[39]

這些勞動參與率模式，透露出更多僱用的種族差異的根本情況。如果勞動參與率的種族差距主要原因是種族歧視（歧視II），那就沒有理由出現這種逆轉，尤其是在不同的時期發生逆轉，以及在不同年齡組出現不同程度的逆轉。十六歲的黑人年齡變老後仍然是黑人，因此沒有理由出現種族歧視者隨著黑人勞工年齡變大，而以這種模式改變對待他們的方式。

但如果這些模式真正的原因是較年輕黑人勞工的工作經驗和工作技術，使他們的需求低於較有經驗和／或較有工作技術的年長黑人勞工，那麼提高最低工資將使較年輕黑人最先失去工作，且受影響人數最多。

遺憾的是，當最低工資法減少無經驗和無技術黑人青少年被僱用的機會時，那也降低了他們的勞動參與，進而減少他們獲得工作經驗和工作技術的機會。不管是何種程度的種族歧視，都無法解釋年輕黑人男性僱用的年齡差異，因為他們的種族不會隨著年齡增長而改變。

當薪資取決於自由市場的供應與需求時，黑人和白人青少年的失業率幾乎沒有差別；但當最低工資法再度實施後，失業率便出現大幅且持續的種族差異，這種模式也符合求職者的長期剩餘降低了僱主歧視成本的這個經濟法則。

這個模式證明了提高最低工資，與青少年失業率和勞動參與率的種族差異改變之間的相關性。如果這不能明確地證明其因果關係，至少它證明了一個持續數十年的、難得的巧合。

這些種族差異改變模式的其他解釋——例如性別歧視、貧窮或黑人較低的教育水準——都無法建立與長期以來僱用結果改變的相關性，因為所有這些原因在二十世紀上半葉的情況都更嚴重，而一九四八年時黑人青少年的失業率遠比後來低，且與白人青少年失業率沒有顯著差距。

營建限制

一九七〇年代，美國各地實施嚴格限制興建住宅或其他建築物的規定，理由是保護「開放空間」、「拯救農地」、「保護環境」、「保護歷史」和其他吸引人的政治口號。但不管它們的性質是什麼，這類法律和政府實際上是禁止或嚴格限制興建住宅或其他建築物。包括從舊金山到聖荷西整個半島的加州沿海區，是嚴格限建法律和政策盛行的最大地區之一。

在人口成長時，限建住宅可想而知的影響是住宅價格上揚，因為房屋的供應被限制，而需求卻成長。在這波限建於一九七〇年代席捲加州海岸地區前，加州的房價與美國其他地方類似，但限建後加州沿海地區的房價飆漲到全國平均房價的數倍。[40]

舊金山灣區房價更是飆漲到全國平均房價的三倍多。[41]在毗鄰史丹福大學的帕洛阿爾托（Palo Alto），房價在一九七〇年代翻漲近四倍，不是因為新建的房子更昂貴——因為在那十年間帕洛阿爾托未興建新住宅。舊屋價格就是大幅飆升。[42]

這些房屋限建法規的種族影響，比許多明顯的種族歧視限制還更顯著。到二〇〇五年，舊金山的黑人人口已比一九七〇年減少逾一半，雖然城市的整體人口持續成長。[43]在更短的期間，從一九九〇年和二〇〇〇年的人口普查，三個加州的郡——洛杉磯郡、聖馬刁郡和阿拉米達郡——的黑人人口各減少逾一萬人，雖然這幾個郡的總人口都增加。[44]

對照之下，哈林區直到一九一〇年底都還是白人為主的社區，當時的白人地主和房地產商都公開聲言並有組織地努力防止黑人移入哈林區[45]。但和內戰後南方組織性的白人壓抑黑人收入一樣，這類組織性努力的存在無法證明他們達成了目的。說這類明顯的種族歧視在哈林區的努力並不成功是很保守的說法。

那些在其他人開始出租房屋給黑人時，卻堅持不租給黑人的哈林區白人和房地產商，發現他們的白人房客在黑人遷入後紛紛搬走，讓許多僅租給白人的房屋變成空屋，他們的租金收入隨之減少。[46]但後來透過政治程序限制興建住宅的舊金山和其他加州沿海社區居民和民選官員，並不必承擔這種經濟後果就能把房價推升到許多黑人負擔不起的水準。相反的，限制興建新房屋使得這些社區的居民既有房屋的價格上漲。

態度和信念不管多強烈或大聲提倡，並不能自動轉變成最終的結果——轉變成「出現的事物」——特別是在歧視者本身必須付出成本時。二十世紀初哈林區白人地主和房地產商對黑人抱持的態度和信念，可能比二十世紀末舊金山白人居民和官員的態度和信念更充滿敵意。但就最終結果來說，前者的行動未能阻止黑人遷入哈林區，而後者的行動卻把已居住在舊金山的半數黑人趕出該城市。成本很重要。

揀選和不揀選人

Chapter 3

許多經驗證據都顯示，跟與自己同類的人的互動比較起來，人與所有其他人互動時並不是隨機的，頻繁度和緊密度也較低。換句話說，人在選擇居住地區時會自我揀選，在選擇想要頻繁與緊密互動的人時也是如此。

所以我們應該檢驗自我揀選的經驗證據，然後再考量第三者揀選和對其他人不揀選的結果。此處的關鍵是，當人們不假思索地自我揀選時，其結果很少是平均或隨機的，而且往往很偏態。

居住的揀選和不揀選

在各個時代和地方，人居住在哪裡取決於自己，或其他設置各式各樣限制和體制性設計的人，包括從政府法律與政策到許多私人的正式與非正式手段，也包括從對屋主協會的限制性規約，到施加於個人或群體的公然暴力，以威嚇他們遷出不歡迎他們的社區。

居住性和社會性的自我揀選

移民的來源國很少是平均和隨機的，他們遷移的國家也很少平均或隨機。例如，十九世紀西班牙的兩個省人口佔西班牙的六％，但提供阿根廷六七％的西班牙移民；此外，這些移民傾向於聚居於布宜諾斯艾利斯的特定社區。[1]

類似偏態的移民模式在世界各地很常見，發生在其他從來源國到移居國的許多移民身上。[2]

例如，在義大利大規模移民的年代，澳洲、巴西、加拿大、阿根廷和美國的義大利移民，不但傾向於聚居在義大利人為主的社區，且這些社區裡來自熱那亞、那不勒斯或西西里的人，往往也與來自相同城市的人聚集在一起。[3]

在同一時期，東歐猶太人大規模移民到美國，並集中在紐約的下東區。但在這些猶太社區中，匈牙利猶太人大多數聚居在自己的移居地，來自羅馬尼亞、俄羅斯和其他東歐地區的猶太人也是如此。[4]

比東歐猶太人早幾十年移民到下東區社區的德國猶太人，已經隨著他們的社經地位提高而遷出該區，在東歐猶太人抵達時逐漸遷往紐約其他地區。這種德國猶太人與歐洲猶太人的地區和社會分隔很常見，包括在紐約[5]、芝加哥[6]、舊金山[7]和波士頓[8]。在澳洲也一樣，較早期來自西歐的猶太人移民，和較晚來自東歐猶太人移民之間有機構性和社會性的隔離，來自東歐的猶太人移民建立自己的猶太教會堂，追求不同的宗教和世俗觀點與目標。[9]

黎巴嫩移民遷往非洲獅子山或南美洲哥倫比亞，也移居到來自黎巴嫩相同地區和屬於相同宗教的其他黎巴嫩人移民社區，例如來自黎巴嫩特定地方的天主教徒聚居在相同的社區，有別於來自黎巴嫩東正教基督徒或黎巴嫩什葉派穆斯林所聚居的社區。[10]

十九世紀遷移到紐約的德國移民不僅定居在曼哈頓一個叫小德國的區域，其中黑森人還聚居在小德國的一部分，普魯士人則聚居在另一部分。[11]

人往往自我揀選，不僅在選擇居住的模式是如此，在社會互動上亦然。二十世紀移居巴西的日本人不僅聚居在日本社區，而且大多數在巴西的沖繩移民會與其他沖繩移民結婚，而非與來自其他地區的日本人，與其他巴西人結婚的比率更低。[12]

十九世紀在紐約的德國移民情況也很類似，大多數巴伐利亞人與其他巴伐利亞人婚嫁，大多數普魯士人與其他普魯士人通婚。愛爾蘭移民也是如此，大多數十九世紀在紐約愛爾蘭社區舉行的婚禮，都是來自愛爾蘭同一郡的移民之間的婚嫁。[13]

從一九二〇到一九三三年間，在澳洲城市格里菲斯（Griffith）從威尼斯移民並在澳洲結婚的義大利男人，有九〇％娶的是移民自威尼斯的義大利女人，另外五％娶的是來自義大利其他地方的女人，剩下五％則娶「英國─澳洲」女人。[14]

不管這些模式在統計上多麼明顯，它們不是大多數人能隨意看出的模式，像美國黑人社區和白人社區的差異那樣。其結果是，黑人與白人居住上的隔離被視為是特殊的，與一般人假設的那是沒有歧視下的平等或隨機的結果不一致。

歷史顯示，事實上在不同時代和地方存在強加的歧視性居住模式，不僅限於在美國對黑人，也存在世界各國的許多族群，包括過去幾百年歐洲大多數國家早期強加於猶太人的猶太區。但這本身不表示所有的居住揀選和社會揀選都是外部加強的，或都必須藉由外力來去除。

揀選在黑人社區內也和在世界各地的其他社區內一樣常見。在一九三〇年代，著名的黑人學者費澤爾（E.Franklin Frazier）的研究發現，芝加哥黑人社區內不同生活階層居民呈現明顯的聚居模式。在把這些社區分成七個區後，費澤爾教授以經驗證據指出，各個區域從成人到兒童的人口比率差異很大，男性對女性的比率也是如此，其中一區的白黑混血人口比率是其他區的好幾倍高。[15]此外，這並非孤立的差異。一些差異反映出不同的社經水準，和不同的家庭穩定度和個人行為標準。芝加哥黑人社區的行為不檢比率從部分鄰區超過四〇%，到一些鄰區僅有不到二%。[16]

在十九世紀的底特律，黑人屋主聚居在與黑人房客分隔的地方；[17]類似的居住差異也發生在克里夫蘭的黑人社區；[18]哈林區的歷史指出，下班回家並在哈林區地下鐵不同站下車的人，呈現不同職業的差異。[19]二十世紀中葉的資料顯示，美國整體黑人的收入分布比白人的收入略微不平等；[15]晚近二〇一六年的資料顯示，頂層一〇%白人所得者的所得是底層一〇%白人所得者的近八倍，而頂層一〇%黑人所得者的所得則是底層一〇%黑人所得者的近十倍。[21]

一九六六年的一項研究發現，當時逾四百萬個美國黑人家庭中，只有五千二百個家庭產生所有美國的黑人物理學家、牙醫師、律師的學術博士。[22]雖然這些職業和成就在當時的黑人十分罕見，這些特定的家庭中每個家庭產生二・二五個屬於該類別的人。[23]換句話說，每四個這些家庭就出現九個屬於這個階層的個人。

對這種社會差異的認知在黑人人口間既普遍，而且往往很鮮明。[24]有許多文獻記述這些尊貴地位的黑人菁英，包括蓋特伍德（Willard B. Gatewood）寫的書《有色的貴族》（*Aristocrats of Color*）、葛拉罕（Lawrence Otis Graham）的《我們這種人》（*Our Kind of People*），和柏明罕（Stephen Birmingham）的《那些人》（*Certain People*）。

二十世紀中葉，哈林區內一些上流鄰區被稱為「奮鬥者路」（Strivers' Row）和「糖山」（Sugar Hill）。埃奇庫姆大道（Edgecombe Avenue）四百零九號的豪華公寓建築也是眾人皆知的黑人菁英住宅，據說搭哈林區的計程車時只要對司機說「四〇九」，他們就知道載你到哪裡。[25]

在十九世紀芝加哥出生和成長的黑人，生活在一個絕大多數是白人人口的地方，在文化上已與周圍社會的標準同化，和其他族群的情況類似。二十世紀南方白人大移民到芝加哥，在該地的黑人社區製造出鮮明的極化。[26]

當時的黑人報紙《芝加哥保衛報》（*Chicago Defender*）強烈批評黑人新移民為整體黑人塑造了壞形象，芝加哥和其他北方城市既有黑人社區的黑人也採取同樣的態度，既有的黑人居民和當地黑人報紙都譴責來自南方的新移民粗俗、粗暴、無知，而且是罪犯。[27]

和其他北方社區的黑人報紙一樣，《芝加哥保衛報》對抵達芝加哥的南方黑人提出許多告誡，包括「別在公眾場所說粗鄙的語言」、「別讓自己捲入街頭打鬥」、「別加入罪犯的行列，不管是男人、女人或小孩」，以及「別濫用或辜負僱主的信任」。[28]和其他不分時代和地方的種族或民族一樣，這些地方社區的黑人擔心這些與自己同種族、但同化程度較低的新來者，會激起較大的社會負面的反應，不僅危及種族的進步，甚至因為社會反對整體黑人而使黑人的地位倒退。[29]

對來自南方的新移民如何行為，和地方白人對整體黑人如何反應的憂慮，證明是有根據的。例如，二十世紀初賓州的一項研究顯示，來自南方的黑人移民暴力犯罪率，幾乎是賓州出生黑人暴力犯罪率的五倍。[30]南方長期以來是美國最暴力的地區，在黑人間和白人間都是如此。[31]

北方白人的負面反應一如預期地被激起，並在許多方面影響了黑人。過去一些多年來黑人小孩和白人小孩上相同學校的北方社區，開始在學校實施種族隔離。[32]在華盛頓，黑人不再被允許進入許多白人戲院、餐廳或旅館，而且他們在白領職業工作的機會也隨之減少。[28]類似的趨勢出現在克里夫蘭、芝加哥、聖路易[34]和其他地方。歐柏林學院（Oberlin College）和哈佛大學過去黑人學生和白人學生住在相同的宿舍，現在黑人學生被禁止住在宿舍。[35]

隨著這類退步在北方城市出現，黑人民權組織，如都市聯盟（Urban League），尋求讓新移民融入既有的行為規範，正如較早期愛爾蘭人和猶太人的民權和宗教組織的作法，目的是讓愛爾蘭和猶太移民融入美國文化。[36]

在二十世紀初，北方城市對黑人開放的種族機會普遍倒退，是同化程度較低的黑人移民到那些社區的結果，這個結論因數十年後北方黑人大舉移民到太平洋岸的歷史而強化。

在一九四〇年代二次世界大戰期間，太平洋岸製造軍事裝備和補給品的工業吸引龐大數量來自南方的黑人和白人。光是亨利・凱薩（Henry Kaiser）在加州里奇蒙的巨大船廠就僱用超過九萬人[38]，其他西岸社區也有類似的戰爭工業。

正如十九世紀北方城市的情況，南方人大量移民前的太平洋岸只有很小比率的黑人人口，他們融入周圍社會行為規範的程度也比新來乍到的南方黑人高。在一九四〇年代以前，太平洋岸的種族隔離程度不像在南方那樣嚴重，也不及南方黑人大移民到北方的北方城市。在舊金山，

｜側記｜對退步的恐懼

對同一族群同化程度較低成員到來造成社會退步的恐懼，並非僅見於黑人或美國。

當來自歐洲的猶太難民在第二次世界大戰前尋求進入澳洲時，澳洲猶太人福祉協會反對讓難民「獸群似地」進入該國。那些後來總算進入澳洲的猶太難民拿到該協會分發的卡片，上面寫著：

> 特別重要的是，不要在街上和電車上說德語。控制你說話的聲量。在任何地方都不要一群人一起行走，並大聲說外國語，以免招來懷疑。記住澳洲舊猶太社群以及每一位移民的福祉，都有賴你保持良好的個人行為。猶太人整體的評價是個人的累積。你個人必須承擔重責大任。[37]

黑人兒童上沒有種族隔離的學校，而少量黑人則與白人、華人和其他種族共居在相同的社區。[39]

大舉遷出南方的黑人移民在第一次世界大戰期間來到東北部和中西部城市，在幾十年後的二次大戰期間則來到太平洋岸。在一九四〇年代，抵達舊金山灣區船廠的黑人有超過五分之四來自南方，通常是來自教育程度較低的深南部。[40]

新抵達的黑人人數遠多於既有的黑人人口。例如，在加州里奇蒙，一九四〇年只有二百七十名黑人居民，但凱薩的工廠帶進超過一萬人。[34] 一九五〇年人口普查的柏克萊黑人人口，是一九四〇年美國參戰前人口普查的近四倍。在同一期間，奧克蘭的黑人人口增加到以前的五倍多，舊金山黑人人口則激增至一九四〇年時的約九倍。[42]

和二十世紀早期在北方城市一樣，抵達太平洋岸的黑人新移民被既有黑人人口視為粗俗和行為不檢；[43]而也與數十年前的北方城市一樣，新移民抵達後，黑人與白人關係也呈現倒退現象。[44]長期以來對黑人的種族歧視，無法解釋在不同時代發生的大規模退化。這不是否認種族歧視的存在，但證據顯示發生的歧視不只是單純的歧視II，因為那將難以解釋對黑人歧視程度的大幅擺動。

黑人與白人長期關係的進步和退步的改變太大，以及發生在各種不同的背景，無法以單純的歧視II——原因是白人的錯誤認知——來解釋，而較可能是歧視IB的結果，原因是對南方以外地方的黑人社區行為改變的正確認知，因為這些社區加入愈來愈多浸染了南方文化的人，而且這些人在北方不受黑人和北方白人社區的歡迎。

一九四四年，一項重要的美國種族關係研究——默達爾（Gunnar Myrdal）的「美國的困境」（An American Dilemma）發表——指出大多數住在北方的黑人曾住在南方。[45]此外，南方以外地方大幅擴增的黑人社區意味，這些黑人社區與更廣大社會行為標準的文化同化速度或程度，都與北方在十九世紀被絕大多數是白人的社區圍繞的小型黑人社區截然不同。

簡而言之，歧視IB仍然存在，儘管有些人喜歡將它描繪成歧視II。由於原因的診斷錯誤，提議的矯治方法是針對歧視II，例如再教育白人人口以改變他們的錯誤觀念，所以成效十分有限。

許多個別的黑人事實上受到誤解，因為若要以個人來判斷每個人（歧視IA）所需取得的知識成本將很高。但如果說整體黑人人口受到誤解，並以此來解釋退化，那就是說既有的黑人人口和既有的白人人口，對新移民人口的行為得到很類似的結論都是錯誤的。最低程度來看，這樣的結論至少需要一些經驗證據。

揀選的盛行

在世界各國，無數的群體以許多方式自我揀選，包括居住和社會性的揀選，這種揀選一直深入到個人層次。丈夫和妻子智商間的相關性，至少和兄弟姊妹智商間的相關性一樣高——雖然丈夫和妻子智商類似並沒有生物學上的理由，不像兄弟姊妹智商的相似性有生物學的根據。顯然在選擇與誰結婚時會自我揀選，儘管他們不太可能在結婚前知道對方的智商，在結婚後也未必會知道。然而他們不自覺和非正式揀選的淨結果，仍然製造出這種統計上的相關性。

在全食超市（Whole Foods）購物的人有大學學歷的比率，是在家庭一元（Family Dollar）連鎖店購物者的兩倍多。全食超市的商店所在的社區平均人口，是達樂（Dollar General）連鎖的商店所在社區人口的五倍多。[47]

揀選有許多種，包括像格林威治村波西米亞社區生活方式的揀選，它也代表不根據種族或社會階層等其他標準的揀選。但遠為不容易發現的是，不同族群者的平均或隨機分布——在各個地方或各種努力上——被普遍視為常態，而且違背這種常態被視為是歧視（歧視II）的證據。

從特定個人的觀點看，毫無疑問的，因為普遍的社會揀選和歧視IB的影響，個人可能因為所屬族群其他成員的行為而承擔沉重、且有時候極具破壞性的成本，即使該特定個人未從事其他族群反對的行為。這類個人顯然是受害者，但是是誰的受害者？是導致其他族群要求保護自己房子和家庭的小流氓和罪犯嗎？從道德的觀點看，這沒有明確的「解決方案」，除非一群人的利益自動高於另一群人的利益，但這似乎稱不上道德，即便它可能是政治上的權宜之計，或符合當時的社會流行。

一個牽涉到社會學家威森的插曲，代表遠為溫和版的早期大移民期間面對的困境。威森教授說：

> 我是國際知名的哈佛教授，但一些難忘的經驗提醒我，身為一個黑人男性與看起來比我年輕許多的美國人在一起時，我也是令人害怕的人。例如，多年來有好幾次我穿著便服踏進公寓大樓的電梯，馬上從電梯裡其他居民的身體語言感覺到我讓他們很不自在。他們是不是想：「這個黑人跑到這棟豪華公寓大樓來幹什麼？我們是不是有危險？」有一次，有一對年老的夫妻猶豫要不要走出電梯，因為我們正好要在同一層樓出電梯，我嘲諷地對他們說：「別擔心，我是哈佛的教授，而且我住在這棟大樓已經九年。」當我穿便服時，踏進空電梯總是鬆一口氣，但只要我有打領帶就不會覺得惴惴不安。

每次我碰到類似電梯裡的經驗時，我就會感到憤怒。[48]

威森教授嘲諷和憤怒對象的反應，呈現他們擔心自己的安全超過顧及威森的感受。他的描述暗示他們並非種族歧視者，因為只要他打上領帶就可以避免雙方的緊張，雖然打領帶不會改變他的種族。

不像較早年代的黑人明確地怪罪某些黑人的行為造成傷害所有黑人的倒退，威森教授的描述沒有透露出他了解自己是為黑人流氓和罪犯製造的危險而付出社會成本。

另一位黑人學者對這種情況採取一種大不相同的觀點，喬治梅森大學經濟學家威廉斯說：

資訊不是沒有成本的……因此人們設法把資訊成本經濟化。在這麼做時，他們往往以較低廉形式的資訊取代較昂貴形式的資訊。觀察實體的性質成本較「低廉」。如果一項特定的實體性質被認為與一項觀察成本較昂貴的性質有相關性，觀察者可能使用前者來作為後者的估計或代理。[49]

從某個意義看，威森教授的反應類似於怪罪商店業主向低收入、高犯罪社區收取高價格，而非怪罪那些行為提高了商店必須以高價來彌補成本。過去曾有一段時期，一般黑人雖然教育程度遠不及威森教授，但他們清楚地看到下層階級黑人的行為不檢會引發反彈，進而使其他黑人付出成本。他們了解本書所稱的歧視IB是什麼。[50]

強加的居住性和社會性揀選

除了不自覺的自我揀選外，無疑的有一些居住的歧視II直接來自政府的監管，公然規定特定種族、宗教或其他社會身分的人，可以或不可以居住在特定地方。

這些例子包括最早的猶太人區，亦即過去數世紀來猶太人被指定居住在特定的歐洲城市，或俄羅斯帝國的許多個地理區允許或不允許猶太人居住或屯墾。猶太人被容許居住的地區被稱為「柵欄區」（the Pale of Settlement）。類似的居住限制在許多東南亞社區也加諸於海外華人少數族群，以及世界各地其他社會的其他族群。在美國，類似的政府限制美國黑人居住地區的措施也以各種形式普遍存在，並以許多私人種族的限制作為輔助。[51]

問題不是這類居住限制能否存在、或曾經存在，而是能不能從統計數字——從能顯示非隨機聚居的特定人群居住在特定地方，或顯示特定職業類型或階層集中的統計數字——自動推斷這種限制的存在。

因果關係

即使是尋求因果關係的解釋也絕非易事。我們可以說白人不希望黑人住在他們社區的行為是「種族歧視」，但如果我們要超越對因果關係的形容，就必須進入事實的世界，以證據來驗證思想。再一次的，我們面對了歧視I和歧視II的不同。

回溯美洲殖民時代的奴隸制度，毫無疑問的，奴隸只能住在別人要他們居住的地方。但即使在那段時期，還有「有色自由人」。事實上，這些「有色自由人」在美洲有奴隸制度以前就存在於美洲殖民地，雖然奴隸制度在當時存在於世界幾乎每個地方。它在十七世紀的美洲發展成為一種合法的體制。

在更早的時期，居住於殖民地的較少數非洲人受到的待遇就像人數遠為眾多的歐洲契約僕役，他們受特定年限的約束，通常以工作來償付遠渡重洋的旅費後，便解脫束縛成為自由人。在殖民美洲初期，新英格蘭以南殖民地的半數白人是以契約僕役身分抵達美洲。[52]

當時人數相對極少的黑人在法律上得到平等的待遇[53]，但在社會上獲得的待遇並非如此。當被帶進美洲的非洲人人數大幅增加後，他們的命運開始逆轉，非洲人及他們的後代開始長期淪為奴隸。這開啟了一個對待黑人的退步繼之以進步、然後是新退步繼之以新進步的循環。這種擺盪的原因告訴我們一些有關歧視I和歧視II的事。

即使種族歧視者的觀念、假設和憎惡可能完全解釋對黑人的歧視，這種擺盪——十九世紀和二十世紀持續數世代的進步和倒退的大改變——仍未得到解釋。

法律和社會對「有色自由人」的重大限制，在奴隸制度時期存在於北方和南方，但在十九世紀南方逐漸加緊這些限制時，北方在同一時期卻逐漸放鬆。在農場的奴隸制度是常態的南方，「有色自由人」被視為對整個制度的威脅，因為他們的存在向奴隸證明，奴隸制度並非黑人不可避免的命運，也因為「有色自由人」與奴隸來往不僅散播自由的思想，也提供逃脫的奴隸援助的來源。

在氣候不利於農場奴隸制度和黑人只佔總人口極小部分的北方，對黑人的法律和社會限制較不嚴厲，而且更重要的是，開始在十九世紀下半葉逐漸鬆動，後續世代在北方出生的黑人開始融入周遭人數遠為眾多的白人人口的行為規範。例如，在伊利諾州，限制黑人取得公共住宅的法律被廢除。[54]當時沒有足夠的黑人選民可以自己廢除該法律，所以這代表白人民意的改變。

在十九世紀的底特律，黑人在一八五〇年還沒有投票權，但在一八八〇年代已經有投票權；到一八九〇年代時，已有黑人在密西根白人為主的選區被選為州級機構的官員。一八八〇年的人口普查顯示，在底特律黑人和白人毗鄰而居並非不尋常。[55]黑人上層階級與白人上層階級經常彼此有社交往來，他們的子女與白人的孩子一起上高中和大學。[56]

杜波依斯（W.E.B. Du Bois）一八九九年寫道，「在費城同情黑人的自由思想日增」，較大的社區開始「取消小阻礙和放鬆種族偏見的嚴苛」，結果之一是黑人能夠住進白人鄰區。[57]當代和後來的作家也評論其他北方社區呈現類似的發展。[58]

雖然大多數北方社區的黑人小孩在十九世紀上半葉，長期在嚴苛的種族隔離學校受教育——甚至連上公立學校的機會也沒有——這種情況在該世紀的下半葉發生改變：

> 到一八七〇年，那些曾拒絕黑人進入公立學校的北方州已改弦更張。此外，在內戰結束後的四分之一世紀，大多數北方州實施公共教育禁止種族隔離的法律。大多數北方法院被要求執行新實施的反種族隔離法時，也下令准許黑人小孩到白人學校就讀。[59]

這在北方各地不只是偶然的白人情緒轉變，黑人本身的行為也已改變。正如雅各布．里斯（Jacob Riis）一八九〇年描述：「紐約最乾淨、有秩序的有色人種新社區，在從約克維爾到哈林的東區崛起。」[50]到十九世紀末，紐約州大多數黑人都是在紐約州出生，並在成長時帶著類似周圍遠為眾多的白人人口的價值觀和行為模式。

不過，在這一點和其他方面，一波重大的倒退逐漸在北方城市浮現：大批南方黑人移民在二十世紀初抵達這些城市，密集地在幾年間人數多到讓他們難以適應較大社會的規範，適應的速度和程度都不如十九世紀來到北方的少數黑人人口。同樣的種族關係倒退也發生在北方學校：

> ……成千上萬的南方黑人在二十世紀上半葉移民到北方社區，使北方學校的種族隔離急劇增加。確實到了一九四〇年，北方學校的種族隔離比內戰重建期以來任何時候都還普遍。[61]

在大多數例子裡，北方是事實上的種族隔離，有別於南方學校是法律明確規定的種族隔離。但類似的最終結果在北方卻藉由改變學區和其他手段來達成。北方學校的種族隔離復興，被認為原因之一是黑人小孩的教育和行為問題。[52]不過，在教育問題方面，芝加哥和底特律的調查都顯示，這些問題主要出現在來自南方移民家庭的黑人小孩[53]，因為南方的教育水準較低落。

種族關係進步的時代或倒退的時代，都不是無法解釋的白人情緒轉變，兩者都是對地方黑人人口明確改變的反應。這些反應也因為白人第三方團體嘗試釐清黑人小孩差異的根本問題而益形複雜，雖然分辨一般黑人孩子和白人孩子只需要目視就能辦到。那是極低成本的歧視IB。

此外，在二十世紀初期，遺傳決定論的支配地位假「科學」理論之名興起，強化了那些想否定黑人和其他少數種族孩子潛力的白人官員的措施，就像那個年代的進步主義的情況。[64]

不揀選人

在二十世紀下半葉，揀選人所造成的居住結果和其他結果，被譴責不但本身是錯誤、而且造成對弱勢群體的其他社會不公義。這可能被認為是一個特例，因為相較之下較普遍的假設是，在沒有惡性干預的情況下，結果通常會是平均或隨機的。

不過，不管這種看法有什麼根據，它在二十世紀下半葉的許多美國人之間，變成不辯自明的道理，人們認為不揀選人是個優先的原則，特別是在學校更應如此。

教育的不揀選

也許最著名、也影響最重大的是，二十世紀美國最高法院在一九五四年的布朗訴教育委員會案（Brown v. Board of Education）中，宣告學校的種族隔離為違憲。這個判決終結了逾半世紀的偽善，扭轉了一八九六年普萊西訴弗格森案中判決。該判決認定政府實施的種族隔離並不違反憲法第十四修正案規範的人人有「受到同等法律保障」的權利，只要提供給黑人的種族隔離設施是「隔離但平等的」。

許多世代以來的人們普遍知道，在種族隔離的南方提供給黑人的隔離設施極度不平等。當法院在延宕多年之後開始要求州級機構提供黑人平等設施，否則必須允許黑人進入提供給白人的設施時，南方各州投入許多努力在縮小不平等，並且在一些例子中部分白人機構不情願地允許黑人進入，例如德州的一所法學院，雖然仍附帶一些不適用於白人學生的規定。[65]但即便這種發展也代表一種緩慢、艱困的進步，對抗南方官員頑固的抗拒。

在布朗訴教育委員會案中，最高法院一致決定——以首席大法官華倫的話來說——種族隔離的學校本質上就是不平等的[66]，因此政府設施遲緩且迂迴的平等化作法必須停止，並以明令官方用種族揀選學童違法來取而代之。

問題將不再是不平等的實體設施或不平等的財務，因為種族隔離的作法被認為會減損黑人學童的教育發展：「只因為他們的種族而把他們隔絕於類似年齡和條件的其他人之外，將激起他們感覺自身的社區地位低下，進而可能造成永遠無法抹滅的身心影響。」[67]

在那個年代的動盪氣氛下，布朗訴教育委員會案的判決，受到黑人和大多數白人的一致讚揚——唯獨南方白人感到不滿——認為是遲來的政府施加種族隔離和歧視的終結，並且普遍接受首席大法官華倫發人深省的主張。儘管如此，就在距離最高法院宣布該判決僅一哩遠的地方，有一所歷史可以追溯到十九世紀全黑人的公立高中，與首席大法官聲稱的經驗事實不符合。

直到首席大法官華倫宣判種族隔離學校本質上不平等的一九五四年，全黑人的丹巴高中送畢業生上學院的比率超過華盛頓任何白人公立高中。[68]回顧一八九九年，當時華盛頓四所高中接受相同的考試，其中全黑人的丹巴公立高中的成績比其餘三所白人公立高中的兩所還高。[69]

雖然丹巴高中大部分學生畢業後上的是地方學院，但其中有一些從十九世紀末已開始上全國性的主要學院，並以美國大學優等生的榮譽（ＰＢＫ）畢業。從一八九二到一九五四年，有三十四名丹巴畢業生進入艾姆赫斯特學院（Amherst），其中有七四％從艾姆赫斯特畢業，而且這些黑人畢業生中有二八％獲得ＰＢＫ。[70]在那個年代，哈佛、耶魯、威廉士、康乃爾與達特茅斯等菁英學院的畢業生中，都有來自丹巴高中的ＰＢＫ學生。[71]

這所高中——從一八七〇年創立後用過不同的校名，包括一九一六年起改名為丹巴高中——的畢業生中，出過許多在各職涯有高成就的「首位黑人」，包括第一位在美國大學獲得博士學位的女性黑人、第一位黑人聯邦法官、第一位黑人將軍、第一位黑人閣員、第一位全國主要大學的黑人終身聘教授，以及享譽國際的血漿應用先驅查爾斯・德魯（Charles Drew）博士。

顯然種族隔離的學校並非天生不如人。無疑的，當時大部分南方黑人學校——以及許多北方黑人學校——教育的結果低劣，而且提供給黑人學校的低劣資源無疑的在這種結果扮演一個角色，雖然未必是唯一的角色或最重要的角色。不管如何，在布朗訴教育委員會案後數十年間，種族整合公立學校的運動製造了許多社會動盪、種族極化和慘痛的反彈，卻沒有從讓黑人孩童與白人孩童同校比鄰而坐帶來整體的教育改善。

種族整合運動的痛苦反諷之一是，丹巴高中八十五年來的學術成就在布朗訴教育委員會案判決後突然結束。為遵守這個判決，華盛頓的學校都改制成社區學校，因為丹巴高中再也無法像以前一樣向全市任何地方的黑人學生招生，只能招收它附近特定貧民區的學生。丹巴很快變成一所沒落的貧民區學校，學術成績和學生行為都一落千丈。到一九九三年，丹巴學生只有很小的比率上學院，表現遠不如六十年前[62]——儘管一九三三年正值一九三〇年代大蕭條的最低谷，而一九九三年卻是一九九〇年代最繁榮的時候。

種族整合或整體的繁榮、甚至更現代化和花更多錢興建的新學校建築，都無法取代已經消逝的成就。不過，到了二十世紀結束時，一些極為成功的新學校把卓越的教育措施帶回許多貧民社區，不僅在華盛頓，也在紐約和全國各地的社區。許多這類教育的成功出現在特定的連鎖特許學校，例如成功學術（Success Academy）和知識即力量計畫（ＫＩＰＰ）連鎖特許學校。

不是所有特許學校都成功，但那些成功的特許學校創造的教育成就水準，遠高於大多數貧民區學校，或許多以種族整合之名用巴士載送黑人學童進去的白人學校。舉例而言，在二〇一七年，紐約成功學術特許學校的一萬四千名學生通過全州英語和數學測驗的比率，超過全州任何一般公共學區學生的比率。

這件事特別引人注目的是，成功學術學校絕大多數的學生是黑人或者西班牙裔，並且來自低收入家庭，而有高比率學生通過相同測驗的一般公立學校的學生絕大多數是白人或亞裔，而且他們的平均家庭收入是成功學術學校的學生家庭收入的四倍。[74]

這種教育成就真正不同尋常之處是，進入成功學術特許學校的學童是靠抽籤挑選的——靠純粹的運氣——而不是靠測驗或他們過去在學校的紀錄。他們與一般低收入黑人和西裔小孩的隨機樣本唯一不同之處是，他們的父母關心教育，關心到報名他們參加抽籤。他們是自由揀選的結果，與許多人的想法不同——許多人認為低收入少數族群的父母沒有資格做應該由教育「專家」或其他專家做的教育決定。

正如丹巴高中在它過去學術成就輝煌的時代，此處的自我揀選是關鍵。在丹巴高中學術成就輝煌的時代，黑人不是被分配到丹巴高中，而是必須申請入學，那些沒有興趣或意願接受嚴格教育規範的人沒有理由申請入學。過去這類教育上的自我揀選遠比第三方揀選成功——不管是種族或居住地點的第三方揀選，或者是認為種族多樣性可以帶來較高教育成果的第三方揀選。

少數族群社區公立學校的教育結果極其低劣的一般解釋或藉口，經不起檢驗。不管是「奴隸制度的遺毒」，或長達數世代的種族歧視有何影響，在成功學術特許學校成功的黑人學童並未豁免這些或其他的負面社會影響，他們所處的社會環境與來自相同社區、並在一般公立學校學業不及格的黑人完全相同。

內部差異在黑人間至少像其他種族或民族群體間一樣普遍，這讓自我揀選變成一種減少教育阻礙的方式。成功的特許學校為低收入貧民區的黑人孩童帶來一線希望，使他們得以藉自我揀選免於不守規矩同學的破壞和暴力，因為只要少數不守規矩的同學就能使全班無法獲得良好的教育。

居住性的不揀選

除了美國學童數十年來被從截然不同的社區強制載到種族「整合」公立學校的不揀選外，同時還有一些針對社區本身進行的其他激進「整合」措施。

在各種「不揀選曾自我揀選者」的政府計畫中，有一些計畫是興建類似中產階級社區住宅，並以可負擔的價格供低收入者居住。其他策略包括提供補貼，以使低收入和少數族群家庭能租賃在較高所得社區的既有住宅。

這類計畫背後的假設是，社會隔離是貧民區許多社會問題背後的原因，因此結束那種隔離將帶來少數族群成人和兒童行為及表現的改善。這種假設基本上和《最高法院布朗控告教育委員會案》判決背後的假設相同。雖然該判決未明確指出種族混和是黑人兒童獲得公平教育的必要條件，卻是判決本意的合理推論。

種族「整合」或人口「多樣性」的理念，從教育問題蔓延到對不同種族、民族或收入族群的居住性不揀選。政府提倡或實施這類政策據稱能有助於新來者融入中產階級社區，也有利於已自我揀選地避開那些人的既有居民。

不管這些假設和理論是否可信，它們實際正確性的關鍵問題在於明確的事實。和把貧民區社會問題主要歸咎於外部原因和特別是白人種族歧視的人相反，一些最強烈反對把貧民插入中產階級社區的政府計畫的人，本身是來自那些中產階級社區的黑人居民。[75]正如《芝加哥論壇報》的報導：

> 公共住宅居民分散化最嚴厲的批評不是來自白人，而是來自黑人。在（芝加哥）南部市郊凋蔽的工人階級非裔美國人社區，每十個住宅單位幾乎就有一個是接受補貼的承租人。[76]

美國各地工人階級和中產階級社區的原有居民對新來者行為的抱怨最常聽到的是，新來者的青少年子女「經常在街頭遊蕩，打籃球到深夜，坐在路邊的汽車上大聲播放褻瀆的音樂」[77]，正如在芝加哥的情況。據舊居民說，「他們經常聽到槍聲」。[78]

在舊金山灣區的一個社區，新來者的孩子被指控「盜竊鄰近居民的住家、在週間和週末開喧鬧的派對、威脅鄰居，並從事各種形式的犯罪活動……在上學和放學途中搶劫和攻擊我們的孩子」。[79]在路易維爾，謀殺案多年來仍集中於住宅計畫居民集中的地方。[80]

工人階級或中產階級社區的黑人居民特別嚴厲批評公共住宅計畫的居民，和接受政府福利措施插入社區的人，也許是因為黑人中產階級居民不怕被稱作「種族歧視者」。

據《芝加哥論壇報》，工人階級和中產階級黑人的抗拒「在一些例子裡很激烈」。黑人屋主在公共會議上「大聲抗議」他們「不希望『那些人』搬回他們重修過的社區」。屋主經常在公共聚會中「對官員咆哮說他們辛辛苦苦才有今日的成就，他們不要和會拆掉他們房子的人做鄰居。他們稱呼那些人是『計畫人』、『下等人』和『不勞而獲者』」。[81]

> 「一些黑人感覺『那些人』讓我們這裡的人更難出人頭地。」長期以溫和立場發言的肯伍德—奧克蘭屋主紐索姆說：「那是美國白人不想做我的鄰居的原因，因為他們看到我時，

會以為我來自像公共住宅這樣的地方。」[82]

就像許多通常從種族觀點討論的社會模式，插入下層階級新來者到他們被既有居民憎惡的社區的這種模式，也存在於白人下層階級新來者被白人既有居民憎惡的社區。回憶錄暢銷書《絕望者之歌：一個美國白人家族的悲劇與重生》（*Hillbilly Elegy*），從一個來自下層階級白人的觀點，描述他祖母認為政府把下層階級的心插入他們社區是「背叛，讓『壞』人得以搬入社區」，雖然他們「看起來很像我們」，但他們是「帶給我們汙名」的那種內山人（hillbilly）。[83]

她憎惡的事情包括政府安插進入社區的那些新鄰居「使用毒品和在深夜鬥毆」，她還談到住在隔壁的一個女人：「她是懶惰的婊子，除非迫不得已，她不會找個工作做。」更重要的是：「我不了解為什麼我們得一輩子努力工作才能勉強餬口，而這些無賴可以拿我們的納稅錢去買烈酒和手機。」[84]

支持不揀選鄰居的人——不管是不揀選種族或階層——宣稱，住在較好的社區可以為遷入社區的成人和孩童都帶來益處，並有助於促進整體社會的多樣性。但對來自住宅計畫和高犯罪社區新來者的這種期待，始終未出現在各式各樣研究聯邦政府「移向機會」計畫的許許多多實證調查中。

一項針對該計畫的調查刊登在《人類資源期刊》，並作結論說：「我們沒有在指標、數學計分、行為或學校問題、或學校投入、整體或任何年齡族群上，發現改進的證據。」[85]另一項針對該計畫的調查刊登在《美國社會學期刊》也做結論說：「沒有證據顯示低貧窮的整合社區花在改善經濟結果的時間增加。」[86]

還有另一項針對「移向機會」計畫的調查刊登於經濟期刊《計量經濟學》也做結論說：「我們發現收入、福利參與或政府協助量，在平均隨機分派五年後，並沒有明顯的處理效應證據。」[87]美國經濟學會的官方期刊《美國經濟評論》對該聯邦計畫得出類似結論說，從成千上萬移入較高收入社區的人，「沒有發現一致的成人經濟自給自足或兒童教育成就結果的明顯影響」。[88]歷史最悠久的美國經濟期刊《經濟季刊》也得出類似的結論說：「『移向機會』計畫帶來的社區改變，並沒有為家庭成員達成影響就業率、所得或福利利用的明顯統計數量。」[89]

除了這些學術期刊外，一項美國住房及城市發展部（ＨＵＤ）公布的調查針對該計畫的研究發現，「追蹤五個美國城市逾四千六百個家庭，在十到十五年期間，檢視遷移到低貧窮社區的短期和長期影響」，得到的結論是：「對成人和兒童的經濟自給自足、就業結果和危險與犯罪行為，沒有觀察到可歸因於遷移的明顯益處。類似的，遷移對年輕人的教育成就只有很少有利的影響。」[90]

儘管如此，美國住房及城市發展部部長多諾萬（Shaun Donovan），在二〇一三年「誓言協助都市黑人遷移到市郊社區，讓他們可以獲得『好學校、安全的街道、工作、雜貨店』等東西」。多諾萬部長宣稱，房地產商和地主仍然歧視黑人。他說：「非裔美國人被排拒於他們的自由選擇之外。」[91]據《投資人商業日報》報導：

今年稍早，美國住房及城市發展部擴大兩項反歧視法律——公平住宅法和平等信用機會法——的權力，規範任何造成黑人或拉丁裔獲得住宅或房屋貸款比例比白人少的住宅或信用政策為違法，即使這些政策是種族中立、甚至適用於所有族群亦同。[92]

同樣的，此處我們看到的隱含假設是，除非有不同的待遇，否則不會有不同的結果。而且，這個假設似乎對證據無動於衷。

人的自我揀選和不揀選，以及政府官員本身的揀選和不揀選，兩者的主要不同之一是，自我揀選和不揀選的人獲得這麼做的利益和負擔其成本，而政府官員卻不會從不揀選他人獲得利益和負擔其成本，因此在這個過程中，政府官員可能持續忽視他人獲得的利益和負擔的成本。的確，承認施行有害社會政策得付出政治成本，這是一個繼續實施這些政策和忽視或否認其後果的強力誘因。[93]

但如果說政府補貼或實施的不揀選人對任何人都沒有益處，那也是錯誤。雖然一些研究發現，政府把低收入族群遷進中產階級社區對部分人有益處[94]，但以這類計畫構思的範圍和規模來看，這些益處很有限，甚至微乎其微。

更根本的是，在這些調查中，低收入族群所遷入社區的既有居民受到的不利影響很少被提及。就好像對新居民的任何益處，不管多微小，都自動超過既有居民付出的任何成本，不管多巨大。

就業的「差別影響」

如果特定的就業或升遷條件——例如高中學歷——對一些族群（如少數民族族群）有「差別影響」，那麼證明的責任就落在被指控的僱主必須提供符合要求條件的理由，否則將被判決歧視有罪。

這個程序代表美國法治原則在刑事和民事案件的一大改變，因為過去證明的責任通常落在指控方，而無需由被指控者證明他們無罪。這種公民權案件法治原則的大改變帶來嚴重的實務後果，當員工的組合和比例與周圍地區族群的組合和比例不同時，僱主和求職的員工就得付出成本。

對僱主來說，只要根據其員工的統計就可能遭到歧視的指控，甚至不需要一個有血有肉的人實際宣稱遭到歧視，這表示僱主可能遭遇高成本且曠日費時的法律程序，動輒延宕數年、耗費數百萬美元的訴訟成本，更不用說這種不確定的程序如果遭到不利的判決可能再增加的成本。

例如，一樁指控西爾斯百貨（Sears）性別歧視的訴訟，使該公司在聯邦法院花費二千萬美元的訴訟費用[95]，耗費十五年時間——而政府甚至不需要西爾斯在全國各地數百家百貨商店的任何一位女性員工宣稱遭到歧視，只要統計上的差別，就足以讓這個昂貴的程序拖延十多年。最後，西爾斯在上訴法院獲得勝訴，但很少僱主有能力承擔持續這麼多年的財務成本，同時還得負擔歧視的汙名影響公眾輿論和公司銷售所造成的營運成本。

包括大企業在內的大多數僱主發現，在法院外和解這類案件不失為權宜之計，即便它們並未觸犯反歧視法——然後這類和解案的數量又被批評者用來宣稱僱用歧視十分普遍。例如，二〇一二年百事公司（PepsiCo）宣布以逾三百萬美元，和解一項平等就業機會委員會（EEOC）對該公司的犯罪背景查核歧視黑人的指控。[96]

比起西爾斯抗辯歧視女性的訴訟成本，百事的和解金額便宜多了，雖然西爾斯最後獲得勝訴。此外，如果百事遭遇的種族歧視指控在聯邦法院纏訟多年，可能導致個人和機構決定向別家公司購買汽水和點心而損失數百萬美元。

總之，「差別影響」情況的結果未必取決於證據的品質或數量。在百事公司和解案時，一項實證研究已顯示採用犯罪背景查核的公司，往往比不採用此類查核的公司僱用更多黑人。[97]這類情況的關鍵因素不是訴訟，而是進行訴訟的成本，包括法律費用和不利宣傳造成的營運損失。被指控者要想在經濟上獲得有意義的勝利，唯一的方法是在法院外和解，而不是進行訴訟。

很少法官會拒絕讓案件進行訴訟，雖然這確實發生在二〇一三年，當時EEOC提出的證據被地方法院法官提特斯（Roger Titus）形容為「可笑」，因為它「充滿數量驚人的錯誤」，也因為EEOC控告一家對求職者犯罪背景查核的公司，而這與EEOC本身也採用這種查核矛盾。[98]

以「差別影響」為由進行成本高昂的民權訴訟，影響的不僅限於僱主，員工也可能蒙受不利影響，而且不只是減少了無犯罪紀錄的黑人勞工的就業機會。當一個聯邦機構可以輕易代表少數種族或民族的員工提出歧視控告時，被告可能得花費高昂成本和時間上法院，或可能花高昂成本在庭外和解控告——這將降低僱用黑人或其他少數族群員工的價值，即使他們的求職條件與沒有這種法律風險的其他員工相同。僱主因此有把企業遷離少數族群人口集中地區的誘因，以避免他們的員工人口組合不符合周遭人口組合時，可能承擔被指控歧視的高昂成本。

一些日本公司在計畫遷移它們最早設於美國的營運地點時曾明確表示，它們不想遷移到靠近黑人人口集中的地方。[99]採取相同作法的美國公司因為更熟悉美國的法律和社會氛圍，也許較不會留下文字紀錄。儘管如此，這種情況引發的質疑是，被用來興訟的反歧視法，是否反而同時提供了歧視和不歧視少數種族的誘因，而且其淨效應很難確定。

許多認為種族歧視很普遍且對就業市場影響很大的觀察家，忽略了競爭性市場的僱主確實積極招募了黑人員工，甚至在種族歧視猖獗且不加掩飾的地方，例如種族隔離年代白人少數族群政府公開宣揚白人至上主義的南非。類似的，一百多年前美國黑人勞工在吉姆．克勞法（Jim Crow law）時代的南方需求殷切，白人僱主和地主有組織的壓抑黑人收入的努力，往往在對黑人勞工和佃農需求的壓力下失敗。

在吉姆．克勞法時代，北方白人僱主派遣招募者到南方招募黑人勞工，其規模大到南方通過許多法律，藉由向這些招募者收取授權費和實施其他規定來限制他們的活動，違反這些限制規定者可能遭到嚴厲的懲罰。[100]這清楚顯示美國南方和北方對黑人勞工都有殷切的需求。

在北方社區，一九二〇年代對黑人勞工的需求強到足夠讓亨利．福特（Henry Ford）和他的主管在底特律的黑人社區建立與教會的關係，以便藉由教會的協助來挑選黑人求職者。類似的安排也存在於芝加哥和匹茲堡。[101]福特汽車公司實際上是在尋找低成本個人素質知識的管道，用以判斷每個求職者，而不必依賴有關族群特性的資訊，接觸黑人牧師是獲得歧視IA的益處而無需支付一般而言極高成本的方式之一。

總之，種族歧視不足以在競爭性市場抑制對黑人勞工的要求。如果反歧視法在日後反而變成降低黑人勞工需求的因素之一，那就是一個痛苦的反諷。意圖，不管是好是壞，不能保證帶來預期的結果。

數字的世界

Chapter 4

謊言有三種：謊言、該死的諾言，和統計數字。

——馬克・吐溫（Mark Twain）

在嘗試了解經濟和社會差異時，往往得利用統計數字，一方面是表達差異的程度，一方面則是嘗試探究其原因。對一些人來說，數字可能傳達客觀事實的感覺，但即使數字是正確的，描述數字所衡量事物的文字卻可能不正確或誤導人。這包括收入、失業率和逮捕率等基本數字。

數字誤導人的原因也可能不是因為數字本身或描述它們的文字有任何缺陷，而是因為比較數字的標準隱含的假設。對某個結果期待平均或隨機的分布，而無視於遺傳或歧視等複雜的原因，這種謬誤的假設，可能讓顯示差異結果的許多統計數字被認為代表現實世界出了根本的差錯，而非比較這些結果的標準背後的假設出了根本的差錯。

面對期待個人、族群、體制或國家——甚至於龍捲風或地震等自然現象——會出現平等或隨機結果的假設時，邏輯或經驗證據都無法提供具有說服力的解釋。

當在能覺察陷阱的情況下使用統計數字時，統計數字在測試差異結果的假設中極有價值；但當統計數字被遺漏錯誤（errors of omission）或分類錯誤（errors of commission）扭曲時，就可能造成極大的誤導。

遺漏錯誤

光是遺漏關鍵事實，就可能把精確的統計數字變成陷阱，導致與知道全部事實的情況下截然不同的錯誤結論。這通常發生在比較不同民族群體和不同收入階層等情況。

群體差異

在二十一世紀初漫長而激烈的政治運動和在媒體中，許多來源的資料被反覆引述，宣稱對申請住宅貸款的黑人歧視十分普遍，指控申請最受歡迎類型房貸的黑人遭拒絕的比率，遠高於申請相同房貸的白人。

例如，二〇〇〇年美國民權委員會的資料顯示，這類房貸的黑人申請者有四四・六％遭到拒絕，相較於白人申請者只有二二・三％。[1]這些統計數字和其他來源的數字引發各界譴責房貸業者，要求政府「設法」阻止房貸機構猖獗的種族歧視。

這份美國民權委員會的報告，除了聲稱申請制式房貸的黑人遭拒比率是白人兩倍之外，也引證其他統計數字，證明申請相同房貸的白人被拒絕的比率是「亞裔美國人和夏威夷原住民」的近兩倍。美國白人申貸者遭拒絕的比率為二二・三％，而亞裔美國人和夏威夷原住民的比率只有一二・四％。[2]但這類資料很少、甚至沒有出現在大多數報紙或電視新聞節目，因為光是黑人──白人的差距就足以說服新聞記者相信原因就是種族歧視。

這個結論符合既有的偏見，顯然也省略了查證它是否符合事實的必要。這個關鍵的遺漏讓流行的偏見得以支配政界、媒體和大部分學界的討論。

極少數考慮到這項黑人—白人統計差異可能有其他解釋的媒體之一是《亞特蘭大立憲報》。該報報導，有五二%的黑人信用分數過低，只能申請條件較差的次級房貸，相較於分數過低的白人只有一六%。因此，據《亞特蘭大立憲報》引述的資料，有四九%的黑人最後申請了次級房貸，對照之下，申請次級房貸的白人為一三%，亞裔美國人則為一〇%。[3]簡而言之，這三個族群分別可以申請的房貸排序，和他們的平均信用評級排序類似。

儘管以這些統計數字有助於矯正「族群間的結果差異證明種族偏見存在」的流行偏見，大多數大眾媒體幾乎從未提及這些統計數字。這些統計數字反映真實的債信評級，所以與歧視IA一致（把每個申請人視為個人）；但在媒體、政治界和學術界的報告中，卻被視為歧視II的證明，即對整個族群的武斷偏見。

被遺漏的統計數字原本可以減輕白人放款者歧視對待黑人申貸者的流行偏見，儘管這個偏見經不起仔細檢驗，至少聽起來還似乎可信。但白人放款者也歧視白人申貸者、偏袒亞裔申貸者的說法，卻完全缺乏說服力。同樣不可信的是，黑人經營的銀行也歧視黑人申貸者。事實上，黑人經營的銀行拒絕黑人申請房屋貸款的比率，還高於白人經營的銀行的比率。[4]

家庭所得統計數字

遺憾的是，遺漏與流行偏見不符合的統計數字十分常見。這已變成政治圈、媒體，甚至學術界常見的作法。這類遺漏錯誤不局限於房貸問題，也常見於許多所得統計數字的討論。

例如，家庭所得資料經常被用來顯示一個社會內部經濟差異的程度，但是說頂層二〇%家庭的所得是底層二〇%家庭的X倍，誇大了有血有肉的人之間的差異，因為所得級距的差異與現實中人的差異截然不同。那是因為，雖然每個二〇%的家庭數量相同，頂層二〇%家庭的人數卻遠多於其他二〇%。

二〇〇二年的人口普查資料顯示，底層二〇%家庭有四千萬人，而頂層二〇%的家庭卻有六千九百萬人。[5]這些事實通常在有關所得差異的統計數字中被遺漏。無疑的頂層五分位數的人均所得超過底層五分位數的人均所得，但頂層五分位數的人數多出二千九百萬人這個事實，誇大了人之間的所得差異。美國勞工統計局二〇一五年的資料顯示，現在頂層五分位數的人數已比底層五分位數多出三千六百萬人。[6]

此外，頂層五分位數家庭中有所得的人數，是底層五分位數的四倍，[7]大多數底層五分位數的家庭沒有人工作。[8]常有四個人工作賺的錢比一個人工作賺的錢多，這有什麼好驚訝？這是另一個遺漏錯誤，而且遺漏的真相原本可以削弱流行偏見。

不同所得級距的家庭不但平均人數不同，而且每個民族群體的家庭平均人數也不同，在每個時間的家庭平均人數也有差異。忽略這些差異而妄下結論，可能扭曲那些統計數字的意義或影響。

正如人口普查局在逾半個世紀前就已指出，美國家庭數增加的速度已超越人口增加的速度。[9]換句話說，美國家庭的平均人數呈現長期減少的趨勢——且這個趨勢持續到二十一世紀。[10]晚近的家庭不但人數減少，而且隨著各世代的平均所得增加，有愈來愈多個人有財力住在個人的家庭裡，或單獨住在宿舍中，而非與親戚或室友同住。

在每個家庭平均人數減少的同一時期，人均所得卻增加，這種情況可能造成統計數字顯示平均家庭所得下跌，即使美國所有個人的所得卻上升。例如，人均所得在相同期間如果增加二五%，而每個家庭的平均人數從六個人減少到四個人，那麼在較晚期的四個人賺得的所得，可能和較早期的五個人一樣多，但仍然比更早期的六個人少，因此在統計上呈現平均家庭所得減少，即使人均所得增加了二五%。

家庭所得的統計數字也可能以其他方式造成誤導。如果兩名低收入者共住一間公寓以減輕租屋的負擔，且其中之一或兩人的薪資都增加，那可能促使一個房客搬出去單獨居住，而這可能造成平均家庭所得減少。

例如，兩名房客每年所得各為二萬美元，而且後來兩人的所得都增加到每年三萬美元，導致兩人後來分別住在不同的公寓，那將表示這些個人的家庭所得從每年四萬美元減少為每年三萬美元。現在有了兩個低所得家庭、而非一個，而且兩個家庭將比原本的那一個家庭更窮。所以同樣的，個人所得增加可能反映在統計數字上變成家庭所得減少。

由於大部分所得是支付給個人，而非給家庭，且「個人」一定表示一個人，而「家庭」可能表示可變動的人數，所以為什麼家庭所得統計經常被使用，反而不使用個人所得的統計數字？顯然，忽略個人所得統計數字而使用家庭所得統計數字，對尋求有關人際經濟差異真相的人較沒有用。但家庭所得統計數字對宣揚政治或意識形態運動的人極為有用，因為統計數字可以用來誇大人與人的所得差異。

為了尋找有關美國人民經濟福祉的真相，最簡單和最直接的統計數字之一，就是人均實質所得——也就是總所得金額除以人口總數，再調整通貨膨脹因素後的數字。不過，這是一個很少在所得爭議中被提到的統計數字，也很少在官方機構美國人口普查局的刊物上被報導。

時間和周轉率

另一個在所得差異的討論中往往被遺漏或扭曲的因素是時間維度。底層二〇%的人往往被稱為「窮人」，而如果這個五分位數的所得在同一期間並未改變很多，可能被說成是「窮人」的所得停滯不前。但絕大多數剛開始屬於最低五分位數的人，並不會永遠留在底層。大多數人的工作生涯從較底層的職業開始並不奇怪，剛開始的收入往往比後來的收入少，因為他們會逐漸取得更多經驗、技術和成熟度，以及可供查核的較長工作紀錄。

密西根大學的一項調查從一九七五到一九九一年追蹤一組美國勞工，發現剛開始屬於底層二〇%的人有九五%在那段期間結束時已脫離底層。此外，這些原本位於底層五分位數的人有二九%一路攀升到頂層五分位數，只有五%仍留在底層二〇%。[11]

由於二〇%的五%等於總數的一%，所以抽樣的總人數中只有一%在整個調查期間一直是「窮人」。有關這段期間「窮人」所得情況的敘述，只適用於一%的人。

類似的現實扭曲也發生在討論較高所得級距者的時間維度遭到忽略，較高所得級距的人往往被說成他們是永遠不變的階層，而非這些級距的過客，正如低層級距的「窮人」。例如《紐約時報》二〇一七年的一篇報導，談到「這些所得分布在頂層五分之一的被眷顧者，從一九七九年以來聚集的所得遠超過其他人」。[12]

想想從一九七五到一九九一年間，不同所得級距之間的周轉率有多大，就能了解把一九七九到二〇一七年這段更長的期間頂層五分位數視為同一批人的隱含假設有多離譜。其中關鍵的周轉率被遺漏了。

另一項較少被注意的統計調查追蹤一組美國人一段期間，發現一個與媒體、政界或學界經常描繪的現實大不相同的現實：「介於二十五歲到六十歲的人口，有四分之三的人在某個時間點會發現自己屬於所得分布的頂層二〇%。」[13]

如果其他五分位數的大多數美國人羨慕或憎恨頂層二〇%的人，那無異於羨慕或憎惡自己，因為以後他們也可能躋身頂層二〇%。《紐約時報》所稱的「被眷顧的五分之一」實際上指的是很大一部分的美國人。此外，說四分之三的美國人獲得收入是因為被眷顧、而非努力工作所得來的，這似乎讓人難以想像。

稱呼特定所得級距的人為「窮人」或「富人」隱含的假設是，他們是那些級距的長久居民，但事實上，大多數美國人不會長期停留在同一所得級距超過十年。[14]澳洲、加拿大、希臘、英國和紐西蘭的研究也發現，類似的短暫模式發生在低所得級距。[15]

最高所得級距的人周轉率比整體人口所得的周轉率還大。在一九九六年時所得級距屬於經常被討論的「頂層一％」的美國人，到二〇〇五年還屹立不搖的人只有不到一半。[16]雖然屬於這個級距的人被稱為「一百個人中生活最好的一個人」[17]，這種描述只在短暫的期間是真的。在整個人生期間，有九分之一的人曾屬於這個級距，亦即有一一％的美國人一生中某個時候曾屬於這個級距。[18]剛開始屬於頂層一％所得的人周轉率還更高，而屬於美國所得最高四百人的周轉率最高。[19]

犯罪統計與逮捕統計

一些遺漏錯誤所造成的最嚴重現實扭曲牽涉到很簡單的遺漏。我們不需要身為複雜統計分析的專家就能看出許多統計謬誤，包括簡單的遺漏造成的謬誤。不過，我們確實必須停下來好好思考數字，不要被動聽的理論和統計沖昏了頭。

被引用來支持警察專門逮捕黑人的統計數字往往只顯示，遭逮捕的黑人比率遠超過黑人人口佔美國總人口約一三％的比率。

如果有任何人採用類似的理由宣稱全國籃球協會（ＮＢＡ）的裁判有種族歧視，因為裁判在ＮＢＡ比賽對黑人的犯規裁決遠超過一三%，那麼熟悉ＮＢＡ的人會立即看出其中的謬誤——因為黑人球員佔ＮＢＡ比率遠超過黑人佔美國人口的比率。此外，由於黑人在ＮＢＡ明星球員佔的比率特別高，黑人上籃球場打球的實際時間也高得不成比例，而且上場球員被判犯規的可能性也遠超過板凳的二線球員。

若要測試警察特別喜歡逮捕黑人的假設，或測試黑人在法院遭判有罪入獄的比率特別高的假設，我們需要客觀資料，以了解黑人觸犯特定法律的比率，並比較黑人遭逮捕、定罪和入獄的比率。這類客觀資料可能不容易取得，因為在測試警察行為是否正當時，反映警察行動的資料很難被認為是有效的資料。不過，有些特定的統計數字是有關聯的，而且不涉及警察的行動。

最可靠和客觀的犯罪統計是謀殺案統計，因為屍體很難被忽略，不管受害者是哪個種族皆是如此。根據美國各地所做的謀殺案統計，謀殺案受害者是黑人的比率是黑人佔總人口比率的好幾倍。此外，這些兇手已被指認的謀殺案的受害者，絕大多數是被其他黑人殺害，正如大多數白人謀殺案的受害者是被白人殺害一樣。

由於黑人間的謀殺率是白人間謀殺率的好幾倍，所以不足為奇的，黑人因為殺人被逮捕的比率，也比白人因為殺人被逮捕的比率高出好幾倍。這種統計比較的重要性並非黑人在總人口的比率，而是黑人在犯特定罪的比率。

另一種可拿來測試和量化、且不涉及警察的違規行為，是在公路上超速。獨立研究人員針對紐澤西收費高速公路四萬名駕駛人所做的調查發現，高速攝影機和雷達鎗顯示，黑人駕駛人超速的比率高於白人駕駛人，特別是超高速駕駛。[20]這項比較黑人因超速遭州警攔阻比率與黑人實際超速比率的調查，卻未被媒體或政治人物接受，甚至未被提起；反而是比較被州警攔阻的黑人和黑人觸犯其他法律佔人口比率的其他調查，卻常被接受和提起。[21]

我們再度看到，具體的事實被隱含的假設打敗，這個假設即各族群的人傾向做某些事，因此結果的重大差異被認為出乎意料，甚至以懷疑的眼光看待。但光是人口特性的差異就足以造成超速違規的族群差異，即使把其他社會或文化差異考慮進去也是如此。

年輕人較傾向會超速，所以年齡中位數較年輕的族群，落在較常超速年齡級距的比率也較高。當不同族群在十年間，或者在二十年或更長期間的年齡中位數有差異時[22]，我們沒有理由預期不同的族群各自人口超速的比率會一樣，或者預期任何相同年齡級距較常見的其他活動會有相同的結果。

遺漏黑人——或其他種族——從事特定違法活動比率的資料，而只看黑人或其他族群佔整體人口的比率，就足以讓政治上的「種族歸類」（racial profiling）蔚為流行，雖然那並不符合邏輯或證據。

一些專業統計人員拒絕捲入種族歸類問題，因為這些問題與政治糾纏不清。正如一位犯罪學教授解釋：「優秀的統計人員只能兩手一攤說，『這是一場打不贏的戰爭，我不想被稱為種族歧視者』。」[23]

這種情況的後果之一是，許多執法官員也認為這是一場永遠贏不了的政治戰爭，並且乾脆放棄嚴格的執法，因為嚴格執法可能毀掉他們的職涯和生活。警察放棄嚴格執法的結果，往往是黑人社區的犯罪激增[24]，而這些黑人社區原本就是犯罪的主要受害者。

一些人可能認為，他們支持沒有根據的指控警察及刑事司法系統種族歧視，是對黑人仁慈。但是，正如備受敬重的黑人學者布朗（Sterling A. Brown）很早就說過：「仁慈和殘酷一樣能殺人，而且它永遠無法取代真正的尊重。」[25]

分類錯誤

統計的分類錯誤包括把根本上不同類型的資料歸併在一起，例如薪資和資本利得，製造出被簡單稱為「所得」的數字。但用相同的字詞稱呼不同的事物，並不會讓它們變相同。

其他分類錯誤包括討論統計級距時把它們當成固定的一組有血有肉的「富人」、「窮人」或「頂層一％」等概念，也包括利用研究調查來解決事實性問題，而不考慮研究調查本身的限制可能使它無法解決問題。

資本利得

雖然個人年所得的統計數字沒有家庭所得統計的一些問題，但這兩種統計都計算個人的：（一）特定年份的年薪資所得，和同一年內所賺的其他所得；以及（二）之前特定年份期間產生的資本利得，並將它轉變成特定年份的現金所得。把一個個人數年期間的所得，和其他個人在一年期間的所得等同看待，就好像無視於蘋果和橘子的不同。

資本利得從許多大不相同的交易中獲得，這些交易的類型從出售之前許多年間購買的股票和債券，到出售之前許多年間增值的住宅或事業等交易。

如果一座農場以十萬美元買入，二十年後——在該農場興建穀倉和圍籬，並對土地和建築做了其他改善後——這座農場以三十萬美元賣出，這筆銷售將為業主在農場賣出的年份增加二十萬美元的淨所得。在統計上，這筆在二十年期間賺得的二十萬美元，將被記錄為和某個人在一年期間賺進的二十萬美元薪資相同。

回溯過去，這座農場實際上在二十年期間隨著投入時間、努力和金錢，而使農場的價值平均一年增加一萬美元。但往未來看，農戶再也不能指望次年能像年薪二十萬美元的人那樣賺進二十萬美元。

資本利得一般是記錄在所得統計中，和年薪一樣，但實際上它們的性質截然不同。目前也沒有簡單的公式來讓薪資和資本利得可以互相比較，因為由不同的個人在之前不同年數產生的資本利得，是被計算成特定一年的現金所得。

如果資本利得平等地以所有級距來呈現——例如，所有所得的一〇%是資本利得——那麼所得統計的差別可能不會受到很大影響。但在現實中，低年所得較有可能是薪資，而極高的年所得較有可能是資本利得。一年賺二萬美元的人很可能是從薪資賺得這些所得，而一年賺二十萬美元很可能是從不同形式的資本利得賺到這些錢。

極高所得階層的人有超高的周轉率強調了這個結論。國稅局的資料顯示，從一九九九到二○○七年間，一年賺超過百萬美元的人有半數在這九年期間只有一年賺這麼多。[26]這不表示那個所得級距的所有人每年賺一百萬美元。另一項也根據稅務資料的調查顯示，從一九九二到二○○○年間，美國四百個所得最高的人只有不到一三%有兩年以上所得達到那個極高的級距。[22]那些極高的所得通常是很短暫的所得，這強化了它們是短暫資本利得而非長期薪資的結論。

這些都扭曲了把年薪資與多年資本利得混為一談的所得統計。有關美國頂層一○%或所得最高的四百人的討論，都把它當成是一群固定的所得者，但實際上因為高所得級距有極高的周轉率，在十年期間「所得最高的四百人」可能有數千人。

舉例來說，根據國稅局的資料，從一九九二到二○一四年，所得最高的四百人實際上有四千五百八十四人。在那二十三年間，這些人中有三千二百六十二人只有一次屬於那個級距。[28]當統計數字把數千人的所得計算成數百人的所得時，那將誇大所得差異好幾倍——在這個例子裡誇大超過十倍。

這類資料也與經常被反覆宣稱的「體制被富人操縱」有關。這種說法當然符合流行的社會願景，但如果問題是它究竟符不符合事實，那麼它就能像任何其他假設一樣被測試。根據這些資料，如果美國所得最高的四百個人操縱了體系，而「所得最高的四百人」中有七一%在逾二十年期間只有一次屬於這個類別，為什麼會有人以那種方式操縱他們自己不可能持續在最高

| 側記 | 資本利得和不平等

我們可以用一個假設性的例子來說明，當所得統計不區分：（一）在特定的年份獲得的年薪資；和（二）在同一年份因為過去許多年獲得的資本利得所代表的所得時，所得統計可能誇大不平等。

舉例來說，如果一個高所得級距有十個人一年各賺五十萬美元，而另一個較低所得的級距也有十個人一年各賺五萬美元，看起來這兩個級距之間的所得有十比一的差異。但如果較高級距的十個人只有一個在十年期間每年賺五十萬美元，而其他人在十年期間只有一年賺那麼多，因為他們累積的資本利得在那一年轉變為現金所得。那麼基於極高所得級距有極高的周轉率，這種情況實則大大不同於十個人在十年期間每年都達到那個較高級距的情況。

如果較高所得級距的大多數人有一年從資本利得獲得大增的所得，然後恢復較低的所得水準，而這個較低的水準可能仍高於全國的平均數，例如一年的個人所得為十萬美元。那麼，在十年期間，人與人間的所得差異會明顯地小於所得級距間的所得差異。

在這個假設性的例子裡，較高所得級距裡有九個人在第一年各賺五十萬美元，然後在後續九年各賺十萬美元，使十年期間每個人總共各賺一百四十萬美元，全部九個人累加所得為一千二百六十萬美元。較高所得級距的第十個人在十年期間，每年都賺得五十萬美元，他的總所得為五百萬美元。如果把十年期間第一年屬於較高級距的十個人所得加總起來，總共是一千七百六十萬美元。

另一方面，在較低所得級距第一年和全部十年期間、每年都賺五萬美元的十個人，他們十年的總所得為五百萬美元。這個總額數字相較於在相同十年間總共賺一千七百六十萬美元的較高級距，兩組人的所得差距為不到四比一；但兩組人所屬所得級距的所得差距卻是十比一。

這是因為較高級距的十個人中有九個人，每年都被因為資本利得而所得大增一年（在這個例子是所得五十萬美元）的其他人所取代。若計算這十年期間在某個時點屬於較高所得級距的所有九十一個人，他們在那個十年間的平均年所得將是較低級距者的不到三倍。[31]

雖然這個例子為了方便說明而假設較低所得級距者在十年間的所得不變，真實世界的資料顯示，初期屬於較低所得級距的人往往逐漸攀升，所得增加的速度大幅超過初期屬於較高級距的人。[24]這將使本例中的兩組級距的人所得差距變得更小。

一個假設性的例子顯然無法確實地模擬真實世界。此處的重點只是顯示在類似這些條件的情況下，所得級距的差異可能遠大於真實的人之間的差異。

所得級距的體制？那將是你想像得到的最愚蠢的操縱。

全世界最有錢的四百個人也有類似的情況，他們在二〇一五年淨財富減少了一百九十億美元。[29]至於二〇一六年，全世界財富十億美元以上的富豪人數比二〇一五年略微減少，他們持有的總財富淨減少五千七百億美元。[30]如果世界最富裕的人真的「操縱了體制」，他們應該能為自己做得更好些。

種族和民族差異

在嘗試分辨黑人與白人經濟和社會差異的原因時，一些觀察者把這些差異主要歸因於黑人社區以外的人制訂的政策和執行，另一些觀察者則歸因於美國黑人和白人行為的內在差異。

社會學家威森在尋求解決這個問題時，高度仰賴來自意見調查的統計數字。據威森教授表示，這些調查顯示「幾乎所有貧民區居民，不管有沒有工作，都支持工作倫理的準則」。[33]在一項調查中，「來自貧民區貧窮人口的黑人受調者中，只有不到三%否認要在社會勤奮工作才能出人頭地的重要性，而且有六六%表示勤奮工作很重要」。[34]

威森教授雖承認「調查不是彰顯態度和價值的最好方法」[35]，但他為了駁斥「媒體對『下層階級』價值和態度的認知」，提出一個事實，即「內城貧民區的居民實際上以口語認可、而非否定有關個人動機的基本美國價值觀」。[36]儘管威森仰賴意見調查以駁斥貧民區居民的文化價值與整體美國人不同的看法，人所說的和所做的之間，卻不一定有相關性。哥倫比亞大學的研究人員針對低所得者做的調查顯示，五九%的人認為用信用卡買東西不是好事，但「大多數家庭購買主要耐久財時都使用信用卡」。[37]

經濟學家傾向於依賴「外顯偏好」勝於口語宣示。換句話說，人們的行為透露他們的價值觀，勝過他們用嘴巴說的價值觀。即使在人說實話，表達他們真誠的信念時，有些人對勤奮工作（舉例來說）的觀念也未必與其他人的觀念一樣，即便他們說相同的話。

當謝克海茨（Shaker Heights）高中的富裕黑人學生花比白人同學少的時間在學校課業，而且花更多時間在看電視上時，[38]那是他們的外顯偏好。其他來源的資料顯示，美國黑人高中學生花在學校課業的時間，和亞裔美國人高中學生的差異還更大。[39]這種差異也不只發生在黑人或在美國。例如，在澳洲，華裔學生花在課業的時間是白人學生的兩倍。[40]

亞裔學生在白人為主的社會如澳洲、英國或美國的課業成績比白人學生好，會讓我們感到驚訝嗎？同樣的模式也出現在國家與國家的比較，例如日本、南韓和新加坡等亞洲國家的學生，在國際測驗的成績都優於大多數西方國家學生的成績。[41]

根據人們說的話編製的統計數字，可能比毫無用處更糟糕——它們可能導致人們相信這種數字可以用來做社會政策的重大決定。

附帶一提，不同族群在教育和其他結果投入的努力量，並不支持遺傳決定論。當我們發現某些種族的學生在學業上花的時間和努力比其他種族的學生少，但學業成績比其他種族的勤奮學生優秀時，那將是支持遺傳決定論的證據，只不過這種證據並不可得。

當嘗試從統計數字決定歧視——歧視II意義的歧視——與種族間的所得差異有多大關係時，可以讓這種比較變得不可靠的常見分類錯誤之一是，比較理論上有「相同」教育或其他資格的個人，但其實那些資格並不相同。在二十世紀初期，比較有「相同」就學年數的黑人和白人，與比較有相同教育水準的黑人和白人顯然不同。

在那個時代，大多數黑人集中在南方，他們進入的種族隔離學校通常有較短的學年數，再加上其他差別待遇。[42]根據那個年代的一項研究，「黑人學生一年就學三個月持續六年，最多只能完成白人一年就學六個月持續六年學業的一半」。[43]不過，統計上他們都有「相同」年數的教育。

顯然這類情況中有歧視II，但那種歧視發生的地方無法從統計數字蒐集的地方來判斷。換句話說，當有「相同」教育年數的黑人和白人勞工得到不同的薪資時，那不一定是因為僱主有偏見性的歧視，而是因為早在黑人勞工找工作前就發生在學校體制的長期偏見性歧視。

在後來的年代也有類似的情況，當時法律已不再規定學校實施種族隔離，但黑人高中畢業生在教育測驗的分數卻比小許多年的白人學生低。[44]這時候僱主未支付黑人勞工和「相同」教育學歷的白人勞工一樣的薪資，未必是因為職場的歧視II，即使統計數字是在職場蒐集的。但如果比較的是智力測驗結果相同的個人時，黑人和白人得到的是類似的薪資。[45]

統計數字通常不夠詳細，不足以用來比較真正可比較的人。類似的問題可能影響有大致「相同」資歷的男性和女性勞工間的比較。但當較高比例的女性是兼職勞工，而且是持續就業經驗較少的勞工時（原因是挪出時間照顧幼兒），或大學學歷的學系不足以讓她們從事高薪專門職業時，比較有「相同」資歷的女性和男性時，就如同拿橘子比較蘋果。

在有較多工作資歷資料可用來比較不同族群的個人時，所得差異往往會縮小、甚至消失，有時候呈現顛倒的不平等。[46]例如，回溯到一九七二至一九七三學年，當時白人教職員的所得高於黑人教職員。但當比較那些在相同領域擁有博士學位、來自各學科有類似高排名的學系、發表文章數量也接近的教職員時，黑人教職員的所得卻高於白人同僚。[47]類似的，整體來說男性教職員的所得高於女性教職員；但在資歷類似的教職員間，未曾結過婚的女性所得高過未曾結過婚的男性。[48]

最低工資和失業

調查研究會造成傷害的重要領域之一是，嘗試解決最低工資法對失業有何影響的意見分歧。最低工資法的擁護者宣稱，這類法律可以提高窮人的收入，而批評者說這類法律讓更多窮人失業，因為低收入勞工往往缺少技術且／或缺少工作經驗，所以僱主認為只值得以較低的薪資僱用他們。雖然有無數詳盡的統計數字，但這個爭議已激烈進行了數十年。

一部分的問題是，正如我們在其他情況下所見的，大多數所謂的「窮人」並非低所得級距的永久居民，就像其他所得級距也少有永久居民一樣。所得只有、或接近最低工資的所有美國人，約有半數年齡介於十六歲到二十四歲[49]，不過他們當然不會永遠保持年輕。所以當有人像參議員泰德．甘迺迪（Ted Kenney）說「領最低工資的勞工等了近十年想要加薪」[50]，他們說的不是一組固定的人，而是一個包含隨時變動組合的統計類別。

因為年輕人通常是（幾乎依其定義來說就是）缺少工作經驗，他們對潛在僱主的價值往往低於較具備同類工作經驗的勞工。有些年輕人可能透過教育獲得有價值的工作技術，但教育也需要花時間，而花時間則會讓人變老些。

年輕且缺少經驗的勞工從初階工作得到的收穫，通常主要是每天準時上班的習慣，以及遵循指示和與其他人融洽相處的習慣。在從一些簡單的初階工作獲得經驗後，大多數年輕的新手會另覓新僱主，尋找需要某些先決條件的工作經驗才可能被僱用的工作。雖然這個道理似乎很簡單，但缺少工作經驗這個先決條件，卻可能使年輕勞工擁有的其他好品質變得毫無用處，只因為他們還沒有機會在工作環境中展現自己。

高員工周轉率在許多零售業或速食餐廳的初階工作裡很常見，有時候每年超過一〇〇％。[51]這些工作是跳槽到其他僱主和其他工作的踏腳石，雖然一些觀察者錯誤地稱初階工作是「沒有出路的工作」。[52]如果勞工真的永遠留在這類通常沒有自動升遷階梯的工作，那些勞工的確是在做「沒有出路的工作」，但當超市員工的平均任期被發現是九十七天時，情況顯然並非如此。[53]

和市場經濟大多數事物一樣，沒有經驗和技術的勞工，通常找到低薪工作要比高薪工作容易得多。最低工資法由第三方決定他們認為應支付的薪資水準，而非根據那些員工的生產力來決定，這可能使缺少技術的勞工找不到工作。這種傳統經濟分析遭到最低工資法擁護者的挑戰，而研究調查資料則是這種挑戰的主要部分之一。

回顧一九四五年，普林斯頓大學教授萊斯特（Richard A. Lester）派出問卷人員，徵詢僱主對勞工成本升高的回應方法。他們的回應並不符合傳統經濟分析，讓萊斯特教授認為傳統經濟分析可能不正確，或者不適用於最低工資法。[54]不過，傳統經濟分析想做的是預測經濟結果，而非預測接受調查的人將如何回答問卷。此外，結果不只是像我們在歧視成本的討論中所見的「信念或意圖的實現」。

萊斯特挑戰傳統經濟分析數十年後，也是來自普林斯頓大學的其他經濟學家，再度根據調查研究挑戰傳統經濟分析，雖然現在的方法是在一次調高最低工資之前和之後調查同一批僱主，並詢問他們有多少員工。得到的回答讓普林斯頓的經濟學家相信，提高最低工資並未減少僱用。

他們和他們的支持者因此宣稱，傳統分析是一個現在已經被駁倒的「神話」。[55]

普林斯頓經濟學家的結論引發其他經濟學家的猛烈批評，他們質疑統計的正確性和結論的邏輯。[56]但即便普林斯頓經濟學家的統計是正確的，也無法解決調查研究通常會有的主要弱點——也就是你只能調查倖存者。在同一情況下，倖存者認為是真的事，對未能安度那個特定情況的其他人未必是真的。

一個極端的假設性例子可以說明適用於較不極端情況的論點。如果你想以實證方式決定用手槍玩俄羅斯輪盤是否危險，並透過調查研究來做這件事，你可能派問卷人員去徵詢所有已知曾賭過俄羅斯輪盤的人，問他們有關結果的資訊。

問卷人員回來後，把回答列表顯示，從這些統計獲得的結論可能是：根據得到的問卷答案，最後是沒有人受到傷害。不是所有被徵詢的人都會回答問題，但這在調查研究中並非不尋常。根據你對這項研究的統計資料得到的結論，你的結論很可能是駁斥賭俄羅斯輪盤很危險這個「神話」。當你只能調查倖存者時，你就可能得到這種結果。[57]

在最低工資的調查中，如果一個產業的所有公司都完全相同，那麼因為實施最低工資和提高既有最低工資導致的任何減少僱用，將呈現出全體公司減少僱用。然而，較常見的情況是，特定產業的一些公司賺錢較多，另一些公司賺錢較少，還有一些公司則在掙扎求存，而最低工資導致的結果可能使一些掙扎求存的公司倒閉關門——進而造成特定產業的僱用總人數減少，因為勞工成本升高使得獲利更加困難。

能接受調查僱用資料的公司——不管是在實施最低工資之前或之後——必定是那些在那段期間存在的公司，也就倖存者。如果當時的公司數減少，那些倖存公司的員工未必會減少，雖然該產業的整體員工數可能減少。受調查的公司就像玩俄羅斯輪盤倖存的人，兩種情況可能都是佔大多數，但就此處的問題來說，都無法提供答案。

在實證上，一項針對舊金山灣區餐廳員工做的提高最低工資影響的調查發現，主要影響是一些餐廳倒閉——以及取代它們的新餐廳數減少——引發的效應。那些倒閉的餐廳主要是素質評等較低的餐廳，五星評價的餐廳員工數未受影響。[58]西雅圖的情況也一樣，提高當地最低工資直接的反應是有幾家餐廳關門。[59]那些現在已不存在的餐廳顯然無法接受調查。

需要的勞工數量可以從受僱的勞工人數或從他們工作的時數來衡量，或者兩種方法併用。國家經濟研究局（NBER）公布的一項調查衡量員工的工時和公司僱用的員工數，並做出結論說：「最低工資法規在二〇一六年降低了低薪員工的收入平均每月一百二十五美元。」[60]因此，理論上提高最低工資會增加員工收入，但在現實世界中反而導致收入大幅減少。換句話說，即使保住工作的勞工也工作時數減少，並因此賺更少錢。

嘗試決定最低工資對失業率影響的另一個問題是，最低工資直接影響的勞動力比例通常很小。因此勞動力這部分的失業率，可能被他們周遭數量較多的其他員工失業率的正常波動所淹沒。如果大多數員工的薪資低到會直接受到最低工資法影響，這就不是大問題。但五星級餐廳不太可能僱用沒有經驗的青少年端食物到顧客的餐桌，雖然像麥當勞或漢堡王這類餐廳願意讓青少年在櫃檯端食物給顧客。

衡量最低工資影響失業率的其他方法，包括蒐集僅限於缺少經驗和技術勞工（例如青少年）所受影響的資料。我們在第二章已談到，最低工資如何影響整體青少年的失業率，以及青少年失業率的種族差異。還有另一種衡量最低工資法影響失業率的方法是，在還沒有最低工資法的地方和時期蒐集失業率資料，以便比較有最低工資法的地方和時期的失業率——特別是在可比較的社會，或最理想的是，在同一時代的相同社會發生有最低工資法和沒有最低工資法的情況。

藉由專注於整體青少年，或特定的黑人青少年，我們可以更清楚和精確地看出最低工資法的影響，因為這類法律對這些勞工的影響最大，也因為他們屬於最缺少教育、工作技能和經驗的人口，因此賺的薪資特別低。此外，有很詳盡的統計資料，記錄這些人從一九四〇年代末期至今在勞動市場的情況。

正如我們已經看到，一九四〇年代末期美國青少年失業率的統計資料最驚人的是：（一）他們的失業率遠低於後來數十年我們習於看到的失業率水準；以及（二）當時的黑人和白人青少年就業率只有很小或沒有任何差異。

在國際間，政府或工會未設定最低工資的時期和地方通常失業率低得多。大多數現代化國家都有最低工資法，但少數沒有最低工資法的國家往往失業率極低。這些國家包括今日的瑞士和新加坡，以及一九九七年歸還給中國之前由英國統治的香港。在一九三一年規範建築業工資的戴維斯—培根法案（Davis-Bacon Act）前，美國也沒有聯邦最低工資法，至於這些地方和時期的確實失業率資料，《經濟學人》雜誌二〇〇三年報導：「瑞士二月的失業率攀至近五年的高點三・九％。」[61]但這麼「高」（對瑞士來說）的失業率在那一年稍晚降回較「正常」（對瑞士來說）的三・一％。[62]

在二〇一三年，新加坡的失業率是二・一％；[63]一九九一年香港還是英國殖民地時也沒有最低工資法，它的失業率還不到二％。[64]在美國，沒有聯邦最低工資法的最後一任政府是一九二〇年代的柯立芝政府。柯立芝在位最後四年期間，美國的年失業率介於四・二％到一・八％之間。[65]

但最低工資法的討論即使是在學者之間，往往是根據這類法律的意圖和假設的影響性，而非基於它們實際影響的經驗證據。

影響性

經濟學和其他領域著重複雜的統計分析，但這種統計分析不管多有價值或多重要，在許多情況下仍然可能導致忽視簡單但根本的問題，也就是這些複雜分析中的數字是否根據實際衡量的事物，或者只是根據「宣稱」衡量的事物。把年薪資和多年資本利得混在一起的「所得」統計，只是許多種值得從根本層次更仔細檢驗的統計之一，特別是因為許多影響數百萬人的法律和政策是根據統計的結論而制訂的。

令人不安、甚至痛苦的是一些簡單而明顯的謬誤竟能通過知識界的檢驗，而且這些謬誤似乎竟在提倡被稱為「社會正義」的主流願景。晚近著名的例子之一，是法國經濟學家皮凱提（Thomas Piketty）的所得不平等大規模國際統計研究，立即獲得許多國家的讚許，儘管其中存在明顯且根本的錯誤表述，正如哈佛教授平克（Steven Pinker）指出：

> 皮凱提二〇一四年的暢銷書《二十一世紀資本論》（*Capital in the Twenty-First Century*）已成為控訴不平等的護身符，他寫道：「較貧窮的一半人口今日貧窮的程度和過去一樣，在二〇一〇年只擁有總財富的五％，和一九一〇年相同。」但今日的總財富遠超過一九一〇年時的總財富，所以如果較貧窮的一半人擁有相同的比率，那麼他們現在已遠為更富有，不是「一樣貧窮」。[66]

除了談論比率時好像它們代表著一筆經過一世紀的特定數量所得或財富，皮凱提教授也提出如下的所得主張：「頂層十分之一的人真的自成一個世界」，[67]但實際上有略超過一半的美國人在他一生中的某個時期曾屬於頂層十分之一。[68]當皮凱提說頂層一％坐在「階層」和「不平等結構」的頂端時，[69]他再度用嘴巴把一個變動的特定所得級距的組合說成一個固定結構，而非一個大多數美國人每隔十年就會改變所屬階層的流動過程。

這種錯誤的表述是一些根本的錯誤概念的不同表達方式。正如一項前四百大美國富豪的實證調查指出，皮凱提「天真地假設是相同的那群人變更富裕」。[70]但美國四百大富豪大多數在他們一生中的某個時期賺得他們的財富，而不是四百名繼承了最大筆舊財富的人。[71]

皮凱提的錯誤概念不只一端，而且他的統計也不只有這些問題。但這種簡單且明顯的錯誤表述竟可以通過知識界的檢驗，是一個遠超過皮凱提的問題和危險。

所得是以稅前或稅後來衡量會改變不平等的程度。如果以稅後和政府轉移後兩種方式，不管是以金錢或以財貨與服務衡量，都能大幅降低不平等，這時候高所得者會支付較高的稅，而低所得者會獲得大部分的政府轉移。

稅率本身的統計數字在稅率的改變以「一項三千億美元的增稅」或「一項三千億美元的減稅」這種詞句來描述時，可能造成嚴重的誤導。在現實中，政府所能做的只有改變稅率。會減少多少稅收取決於人們如何反應。過去曾發生過提高稅率造成稅收減少，或者降低稅率卻使稅收增加的狀況，[72]也有時候稅率和稅收往同一方向移動。

例如，在一九二〇年代，最高所得者的稅率從七三%降低到二四%——而所得稅稅收反而大幅增加，[73]特別是從高所得級距人士徵得的稅收。在之前較高的稅率下，富裕投資人的巨額金錢藏在免稅的證券中，如市政債券。當時投資在免稅證券的總金額估計是聯邦政府一年預算的規模，或者超過國家債務的一半。[74]

這麼龐大的合法未稅金額引起財政部長美隆（Andrew Mellon）的注意，他宣稱在民主國家竟然有「一個階級的人不用繳稅」是一件令人「厭惡」的事。[75]由於無法促使國會取消特定證券所得的免稅規定，[76]美隆部長轉而尋求降低稅率，降到實際上導致稅收反而增多的程度。

免稅證券的投資報酬率往往低於所得必須繳稅的其他證券，在稅率高達七三％的情況下，富裕的投資人認為投資較低報酬率的免稅證券很划算，但稅率降到二四％以後則不然。從文字上看，一九二〇年代的最高所得者的官方稅率從七三％降低到二四％；但從真實世界的事件看，實際課徵的稅率——針對被藏在避稅債券驚人數量的金錢課徵——從原本零稅率提高到二四％。這帶來向高所得人士課徵的稅收大幅增加，不管就單項稅收或總所得稅的稅收來說都是如此。[77]

從高所得納稅人課徵的所得稅增加，是因為對有所得課徵二四％的稅，勝於對無所得課徵七三％的稅。一些後來的政府降稅也帶來稅收增加，[78]例如，二〇〇六年七月九日《紐約時報》頭版一則新聞說：「來自企業和富人出乎意料的稅收大幅增加，使得今年預估的預算赤字為之減少。」[79]

不管降低稅率反而增加稅收讓《紐約時報》和其他譴責「對富人降稅」的人感到多麼意外，這正是多年來各任政府的其他人預測和期待的結果，他們都呼籲減稅以逼出避稅的龐大財富，轉而投資在市場經濟。這些人包括柯立芝、甘迺迪、雷根和小布希政府的官員，他們也都得到類似的結果。[80]但稅率和稅收朝相反方向移動的可能性，很少在媒體中被提起，實在是一個重大的遺漏錯誤。

這不只是單純的有關歷史的爭論。它對我們這個時代的影響之一是，降低稅率的提議自動會遭遇到減少所得稅稅收的反對。例如，二〇一八年一月三十一日的《華爾街日報》中，經濟學家布蘭德（Alan Blinder）反對減稅，理由是「財政赤字已經太龐大」。[81]這與《紐約時報》有關小布希政府期間出乎意料因為增加稅收而降低赤字的報導相左。它也不符合一九二〇年代減稅後財政盈餘打破紀錄的事實——財政盈餘多到可以償還四分之一的國家債務。[82]和許多其他人一樣，布蘭德教授的主張好像降低稅率意味稅收減少是不證自明的道理。

當然，減稅並不保證帶來特定的結果。但布蘭德教授的主張並非根據在特定情況下減稅會導致稅收減少的論證，事實上，他未提出這一點的任何論證，而且顯然不認為有必要提出這種論證。類似的，二十一世紀一本評論柯立芝總統的書也宣稱，在他任內的減稅導致「富人享受到的好處重挫原本可用在其他用途的美國國庫」。[83]因此，只改變幾個字詞，柯立芝總統任內破紀錄的財政盈餘就變成是削弱國庫。

國稅局出版過數量龐大且詳細的稅率和稅收統計資料，最早可追溯到一百多年前，但對許多心懷主流社會願景的人來說，它們彷彿不存在。這終究不是一個有關歷史的問題，而是有關這種輕忽對現在以及未來的意義。

文字的世界

Chapter 5

文字是智者的計數器，他們只用來思考，但它們是愚人的金錢。

——霍布斯（Thomas Hobbes），一六五一年

數字在特定問題上可以被用於多種欺騙的用途，文字則可以在整個社會的集體觀點上，用於更廣泛的欺騙。

數字可能欺騙我們是因為它們顯然是客觀的，但文字因為具有數字少有的情緒感染力而可用來做更廣泛地欺騙。對像「戰爭」、「種族歧視」或「謀殺」等字詞有負面反應可能理由很正當，但不正當地以充滿情緒的文字來刺激人們，卻格外具有危險性，因為任何凌駕思想或取代思想的東西都可能帶來危險。不過，情緒操縱只是文字被用來模糊現實與現實背後的因果關係的危險之一。

情緒相對於因果關係

正直的人可能對歷史上無數壓迫與迫害的例子感到驚駭，但思考過去——甚至現在——這種壓迫和迫害的因果關係，卻完全不同於只是複誦種種邪惡，彷彿這麼做就能自動為其他事件建立因果關係。

例如，在尋求為美國黑人的貧窮和其他社會問題建立因果關係時，社會學家威森指出「奴

隸制度、吉姆・克勞種族隔離法、公共學校的種族隔離、歧視合法化、居住性種族隔離、聯邦住宅管理局（FHA）在一九四〇和一九五〇年代對黑人社區的限制性規定、在黑人貧民社區興建公共住宅、僱主的種族歧視，以及其他種族法院和程序帶來的長期影響」等因素。[1]

這些眾多的事實可以總結是種族歧視的例子，因此因果關係的問題是：種族歧視是不是今日美國黑人的貧窮和其他社會問題的原因，或主要原因之一？許多人可能認為答案顯然為「是」，但一些引發爭議的事實削弱了這個結論。例如，儘管整體美國黑人的貧窮率高，但結婚的黑人夫妻貧窮率從一九九四年以來一直低於一〇%。[2]結婚的黑人貧窮率低於整體黑人的貧窮率，而且在一些年份也低於整體白人的貧窮率。[3]例如，在二〇一六年，黑人的貧窮率為二二%，白人為一一%，而結婚的黑人夫妻貧窮率為七・五%。[4]

種族歧視者關心某個黑人結婚或未結婚嗎？如果不關心，那麼如果黑人貧窮的主要原因是種族歧視，為什麼結婚的黑人擺脫貧窮的比率比其他黑人高那麼多？如果過去的罪惡如奴隸制度的持續影響是今日情況的主要原因，那麼今日已結婚的黑人夫妻的祖先是否未遭到奴隸制度和其他不正義的待遇？

回顧一九六九年，家裡有報紙、雜誌和借書證，以及有和年輕白人男性相同教育水準的年輕黑人男性，與有相當條件的白人有類似的所得。[5]種族歧視者關心黑人是否有書報雜誌和借書證嗎？

就讀於極成功的連鎖特許學校——例如成功學術和知識即力量計畫連鎖特許學校——的低

所得家庭少數族群學童，在學測分數上經常遠高於就讀一般公立學校的低所得和少數族群學童，有時候他們的分數也超越來自白人和較高所得家庭學校的學生。據《紐約時報》報導，二〇一三年成功學術連鎖在哈林區一所學校的五年級生，「在全州的學測中數學科成績超越紐約州所有其他公立學校，甚至超越最白和最富裕的市郊區史卡斯代爾（Scarsdale）和布里亞克里夫曼諾（Briarcliff Manor）的其他學校」。[6]不過，這些特許學校無法改變歷史的事實，它們對透過抽籤而非能力測驗選擇的貧民區小孩成功的教育，顯示過去的不正義——不管多麼值得譴責——不必然決定了今日的命運。這引發一個尖銳的問題：我們是否希望這些小孩和整體的黑人有更好的前途，或者我們要繼續唱誦「奴隸制度遺緒」的咒語，以維護建立在這個咒語和觀念之上的社會願景，以及政治生涯、體制性封邑和勒索的機會？

關鍵的問題並非罪惡是否存在，而是過去或現在的罪惡是否一定是今日重大的經濟、教育或其他社會差異的原因。許多政治或意識形態的聖戰根本的假設是，社經差異必然是某個人的錯，所以我們的選擇若不是怪罪社會，就是「怪罪受害者」。但在我們出生之前幾百年來持續演變的人口特性差異、地理差異、出生順序差異或文化差異，是誰的錯？

如果我們認真地去尋找因果關係，我們必須超越情緒性的文字，因為情緒性文字的目的未必是提供資訊或說服，反而經常是想藉由複誦來令人無法抗拒，或藉由威嚇來令人噤聲，進而達成它們的目的。

值得讚賞的是，威森教授已指出，在比較不同的時期時，黑人社區的各種不利經濟因素並未與住在那些社區的人們行為的改變有對應關係：

> 儘管內城貧民區的貧窮率在整個二十世紀上半葉居高不下，內城的失業率、青少年懷孕率、未婚出生率、女性主掌家計的比率、社會福利仰賴率和重大犯罪率，都比後來的年代低很多，而是直到一九七〇年代中期才攀升到極嚴重的程度。[7]

在較早的時期，黑人社區裡對暴力的恐懼輕微得多，正如威森教授指出：

> 一九四〇和一九五〇年代哈林區和其他貧民區的黑人，在燠熱的夏天晚上從不擔心睡在公園、防火梯和屋頂上，而白人也經常造訪內城的酒館和夜總會。[8]

許多其他來源的例子強化了相同的結論，即黑人社區在過去並不危險，不像到了二十世紀下半葉變成的樣子。[9]簡而言之，今日黑人貧民區的主要社會病症被假設的原因，在二十世紀上半葉嚴重的程度超過下半葉，然而社會病症是在二十世紀下半葉才變得更加普遍和貧民區變得更加危險。事實上，這個模式擴展到遠超過黑人貧民區和遠超過美國的地方，因為我們檢視同一段期間英國的低所得白人類似的社會退化時，也能看到這個模式。

在此同時，我們該如何解釋已結婚的黑人，或有借書證的黑人與整體黑人經濟結果不同的事實？

結婚或借書證似乎不太可能直接造成這種差異。較可能的似乎是，它們是能改善經濟前景的文化生活方式選擇的指標。進一步的證據是，整體黑人男性的勞動力參與率低於整體白人男性的勞動力參與率，但已結婚的黑人男性的勞動力參與率，高於未結過婚的白人男性勞動力參與率。而且，這種情況已持續超過二十年。[10]

顯然個人的生活方式選擇對黑人和白人都有重大影響。結婚、借書證、勞動力參與率，和讓孩子參加進入特許學校的抽籤，都是這種生活方式選擇和社經結果背後的文化價值指標。

其他解釋也可能被提出來作為有待實證檢驗的假設。然而較常見的是以一整套文字和言詞來逃避用實證駁倒反對的解釋，反而只是宣稱「規定和體制的羅網」導致「不平等的結果」。這些結果包括「種族和性別的薪資差距」，和黑人「在失業與低薪勞工的比率過高，和在中產階級的比率過低」。[11]

這些問題的兩方都沒有人否認美國的不同族群有不同的結果，正如世界各國的不同族群有不同的結果一樣，而且有歷史紀錄的數千年來一直如此。今日——和其他時代及地方一樣——的問題是那些差異的原因。只是舉出那些差異並武斷地歸因於當代主流社會願景宣稱的原因，稱不上是測試假設，不管是基因或歧視皆是如此。浮誇的詞藻是逃避以實證反駁反對解釋的眾多方法之一。

改變文字和意義

在許多社會願景和社會政策的討論中，熟悉的文字經常被以新方法使用，以表示與那些文字原本意義截然不同的東西。常被賦予新意義、且可能誤導人的文字都是尋常和簡單的字詞，如「改變」、「機會」、「暴力」和「特權」等。反之，新文字被用來表達舊意義，例如流浪漢變成「無家可歸者」、躁動的年輕惡棍變成「苦悶的年輕人」，以及巴爾幹化（Balkanization）變成「多樣化」（diversity）。

我們時代中一個最常被使用且最不常被檢驗的字詞之一「多樣化」，也許是我們著手檢驗文字世界及其對照的真實世界的好地方。

「多樣化」

一個分崩離析的社會，極化成分隔的群體認同，過去常被稱為是「巴爾幹化」的社會，而巴爾幹半島慘痛的衝突、流血和暴行，就是它對所有人可能多具破壞性的例子。但那是「巴爾幹化」這個詞被好聽得多的「多樣化」取代之前的事，而多樣化這個詞似乎假設和主張了各式各樣美好的東西，完全不需要去檢驗那些主張。這個好聽的新字詞也避免巴爾幹半島慘痛歷史——和世界上其他類似的地方——的記憶被喚起。

那些不斷使用「多樣化」這個詞和主張它所假設利益的人，指的不只是不同文化的人彼此的互動。「多樣化」這個詞被用來暗示正向的互動，對各方參與者和整體社會都有利。但我們無法光靠定義來獲得有利的結果。宣揚區隔的身分認同——種族、性別或其他特性——的結果是有利或有害，是一個實證的問題，而且是一個幾乎從未被「多樣化」的傳道者面對的問題。世界各地宣揚區隔族群身分認同的歷史紀錄向來十分慘烈，不管是稱作「巴爾幹化」或「多樣化」都一樣。

最令人不安的社會真實面之一是，社會中的不同族群彼此忍耐地相處許多年，或者甚至許多世代，直到一些火花冒出，不管是因為特定事件或高明的煽動者挑撥的緣故，突然點燃了一場恐怖的夢魘。

在印度，一個被種姓、宗教、語言和文化的差異嚴重切割的國家，一九四七年的獨立建國標記著數十萬人因為群眾暴動而喪生。此後印度許多彼此分歧的族群在不同的時間和地方，也發生過無數次致命的地方暴動。例如，據《印度時報》報導，孟買在一九九二到一九九三年的族群暴力事件，包括「鄰居的長期朋友互相殘殺致死」。[12]

印度在這方面並非特例，一項針對二十世紀巴爾幹半島種族屠殺的研究指出：「仇恨與重大暴力事件發生在過去向來和睦相處，或至少被動接受彼此的族群間。」[13] 斯里蘭卡是另一個出現很類似模式的國家。當殖民地錫蘭在二十世紀中葉獨立建國成為斯里蘭卡時，許多包括該國和外國人士的觀察家指出，多數族群僧伽羅人和少數族群塔米爾人之間良好、甚至親善的關係，堪稱族群關係的典範。因此許多人不僅預測該國將和平度過獨立建國期，而且未來前途將比其他多種族的第三世界國家光明。[14]

然而在斯里蘭卡獨立還不到十年時，一位僧伽羅政治人物鼓吹憎恨較富裕的塔米爾少數族群，並因而出任總理。種族極化先導致通過歧視塔米爾人的法律，繼之以暴力和反暴力的循環，最後升高為長達數十年的內戰，雙方都遭受到極度凶殘的暴力。[15]

最起碼歷史顯示出，自動且不斷地把統計上的結果差異歸因於惡意對待弱勢者，對整個社會可能很危險。這種指控可能經常是假的，而誤導可能造成影響，值得我們仔細檢視特定案例的具體事實。了解事實真相與流行的見解不同，不僅對整體社會有利，而且特別對落後的族群有幫助。真相不僅提供一條較清楚的前進道路，而且持續激盪的怨毒憎惡帶來的法律與秩序的崩解，幾乎無可避免地會導致弱勢者遭受更多苦難。

事前文字和事後的意義

除了個別的文字和意義的轉換外，有時候一個特定的意義改變，也被加諸於一整個類別的文字，製造出大不相同的意義。例如，一些指涉初始狀況的文字被用來描述結果的情況，讓它看起來像表現不如其他人的個人或群體，遭遇到其他人未遭遇到的阻礙。

這種阻礙可能實際上是在不同時期和地方的不同族群在教育、經濟和其他努力落後的原因。但在特定例子中它真實的程度應該由經驗證據來決定，而非藉由重新定義指涉事後結果的文字，讓它們好像指涉的是事前的情況。有些人據說被拒絕獲得一些利益（例如抵押貸款）的「機會」

或「管道」，但實際上他們只是不符合其他人符合的資格標準，且他們與其他人在一開始都有著相同的選擇。正如有人因為結果較差就說他們被拒絕「機會」或「管道」，也有結果較好的另一些人被說成「有特權」，雖然來自這類族群的個人，一開始並沒有比際遇較差者擁有更多較有利的選項。

在這些例子中，用來描述事前情況的文字和用來描述事後結果的文字出現了混淆。就因為有人的某項努力失敗了，並不自動意味他在一開始就被拒絕於機會和管道之外。這在現實中是否正確是一個重要的實證問題，而且這個問題太重要而不能以簡單的轉換文字的意義來解答。

在一些例子，那些後來成功的人一開始時擁有的，是比未成功的其他人更少或更不利的選項。馬來西亞華僑的平均所得比多數族群馬來人高，因此華僑被稱為「有特權」[16]，多數族群馬來人被形容為「遭剝削」[17]——雖然馬來西亞的法律和政府政策，在大學入學和政府與民間就業上對馬來人實施優惠待遇。而且，這些「有特權」和「遭剝削」字詞的特定用法並非引述自政治煽動，而是引述自嚴肅的學術研究。

以一般文字的意義看，馬來人才是享有特權者，雖然他們使用這些特權為自己創造的有利結果，比不上華人使用較有限的機會所創造的利益。這實際上是一位馬來人領袖後來作出的結論，這位馬來人領袖長期倡導制訂優惠馬來人的政策。[18]

使用言語文字顛倒事實不限於馬來西亞或討論馬來西亞的人。事前和事後的混淆在美國已愈來愈普遍，不只在新聞記者或政治人物間，學術界的學者也是如此。雖然在一般用法上，一項成就指的是已達成的某件事，也就是一項事後的結果，但成就卻常被「特權」取代，雖然特權是指一項事前存在的東西。有成就者必定一開始就享有特權的觀念，可能與流行的社會願景一致，但更根本的問題是，願景本身是否與經驗事實一致，或一致的程度如何。不過，光是改變一個文字就避開了實證檢驗。

如果問題只是對成就差異的原因有不同的意見，那麼意見不同數千年來在人類之間很尋常，而且原則上可以藉經驗證據來解決。但當信念已植入受到重新定義的文字保護的社會願景，那麼實證測驗將被巧妙地擱在一旁。

把成就說成「特權」在美國教育體系中已愈來愈常見，裡面充斥著對「白人特權」的聖戰，以及要求採用以人口比例而非個人生產力為根據的對等統計標準。這與「在沒有偏頗對待或能力的基因差異下，社會族群傾向有相等或至少類似結果」的無敵謬誤一致。再次的，這裡存在一種倒置的標準，讓流行的社會願景無需受到它是否符合事實的批判，反而藉由重新定義事實來讓它們在言語上符合該願景。

「白人特權」這個詞不是讓成就差異消失的唯一言詞戲法。十九世紀抵達美國的許多種族或民族族群，被迫生活在今日無法想像的赤貧和悲慘中，後來逐漸從慘況崛起，但他們終於達成的富裕成就，如今也被口語抹殺成「特權」。[19]

移民美國的猶太人、華人和日本人的歷史，是這個過程以及他們的成就被簡單地稱為「特權」，並以言語掃出歷史之外的典型例子。即使是今日的中產階級黑人，也同樣被一些人描述為「有特權」[20]，雖然他們的祖先抵達美國時是奴隸。

成就對社會願景和根據該願景設定的政治目標來說是威脅，因此願景的擁護者往往避免讓它們接受假設的測試。重新定義文字是這個程序重要的一部分。

更糟的是，現在被以可能對社會有所貢獻的價值觀、紀律和工作習慣撫養長大，並因此為自己和撫養他們的人感到自豪的孩子，卻在學校被形容為「享有特權」，並被教導要感到慚愧；而其他小孩被撫養的價值觀、行為和習慣可能讓他們長大時只有較少的選項，或只能仰賴其他人生活，不管是接受社會救濟或沉淪於犯罪，或兩者兼具。

社會移動性是另一個口語扭曲的問題，方法就是簡單地改變「移動性」（mobility；或譯為流動性）這個詞的意思。在正常的文字使用中，一輛汽車（automobile）被認為是可移動的，即使是停著的汽車仍然有移動的能力，所以看到有人進入一輛停著的汽車並且開走它，不會讓人驚訝。汽車一直是可移動的，即使它不是一直在移動。

移動性是一個事前概念，獨立於移動是否真的已經發生。但如果一輛汽車的引擎因為損壞而無法運作，這輛汽車已無法移動，即使是用一輛拖車載著它以高速移動也一樣。簡單的說，移動性和運動是兩個根本上不同的東西，一個是事前，另一個是事後的概念。

多少移動發生無法告訴我們移動性的多寡。儘管如此，社會移動的實證研究可以用來作為社會移動性的測試，甚至是贏得諾貝爾獎的經濟學家史提格里茲（Joseph Stiglitz）做的研究。他說美國的社會移動性是一個「神話」，它根據的資料顯示不出貧民往上的事後移動。以他的話來說：「當社會科學家談論機會平等時，他們的意思是某個底層的人有可能攀爬到頂層。」[21]

不過，這種可能性不僅受到外部阻礙影響，也受到像個人技能和能力等內在因素的影響。社會移動性是社會容許往上和往下移動的程度，實際發生多少的移動，則取決於個人和家庭讓自己獲得機會的程度。

以發生多少移動來衡量移動性的作法，好像與個人和家庭的行為完全無關。這當然為宣揚主流社會願景的人省掉許多麻煩，但它也為那個願景避開了實證測試。當言語的戲法把事後的結果等同於事前的機會時，內在因素產生影響的可能性消失了。另一位獲得諾貝爾獎的經濟學家迪頓（Angus Deaton），用同樣的事後標準衡量事前的機會[22]，因而保護了流行願景免於被不一致的事實汙染的危險。

流行願景的密封泡泡有時候似乎有被戳破的危險，例如一些文化與國內低所得族群不同的貧窮移民族群出現時。逃到美國的古巴難民是數個這類移民之一，他們剛開始至少和生活在官方定義貧窮線的國內族群一樣窮。但當新來者不被福利國願景及其價值觀所阻礙時，這些族群的社經地位往往上升到超越國內的貧窮水準，有時候超過整體本國人口，就像古巴難民後代的情況。

一些赤貧移民族群的子女在學校的教育成就突出，不但超越來自相同所得水準家庭的國內出生小孩，甚至超越整體本國人口小孩的教育水準。例如，在紐約市，雖然通過考試進入最菁英公立高中的學生往往來自高所得社區，但一些例外的學生是來自中國福建省移民集中的低所得社區。[23]

這些族群代表對流行社會願景的一個威脅。要面對這個威脅的方法有：（一）忽視這種與願景的假設如此不一致的社會結果；（二）宣稱新來者的成功歸因於「特權」，使用重新定義的文字將它轉變成一個循環論證；以及（三）把比較成功和不成功的種族族群汙名化為對美國黑人等族群的隱含種族歧視。

不管第三種技倆在美國的政治中效果多好，在下層階級主要是白人、且在學校和在經濟上成功的貧苦新來者包括非白人的國家中，卻未能如此有效。例如，在英國，家庭貧窮到符合免費午餐計畫的小孩中，來自非洲和孟加拉移民家庭的小孩達到學業測驗標準的比率將近六〇%，而來自相同低經濟水準家庭的白人和本國出生小孩達到的比率只有三〇%。[24]

從種族的角度看，英國的這些教育結果看似與美國的情況大不相同。但從低所得、本國出生、在長期浸淫於福利國願景及其價值觀的文化中被撫養的小孩，與未在這種文化和價值觀中成長的低所得移民小孩比較這個觀點看，大西洋兩岸的結果相當類似。*

在英國，在學校成功的移民通常在他們的高等教育和職涯也能獲得成功：

> 來自印度次大陸的移民小孩佔英國醫學系學生的四分之一，是總人口比例的十二倍。他們在大學的法律、科學和經濟學系的比例也偏高。[25]

雖然以事後移動衡量事前移動性的美國社會實證研究，經常被宣稱當代美國社會移動性是「神話」的人引述[26]，但一個經常被引述的社會移動性研究（Pew 慈善信託做的研究）指出，它的樣本不包括移民家庭。該研究自己又說，對移民家庭來說，「美國夢仍然健在」。[27]這句話很少被像引述 Pew 研究並宣稱社會移動性是神話的史提格里茲教授等這些人所引述。

在英國，醫師兼作家達勒普爾（Theodore Dalrymple）指出：「我不記得見過一個來自我醫院附近的公共住宅區的十七歲白人，知道九乘七是多少（我沒有誇大）。甚至三乘七也算不出來。」[29]《經濟學人》雜誌報導，諾斯利區（Knowsley）的十六歲白人測驗成績「比倫敦任何一區的十六歲黑人還差」。[30]

在治療病患的過程中，達勒普爾醫生有機會問年輕的下層階層英國人他們是否能閱讀和書寫。他表示，在他提出問題時，「他們甚至對我問他們能否閱讀和書寫的問題，毫不驚訝或感到被侮辱」。[31]這種教育不足的情況在英國廣為人知，有一首流行歌的第一句就唱「我們不需要教育」，另一首流行歌曲的歌名叫「窮、白、蠢」。[32]達勒普爾醫生也觀察到，來到英國六個月的一般波蘭移民「說的英語比下層階級年輕英國人更好、更文雅」。[33]

＊在英國或美國都一樣，不是所有移民族群都相同。一些移民族群遠比其他族群更仰賴福利，甚至可能超過本國人口對福利的仰賴比率。但那些文化傾向不同的特定族群，即抗拒福利國願景和價值觀的族群，在這兩個國家的境況都逐漸上升，即使這些移民族群不是白人。

當然，不是所有英國年輕人都是下層階級。但將英語不是母語的外國年輕人，和整體英國年輕白人比較時，則顯示出一個明顯的模式。英語非母語的外國學生，通常在一開始的小學學業表現不如整體的英國本國白人學生；不過，到中學結束時，「英國白人學生的表現被十個其他種族族群超越」。在這個時期，華裔學生「在標準學測的分數達到五十分或更高的比率是英國白人同儕的兩倍」。[34]

在美國，特定的少數族群表現也超越多數族群人口。在紐約市三所最好的菁英公立高中，即史岱文森高中（Stuyvesant）、布朗克斯科學高中（Bronx Science）和布魯克林技術高中（Brooklyn Tech），亞裔美國人學生人數都比白人多。[35]

另一方面，史岱文森高中的黑人美國學生比率從一九七九到二〇一二年持續滑落，降至只有三十年前比率的十分之一。[36]在嚴格篩選學生的紐約亨特學院（Hunter College），一九九五年的黑人學生比率是一二％，西班牙裔學生為六％；但到了二〇〇九年，亨特學院的黑人學生比率只剩三％，西班牙裔只有一％。[37]在各種通常被怪罪是黑人或西裔學生學業不及格原因的外部因素中，沒有一項因素長期以如此規模惡化到能夠解釋這些學生表現的大幅下滑。

儘管有許多文獻怪罪學校、社會或其他機構的教育表現差異，以便符合流行的社會願景，但統計來自不同種族背景的高中生每週花在學習的平均時數顯示，亞裔美國學生花在學習的時數超過白人或黑人美國學生。[38]如果學業結果顯示的差異模式類似於學生花在學校功課的時數差異，我們應該感到驚訝嗎？還有，如果這種資料很少出現在媒體上，我們應該感到驚訝嗎？

但所有這類違背流行社會願景假設的資料，只要簡單地重新定義一個字詞，或重新定義事前和事後意義大不相同的一整類字詞，就可以轉移它們。

「暴力」

不斷鼓吹族群的結果差異證明較不成功的族群遭到惡意對待會刺激憎恨和暴力，這可能一點也不令人意外。令人稱奇的是，即使暴力發生未能促使宣揚有毒社會願景的人重新思考他們的主張，反而經常促使他們重新定義暴力。例如，在一九六〇年代的哈林區暴動震驚許多人後，克拉克（Kenneth B. Clark）教授宣稱：

> 哈林區真正的危險不是隨機的不法活動偶爾爆發。哈林區令人驚恐的是長期日常發生的對人類精神的無聲暴力被習以為常。[39]

類似的把社會問題等同於暴力出現在《國家》（*The Nation*）雜誌，它說：「體制化的無聲暴力運作的方式是，以系統性的方法透過正常交易發生的形式，剝奪人們的選擇。」[40]黑人神職人員委員會在《紐約時報》刊登的一則廣告同樣譴責：「白人中產階級美國人以無聲和無形的暴力加諸於內城的受害者。」[41]有類似書名的書籍如《野蠻的不平等》（*Savage Inequalities*）也宣揚相同的觀念。

不管這類社會正義的主張有什麼實質的好處或壞處，它們並非暴力。有人可能認為這類事情比暴力好或是不好，但不管怎麼認為，都不會讓它們變成暴力。相同的道理，有人可能認為山比河流重要，或是比河流不重要。但不管怎麼認為，山都不會變成河流，或河流不會變成山。

這股把社會問題等同於暴力的時尚已擴散到許多分支，例如校園演說規定和校園暴動的正當化，作為回應來訪演講人發表被相信特定社會願景的人認為是冒犯言論的「微侵略」（micro-aggression）。

即使這些言論不是對宣稱被冒犯者說的，而是由來訪校園的演講人對邀請他們的人說的，它仍然被稱作「微侵略」。但A對B說話怎麼會被認為是對C的侵略，更不用說等同於暴力？聰明的人可能說，A對B說的話可能導致對C的暴力。即使這是真的——雖然在大多數例子中未經證明，甚至未經測試——那就好像說一根火柴可能引發一場森林大火，但沒有人說一根火柴本身就是一場森林大火。

時髦的言語帶來的不僅是言語的後果。到目前為止，它製造的暴力和社經情況的假性平等，已成為違抗法律和社會脫序的藉口，它的主要受害者是較不富裕者，包括當下和長期的影響。

「改變」

對宣揚特定社會願景的人來說，「改變」這個詞通常指的不是一般意義的改變，甚至不是指各種大小規模的改變，或人的生活受到的影響。在實務中，雖然沒有明確的定義，但許多知識界的人認為的改變往往指的是，他們特定的社會願景所構想和宣揚的特定種類的改變。

其他改變，甚至是為大多數人的生活帶來的革命性改變，在堅信特定願景者的許多討論中卻被忽略。例如，發生巨大改變的時代可能被視為停滯、甚至退步的年代，只要這些年代不包括降低所得差異的政府政策。對擁護做惡意比較的流行社會願景的人來說，即使是全民的財富普遍改善，也比不上以重分配所得為目標的政策。

例如，當知識界菁英討論美國改變的時代時，一九二〇年代很少、甚至不被包括在內。但很少有十年間發生數千萬美國人生活受到如此巨大影響的改變比得上一九二〇年代。

一九二〇年的人口普查首度發現住在都市社區的美國人比住在鄉村來得多。雖然在一九二〇年代初期，住在都市的多數人口比率只略高於五一%，但都市人口增加的比率是鄉村人口增加比率的八倍多。[42]一九二〇年標記了一個類型大不相同的歷史性社會轉變。

在一九二〇年代初，只有三五%的美國家庭有電燈——和有煤氣燈的比率相同，另有二七%的家庭仍然使用煤油燈或煤炭燈。[43]但到了那個十年結束後的一九三〇年，美國有六八%的家庭使用電燈。家庭收音機在一九二〇年初實際上不存在，第一家商用廣播電台在那一年秋季開始向一般大眾廣播。[44]到一九二五年，二四%的美國家庭有收音機，一九三〇年比率增加到四〇%。[45]

大多數美國家庭也在那個十年首度擁有一輛汽車。在一九二〇年，三六%的美國家庭擁有一輛汽車。但有如此多家庭在一九二〇年代期間有能力買車，使得到那個十年結束後的一九三〇年，六〇%的美國家庭擁有汽車。[46]

美國人進入學院和大學的人數，在一九二〇到一九三〇年間增加一倍。[47]一九二〇年代也是首度有定期航空客運服務的十年，在一九二六年的乘客不到六千人，但到一九二九年已超過十七萬人。[48]

運動和娛樂也在一九二〇年代出現革命性的改變。電影的角色在那十年間首度開始說話，大大提高了看電影的人數，在一九二九年的觀眾是短短七年前的兩倍。[49]一九二〇年代也是美國流行音樂出現爵士樂革命的年代，不僅風行全國，也散播到國際。在大聯盟棒球賽上，一九二〇年代的觀眾人數每年都創新紀錄，超過一九二〇年以前的任何一年。[50]美國職業足球聯盟創立於一九二〇年代，一九二八年每場賽事的平均觀眾是一九二一年的三倍。[51]

連鎖百貨公司和雜貨店在一九二〇年代快速蔓延到全美國[52]，通常銷售的價格低於獨立商店[53]，反映規模經濟降低了商品從製造商銷售到顧客的成本。過去也有連鎖商店，但在一九二〇年代它們擴張好幾倍，取代了許多小型獨立商店，因為後者營運的成本不夠低，無法與連鎖商店的低價競爭。

不過，這些大規模的改變對許多菁英知識份子（甚至大多數人）來說，都不是「改變」，因為這些不是他們尋求、預測或認可的特定種類改變。一九二〇年代還沒結束就出現一股廣為散播的詆毀，描繪它是一個停滯或反動的十年，這個觀點從當時持續到今日。

例如，著名的歷史學家科馬格（Henry Steele Commager）和莫里森（Richard Brandon Morris）將一九二〇年代的十年期間，比喻為北大西洋一片叫馬尾藻海（Sargasso Sea）的停滯的海域。他們形容之前和之後的十年為「正面」，而一九二〇年代為「負面」，而且「就像歷史之海上的一些馬尾藻海」。[54]被視為美國社會學創始人之一的羅斯（Edward A. Ross），類比一九一九到一九三一年這段期間為「大冰期」（Great Ice Age）。[55]

儘管有高經濟成長率、實質所得增加，以及低失業率，著名的歷史學家小史列西恩格（Arthur M. Schlesinger, Jr.）和許多知識份子在評論一九二〇年代時，都為「繁榮」這個詞加上引號。[56]史列西恩格教授給一九二〇年代的薪資「不滿意」的評語[57]，卻未具體說明何種薪資是令人滿意的標準，也未提到之前有哪些薪資更高的年代。事實上，從一九一九到一九二九年的實質人均所得增加了近三分之一。[58]

即使那些承認一九二〇年代有具體進步的作者，往往也以一些虛幻和不明確的意思來描繪它不是「真實」的進步。詆毀一九二〇年代的人並非一些社會邊緣的不知名人物，其中有許多是他們各自領域的菁英學者。許多知識分子對一九二〇年代不滿的理由，從當時政府政策的討論中可以明顯看出。在一九二〇年代擔任美國總統五年多的柯立芝在後來的歷史記載中，遭到普遍的責難和嘲弄。

柯立芝總統不相信兩項以進步主義為根本的政府政策：所得重分配和政府干預經濟。哈定總統和柯立芝政府期間，把最高所得稅率從七三%降低到二四%在當時遭到譴責，到後來仍繼續遭到批評是「為富人降稅」，儘管這項稅率的改變從高所得者課徵到更多的稅收，包括絕對稅收和佔總稅收的比率。此外，這個結果正是柯立芝事前宣示的目標。[59]

至於柯立芝政府對勞工階級的政策所帶來的效果，在柯立芝總統執掌白宮的最後四年，美國的年失業率最高為四．二％，最低為一．八％。[60]這與柯立芝政府是「特權群體厚顏無恥的工具」[61]——一本由倪文斯（Allan Nevins）和科馬格教授所著、廣被使用的歷史教科書宣稱——的描繪完全不符。

進步主義的另一項重要政策，是以哈定和柯立芝之前的威爾遜（Woodrow Wilson）政府為代表的政府干預經濟，其代表是創制像聯邦準備系統和聯邦貿易委員會等機構，以及威爾遜政府在第一次世界大戰期間對經濟的無數掌控措施。

接續威爾遜總統的哈定，以及哈定死後由副總統接任總統的柯立芝，都不相信政府干預。但他們的商務部長胡佛（Herbert Hoover）——後來在柯立芝之後當選總統——在他的內閣職位上展現行動主義作風，並在出任總統和一九二九年股市崩盤後採取史無前例的經濟干預[62]。這種干預進而由他的繼任者小羅斯福（Franklin D. Roosevelt）發揚光大。

對那個年代和後來的菁英知識分子來說，仰賴市場程序超過對經濟的政治干預，就是怠忽公眾福祉的職責，而不是哈定和柯立芝總統單純的有不同的信念，認為讓市場在已知且穩定的法律下運作可以為公眾謀求更大的福祉，不需要仰賴難以預測的特別政府干涉。後來的政策最好的說明，也許是一九三〇年代期間羅斯福總統的表述：

> 而且除非我誤解國家的趨向，國家需要大膽、持續的實驗。這是常識：採用一種方法並嘗試它；如果它失敗了，坦白承認它，再試另一種方法。但最重要的是，要去嘗試。[63]

| 側記 | 崩盤和干預

在許多、甚至大多數美國歷史中，一九二九年股市崩盤被認為是一九三〇年代造成大規模失業的大蕭條的原因。但事實上，在一九二九年十月股市崩盤後的十二個月，沒有一個月的失業率是雙位數。失業率在崩盤後兩個月達到九%的高峰，並開始不規則地下降，到一九三〇年六月降到六．三%。64

正好當時通過了一項大幅度提高關稅的法案，儘管新聞廣為報導有超過一千名經濟學家警告這會讓事態更加惡化。這項斯姆特—霍利關稅法案通過後五個月，失業率達到雙位數——並在一九三〇年代其餘的每個月維持在雙位數的數字。65

失業率居高不下不完全是因為關稅，關稅只是從胡佛總統開始、並在他的繼任者羅斯福之下進行的許多政府干預之一。

不管羅斯福總統的方法可能與當時和現在的知識界流行願景多投合，一九二〇年代的相反方法是根據不同的假設——知識界拒絕以不同的假設看待它，而只視它為冷酷無情地未宣揚公共利益和討好企業及富人。和許多其他地方和時代的問題一樣，測試截然不同信念和政策的實際結果的渴望，很少能抵擋宣告護衛某個觀點的狂熱。

不管如何，對知識界來說，一九二〇年代不配得到一個「改變」的年代的榮銜。帶來政治改變的是一九三〇年代，它受到後世的讚譽就像一九二〇年代受到的詆毀那麼多。

一九二〇年代最高的年失業率是其中一年的一二%，而一九三〇年代失業率的高峰是二五％，而且有連續三十五個月超過二〇％。然後比率略微下降，但仍然持續好幾年雙位數的水準：一九三五年有六個月，一九三八年有四個月，以及一九三九年春季有一個月（在被認為造成一九三〇年代高失業率的一九二九年股市崩盤將近十年後）的失業率再度上升到二〇％以上。總之，失業率達到和超過二〇％的月份有四十六個月，相當於近四年，或佔被廣受讚揚的一九三〇年代三八％的時間。[67]

在許多企業破產、數千家銀行倒閉、大規模失業和總生產減少的一九三〇年代初期，遭到輕視的一九二〇年代的高生活水準被數千萬人生活水準大幅降低所取代。最令人怵目驚心的例子是無數等待領麵包的人龍，和慈善機構在全國各地社區為無力購買食物的民眾設立的施粥站。特別令人痛苦的景況是，在大蕭條期間，美國各地區都有龐大數量的民眾在垃圾堆中翻尋食物。[68]二〇〇四年一份主要學術期刊的大蕭條經濟研究做結論說，政府政策的效應延長了大蕭條好幾年。[69]但這個相反的觀點，大體上被複誦主流觀點和呼應流行社會願景的觀點所掩蓋。*

這兩個過去的年代不是根本的問題。今日我們最關鍵的是要了解，許多智識份子何以持續忽視威脅他們所珍視願景的昭彰現實。那是文字不斷壓倒可證明的真實情況。我們今日被期待要自動追隨一九三〇年代那種政府的干預主義政策，並鄙視一九二〇年代的政策，只因為在文字的世界中，那些政策沒有政府的所得重分配，所以沒有「改變」。

別人的文字

儘管有文字技巧的人可以在文字的世界展現神奇，例如，用神奇的字詞「刻板印象」讓醜陋且／或危險的行為消失，但所有人類仍然被迫生活在他們的現實世界，而非願景的密封泡泡裡。遮蔽現實世界的阻礙不只是重新定義文字，還有扭曲別人的文字和意義，有些例子甚至對別人的言語做完全相反的解釋。和其他口語扭曲一樣，做這種事的人不限於恬不知恥的政治人物或不負責任的新聞記者，還包括在各自專長領域中著名的學者。

熊彼得（J.A. Schumpeter）很久以前曾說：「我們擁護和反對的不是人和事物的本身，而是我們對它們的描繪。」[70]最清楚的例子，莫過於反對所謂「滲漏理論」（trickle-down theory）的人。這套理論是說，藉由政府政策讓已經富裕的人更富裕，他們的財富終將「滲漏」到包括窮人的其他人。

* 不只是認為政府干預帶來危險的保守派或自由放任主義派經濟學家，自由派經濟學家高伯瑞（J.K. Galbraith）認為聯邦準備理事會在大蕭條期間的政策顯示出「令人驚訝的無能」。John Kenneth Galbraith, The Great Crash (Boston: Houghton Mifflin, 1961), p. 32。在前一個世紀，馬克斯說，「掌權者極度愚蠢的干預」可能「讓既存的危機惡化」。Karl Marx and Frederick Engels, Collected Works, Vol. 38 (New York: International Publishers, 1982), p. 275。

滲漏理論

有關滲漏理論，第一、也是最重要必須了解的是，根本沒有這套理論。任何懷疑這一點的人可以自問這一生中是否曾經看過、聽過或讀過任何人實際支持這套理論。

如果「沒有」這個答案還不夠，懷疑者可以參考熊彼得的巨著，一千二百六十頁的《經濟分析史》（*History of Economic Analysis*），然後徒勞無功地找尋滲漏理論。最後，懷疑者可以參考反對和駁斥滲漏理論的許多著作和批評，看他們引述誰的論著——並發現他們沒有引述任何特定支持這個理論的個人。

著名的當代批評家如經濟學家史提格里茲、布蘭德（Alan Blinder）和克魯曼（Paul Krugman），曾屢次駁斥這些不存在的理論[71]，而且從未引述或提到任何實際提議這種理論的人。他們並非特例。滲漏理論不斷在無數本書中被無數作者駁斥，它曾被《紐約時報》社論駁斥，被無數其他刊物的重量級專欄作家駁斥，被政治人物、老師和電視評論員駁斥。它曾被遠至印度的國家駁斥。[72]

當然，多年來駁斥這套理論的人應該能告訴我們誰提倡它，以及可以在哪裡找到擁護者自己的文字——如果有這些擁護者的話。

有時候引起這些駁斥的是一個完全不同的理論，帶來降低稅率的提議和政策，目的是為了徵得更多稅收——尤其是更多來自高所得者的稅收——和刺激能帶來更多生產和就業的增加投資。和其他理論一樣，這個理論在特定情況下，最後證明可能是正確的或不正確的，但它與既有財富的滲漏無關，而是與嘗試創造整體國家的更多財富有關，以實現像甘迺迪（John F. Kennedy）的名句「讓升起的潮水抬高所有船」的目標。

任何人可能根據分析或實證的理由支持或反對這個結論，但批評者往往駁斥不存在的滲漏理論，以及根據那套理論「為富人降稅」的說法。

這未必是一個黨派的政治問題，也不一定是一個意識形態問題。雖然今日通常是由保守派或自由市場派經濟學家呼籲降低稅率，以便課徵更多稅收和刺激經濟成長，但說下面的話的人卻是一個既非保守派也非自由市場派的經濟學家凱因斯（John Maynard Keynes）：他在一九三三年表示「稅率可能高到打敗了它的目標」，因此「只要有足夠的時間採收果實，降低稅率將比提高稅率更有機會達成平衡預算」。[74]

甚至在更早之前，民主黨威爾遜政府的兩位財政部長都曾指出，稅率高到某個水準後未必能帶來更多稅收，威爾遜本人也曾在國會演說中表達相同看法。[75]

根據這個理論的首度降稅，發生在一九二〇年代共和黨哈定政府，而最引人注目的降稅支持者是財政部長美隆。正如第四章中已經提過，一九二〇年代降低所得稅率後實際上造成所得稅收增加——高所得者繳納的所得稅金額和所佔比率都大幅提高。

在一九二〇年最高所得者繳納的最高稅率是七三％，所得十萬美元以上的人繳納的稅佔所得稅總稅收的三〇％。在最高所得者的稅率降到二四％後，屬於這個所得級距的人一九二九年繳納的稅佔總所得稅收的六五％。[76]儘管如此，在文字的世界中，降低稅率被稱作「為富人減稅」，且至今仍被這麼認為，完全無視於用不同稅率從高所得納稅人徵得的稅收金額的經驗證據。後世甘迺迪、雷根和小布希政府的減稅也獲得類似的結果。[77]

不管這會不會在其他情況下再度發生是一個可辯論的問題，而不應該像不存在的滲漏理論那樣爭辯稻草人議題。回顧一八九九年在所得稅爭議之前許多年，霍姆斯（Oliver Wendell Holmes）曾感慨說，口號會「延遲深入分析五十年」。[78]「滲漏理論」的口號已歷久不衰幾十年，且毫無退散的跡象。

捏造的壞人

狂熱的社會運動基本的條件，包括悲情、壞人和打敗這些壞人。由於人類的罪惡無所不在，悲情是提供這些基本條件最穩當的方法。但提供壞人來源以作為悲情的解釋理由是一大挑戰，尤其是正確與否被嚴肅地視為節制方法時。

一本由幾位著名歷史學家——其中兩位是普立茲獎得主——共同著作、被廣為採用的歷史教科書說，財政部長美隆「主張把稅負放在低所得族群比較好」，以及「他向國人保證，富人免稅獲利的一部分最後將以薪資的形式，滲漏到中產和低所得族群」。[79]書中沒有引言或引述美隆部長實際上提出這項主張的陳述，雖然美隆對低所得族群稅率真正的提議可以從公共紀錄中查找，而且它與這些歷史學家說的毫無相同之處。[80]

美隆自己的書《稅務：人民的事務》（*Taxation: The People's Business*）事實上提出相反的主張，

認為高所得者應繳納更多稅給政府[81]，而非對富人課徵徒具形式的稅[82]，卻容許他們投資在免稅的證券而逃避那些高稅率。[83]他相當坦率地表示：「富人未承擔分內的稅負，而且資本被引導到既不帶來政府稅收、也未創造人民獲利的管道。」[84]

美隆主張，他所稱的免稅證券的「邪惡」必須終止[85]。他宣稱，民主社會中存在「一個稅務無法達到的階級」是一件「令人厭惡」的事[86]，因為「免稅證券形式的庇護讓累積或繼承的財富，得以退隱並抗拒稅吏」。[87]他也形容一個一年所得百萬美元的人被容許「不繳納一分錢來支援他的政府」是「不可思議」的事[88]，而所得較少的人因而必須承擔短少的稅收。[89]

儘管如此，另一本廣被使用的暢銷歷史教科書《美國盛會》（*The American Pageant*）由多位作者寫成，數十年來印過許多版，該書宣稱：「美隆寬縱富人的政策因此把許多稅負從富人轉移到中等所得群體。」[90]同樣的，書中沒有引言或引述美隆部長的任何話，也沒有列舉與「為富人減稅」的說法相反的國稅局資料。

一九二〇年代降低所得稅率後，收入低於五千美元以下的人繳納的稅，只佔一九二九年所得稅總稅收的不到〇・五％，收入超過百萬美元的人納的稅則佔一九％。在之前對高所得者課徵較高稅率時，收入五千美元以下的人繳納的稅金佔一九二〇年總稅收的一五％，收入超過百萬美元的人納的稅則佔不到五％。[91]

這些事實都不需要用祕密來源的資訊，並花費很大功夫研究才能得到，只需要閱讀美隆寫的稅務書籍，就能看到他支持什麼，並從國稅局出版的紀錄得知實際情況。著名的歷史學家和經濟學家未查核輕易可得的資訊來源，只是在學術界的一元化環境下，宣揚社會願景比追求事實重要會有什麼後果，以及未來將只有很少持不同觀點者敢於挑戰主流意見的跡象之一。

美隆絕不是唯一抱持與主流社會願景不同觀點的人，他們的文字、政策或政策的結果不僅遭到願景支持者的批評，還遭到偽造和竄改。這種作法沿續不斷到我們今日的時代，並牽涉各式各樣的其他問題。

二十世紀下半葉遭到妖魔化的人中，包括一位極不可能被認為是壞人的角色：莫尼漢（Daniel Patrick Moynihan）。莫尼漢身兼兩個職業，一個是以文章評論社會問題的學界知識分子，另一個是自由派民主黨的政治人物，支持黑人民權和協助貧民的社會計畫。在一九六〇年代，他被指派出任詹森政府勞工部的助理部長，後來又被選舉為紐約州的民主黨參議員，並連任長達二十四年。

一九六〇年代吸引勞工部助理部長莫尼漢注意的棘手社會問題之一是，三分之一的黑人小孩是在破碎的家庭長大的。[92]他認為這種情況將帶來巨大的個人和社會風險，並寫了一篇內部論文指出他預見的危險，呼籲政府採取行動協助因應問題。他的論文後來被以一篇勞工部的文件出版，標題為「黑人家庭」，附題為「國家必須採取行動的理由」。和一般政府刊物的作法一樣，沒有署名作者。

直到黑人家庭問題被報導為社會病態的原因引發激烈的批評後，作者才被公諸於眾，那篇文件此後也被稱為「莫尼漢報告」。莫尼漢遭到公共媒體的猛烈譴責[93]，並且在白宮的規劃會議中「遭到閉門惡毒攻擊」：

莫尼漢默默承受攻擊。不過，一位政府內部的朋友說：「他從一次會議出來，眼裡帶著淚水。他們罵他是種族歧視者和法西斯主義者。」[94]

莫尼漢絕非只批評黑人，他也指出他自己的民族群體愛爾蘭裔美國人在早期歷史的「家庭解體」問題。[95]他也親身經歷痛苦的個人經驗，在他十歲時正值一九三〇年代的大蕭條，他父親拋家棄子，使他家從中產階級市郊的舒適生活淪落到曼哈頓最貧窮、最潦倒的社區過著赤貧的生活。雖然當時只有十歲，他和弟弟藉由在時代廣場和中央公園擦皮鞋，嘗試賺取迫切需要的錢來貼補家用。[96]有一天他弟弟哭著回家，沒有賺到買牛奶的錢，而年輕的莫尼漢則在另一次被街坊的惡棍搶走他賺到的錢。[97]隨著他逐漸長大，他也設法找到其他工作，包括在紐約的碼頭區當裝卸貨工人。[98]

遭父親拋棄的創傷是莫尼漢嘗試警告其他人的事。諷刺的是，莫尼漢在一九六〇年代警告三分之一的黑人小孩在破碎的家庭長大，但多年之後這個比例變成三分之二，而且在貧窮的黑人中，比例更超過五分之四。

過去發生在美隆、莫尼漢和其他人身上的事，如今繼續發生在那些背離流行願景的人身上。今日的主要目標之一是莫瑞（Charles Murray），他談論社會議題的許多書籍，導致許多人嘗試阻止他受邀到大學校園向學生演講。這些嘗試有許多牽涉破壞或暴力，且幾乎所有嘗試都牽涉指控他發表可恥的言論，但沒有任何指控引述他寫的書，其中有些更完全與他實際上在書中所說的話相反。[100]

這類作法已變得司空見慣，不管是或大或小的議題。例如在二〇一五年，《美聯社》訪問哈佛大學威森教授的一篇報導包含下列的文字：

威森的童年給了他對貧窮和如何擺脫它的第一手知識。他提到同樣成長於貧困的最高法院法官湯瑪斯（Clarence Thomas）時說：「他會說他是拉自己的靴帶站起來的（譯註：靠自己的努力才有今日的成就），我說我是在正好的時候處在正好的地方。」[101]

這個例子和其他例子一樣，沒有引言或引述湯瑪斯法官曾經說過的任何這種話；相反的，湯瑪斯的回憶錄《我爺爺的兒子》（*My Grandfather's Son*）讚揚撫養他長大的爺爺，讓他得以有今日的成就。湯瑪斯宣誓擔任大法官時，還邀請曾在一所南方天主教學校教導他的修女到華盛頓參加他的宣誓典禮，讓她們看到對他的教導沒有白費。[102]

「靴帶」這個詞和「滲漏」一樣，幾乎一定是其他人說的，而非引言或引述。這些口號透露出訴諸這種稻草人手法的人的意圖，多過於那些被指控使用這些字詞的人或他們背後的想法。

黑人美國經濟學家威廉斯——和湯瑪斯法官一樣——曾反對流行社會願景，他曾被聖塔巴巴拉加州大學經濟學家埃本斯坦（Lanny Ebenstein）說是「致力於追求頂層少數人福祉」的人之一。[103]埃本斯坦教授絕對有權利不同意威廉斯教授的分析或政策，但這並不意味著可以不提供實

｜側記｜給學生的一個功課

如果學生願意到圖書館、或上網際網路去檢視美隆實際上在他的小書《稅務》（*Taxation*）裡說了什麼，那將是一個很寶貴的功課。查閱國稅局的資料將使學生得以發現在最高稅率從七三%降到二四%後，從不同所得級距者徵得的稅收有多少。學生可能得到的終身利益將包括對政治口號抱持健康的懷疑主義，和在背誦其他議題的大道理前查核事實的健康態度。

證而做武斷的論述。

身為威廉斯的同事兼朋友超過半世紀，我從未看過他寫作的任何文字、或聽過他公開或私下說過任何話顯示他對促進富人的福祉有絲毫興趣。[104]任何願意自己查核的人可以閱讀他寫的從《種族和經濟學》（*Race and Economics*）到他研究種族隔離年代的南非寫成的《南非向資本主義宣戰》（*South Africa's War Against Capitalism*）任何一本書。

那些宣稱別人說過某些話，但事實上卻非如此的人不見得是說謊，他們可能只是懶得查證別人實際上說了什麼，而根據有類似思想的人散播的信念妄下結論——這種信念有時候被稱作「大家都知道的事」。但其淨結果就是誤導。

當身兼教育者的學者做這種事時，造成的最重大傷害不是他們攻擊的人，而是他們領薪水所教育的人。此外，傷害不只是可能製造出哪些特定的錯誤結論，還包括他們展示的整個思考方法——以及不思考——

可能被他們的學生模仿。

如果學生無法獲得系統性的方法和標準來測試相衝突的信念，那可能成為他們教育上的大缺陷，因為毫無疑問的，在他們離開許多大學校園那種政治正確的一元化環境後，會遇上對許多議題的衝突信念。

含沙射影

文字公開宣稱的事，可以用經驗證據來檢驗，但文字影射的東西可能規避防衛。即使一個聽來無辜的詞句，如「所得重分配」不斷重複後，可能暗示有一個我們可以把所得聚集起來、然後將之分配的程序，就像有人可以分配餐桌上的食物或耶誕節的禮物一樣。

在現實中只有一個比喻式的所得「分配」（distribution；或稱為分布），正如從統計的意義來看，人的身高呈現一個分布，從學步小孩的身高到職業籃球球員超過七呎的身高。但沒有人想像身高的存在好像獨立的實體，然後真的「被分配」——意思是被分發——給個人。

就清楚直接的意思來說，大多數所得完全不是被分配而來的，不管是透過正義或不正義的方法。在市場經濟的大多數所得，是藉由提供其他人想要的東西直接賺得的，不管他們是藉著提供勞力、住宅或鑽石賺錢都是如此。不了解過去的約翰．洛克斐勒（John D. Rockefeller）或現在的比爾．蓋茲（Bill Gates）賺到這麼多錢的人可能會問，他們提供了什麼東西讓無數人願意掏錢購買，然後聚沙成塔地累積出他們龐大的財富。但大多數人不會問這個問題，特別是主張所得重分配的人。

說得更白話的是像經濟學家史提格里茲等人的表達，他談到「頂層一%的人攫取的所得比率」；或者像一篇《紐約時報》社論提到頂層一%「聚斂愈來愈高比率的國家財富」。[105]類似的，歐巴馬總統說：「頂層一〇%的人不再只是獲得我們所得的三分之一，現在他們獲得了半數。」[106]這類表達不是美國的專利，例如，一位牛津教授反覆談到頂層一%的所得是「取自」假想既有的集體「國家所得」。[107]

在這些例子中，關鍵的技倆是口語上把個人創造的財富集體化，然後描繪那些創造較多財富並因此獲得回報的人，是剝奪其他人應得份額的人。利用這種語言技倆，有人可能說貝比．魯斯（Babe Ruth）剝奪了紐約洋基隊球員應該打出的全壘打份額。

有時候這些文字技倆被應用於國際規模之上。在美國由美國人創造的財富被扭曲成「世界財富」的一部分，被美國人不公平地攫取了大部分。但美國人和其他國家的人一樣，基本上消費的是他們自己製造的東西。美國人從其他國家進口的東西是其他國家出口的東西，用來交換部分美國製造的東西。但在文字的世界裡，這些現實世界的事實，無法與傳達有毒訊息的驚悚言論競爭，這個有毒訊息說，所得差異暗示了有人受到其他人的不公平對待。

有人談到十九世紀法國經濟學家讓—巴蒂斯特．賽伊（Jean-Baptiste Say）時說，「影響情緒的說話方式」大多沿用賽伊的「教條」。[108]這個指控可能更適合今日的論者把頂層級距者的所得說成「攫取」自被假設為既有且集體的「國家所得」或「我們的所得」，而非頂層級距者直接從他們販賣特定的產品和服務給自願購買者所賺的錢。

雖然這類口語的手法——影射而非辯論——可能有助於重分配的目標，但如果不是原本就分配而得的所得或財富，而是直接來自販售有價值的東西，那就不能被重分配。這類口語手法所宣揚的不是單純的不同類別的所得或財富結果，而是一套從根本上不同的程序，用以決定每個人應獲得多少所得或財富。在這個替代的世界中，第三方代理人憑藉政府的權力，可以凌駕數千萬人對購買的無數產品和服務的定價，而以代理人隨興的想法取代之。

委婉語是另一種形式的影射，可讓想法繞越事實測試或分析測試。當羅爾斯（John Rawls）在他寫的《正義理論》（*A Theory of Justice*）反覆談到「社會」可以「安排」（arrange）的結果時，[109]這些委婉語巧妙迴避了只有政府有權力推翻數千萬人同意的交易條件這個事實。室內裝潢師安排、政府強制，這不僅是模糊的區別而已。

羅爾斯不是唯一規避強制的現實的所得重分配主義者，換句話說，當經濟結果不平等被一個更加危險的權力不平等加劇所取代時，數千萬人喪失自己決定如何過生活的自由。即使是經濟結果不平等仍容許較不幸者的生活水準提升，但權力原本就是相對的，因此讓一些人擁有更多權力，意味其他人擁有較少的自由。

隱瞞這個關鍵的利弊交換，導致許多知識分子定義擴張政府權力的好處是得到「新自由」，一如威爾遜的形容。[110]後世的知識分子持續改變自由的歷史定義，把擴張政府規模和權力的假想好處也包括在其中。

例如，兩位耶魯教授寫的一本頗具影響力的書說，「如果人無法達成他的目標」，他就沒有自由。[111]根據他們的定義，「如果高成本導致消費者無法透過集體選擇分享商品」，消費者就沒有自由[112]。這裡的「集體選擇」顯然是政府的另一個委婉語。迪頓（Angus Deaton）教授使用一個類似的結果導向的自由定義：

> 我在本書談到自由時，指的是過一個好生活和從事讓生活值得過的事的自由。沒有自由是貧窮、匱乏和疾病，這些長期以來是許多人的命運，而且仍然是今日世界比例高得令人氣憤的許多人的命運。[113]

自由不是什麼新的或神祕的概念，它是自古以來廣被了解和深深感受的概念。尤其是沒有自由的人感受最深切，例如奴隸、農奴、囚犯，和生活在極權獨裁體制下的人。有許多這類人不惜鋌而走險以追求自由，甚至冒失去性命的危險。他們這麼做不是為了獲得政府的福利，斯巴達克斯（Spartacus）起義不是為了獲得農業補貼或房屋津貼。

但許多知識分子生活在安全舒適的自由社會，卻發現重新定義自由對他們有利，所以不把擴張政府透過強制來決定經濟結果的權力視為自由的利弊交換，而透過權宜的重新定義將它視為單純的擴大自由。

在文字的世界，聰明的口號或天馬行空的言詞可以讓鐵證如山的事實消失。在口號和印象取代事實和邏輯的公眾演說中，文字確實已變成霍布斯在幾世紀前所說的：愚人的金錢[114]，而且往往是聰明人創造的假錢。我們的教育體制原本應該要培養學生擁有偉大經濟學家馬歇爾（Alfred Marshall）所稱的「交叉檢驗事實」的能力，如今反而變成了影射和模糊的源頭。

社會願景和人的後果

Chapter 6

他們以無法壓抑的效率工作。完全就業，造就出產出的最大化，其結果應該是整體的福祉。然而事實是我們感到悲慘、羞恥，到最後是血流成河。但那是一個偶然的巧合。

——熊彼得（J.A. Schumpeter）

大多數人不會只是對各種主題有各式各樣隨機的意見，較常見的是，他們對不同問題有一套連貫的觀點，暗示他們有某種根本的世界觀，而對特定問題的特定意見或多或少是以這個世界觀為前提所推衍出來的。

在建構社會願景時，面對的強大誘惑之一，是想尋找一個想像中能解釋一切問題的關鍵因素，不管那個因素是基因、剝削、種族歧視或任何理由。但在真實世界中，任何一個人的單一性質都可能有許多大不相同的原因。例如，比其他人晚幾年開始說話的小孩，可能是因為他們有嚴重的智能缺陷或自閉症；但許多高智商的人也曾大隻雞慢啼，包括像愛因斯坦這樣的天才。[1]

這並不否認一些重度智能障礙兒童落後幾年開始說話的原因是他們的病痛，但這否認所有——至少大多數——晚開始說話的兒童是因為這個特定原因。高度差異的原因也可能存在於一些社會現象之上，例如經濟差異或其他差異，儘管一些人可能熱切偏好某一個原因，以便據以來建構一個解釋一切的社會願景。

在二十世紀初，主要的進步主義知識份子認為，社經差異的主要原因是遺傳。[2]其他解釋通常遭到排斥，而非嚴肅的檢驗。到二十世紀末，歧視II意義的歧視已變成主流的解釋，而其他論點則遭到類似的排斥。

有願景本來沒有什麼不對。儘管我們活在現實世界，我們往往跨進願景的世界。即使在最實事求是的科學，往前邁進的動力往往始於新觀念、信念、靈感和希望，簡而言之，就是願景。科學之所以科學，是能以嚴格的系統化程序來測試那些願景，包括以邏輯和實證的方法。許多、甚至大多數這種願景可能通不過這種測試，但那些能以實證方法驗證前提和推論、進而提升我們了解的願景，帶來的利益是讓整個程序值得我們努力。

社會願景常被類比為科學的願景，但用來描述被稱為「社會科學」統計數字的彈性文字，可能讓正確的數字也會造成誤導。當文字用於暗示剛好名稱相同的事物時，也可能誤導人，例如「收入」包括薪資和資本利得，或「教育」以在學校就讀的年數計算，而非學習的數量、種類和品質。

當接受「相同」教育的人獲得不同的收入時，它經常被稱作歧視——意指歧視II——即使有些人就學的時間發生在充滿喧鬧嘈雜、破壞和暴力行為的學校，或未教導就業市場迫切需要的技能的大學。大法官霍姆斯（Oliver Wendell Holmes）不斷告誡的「思考事情而非文字」，[3] 適用於今日一如適用於當年他說這句話時。

流行願景的基礎

我們時代的流行社會願景的核心，是一個無敵謬誤的想法，認為「如果沒有偏頗的干預或基因的缺陷，那麼人類努力的族群結果將傾向於平等，或至少可比較或是隨機的」。最清楚表達這種無敵謬誤精髓的人，可能是十八世紀的盧梭（Jean-Jacques Rousseau），他寫到「自然在人之間建立的平等，和人在人之間建構的不平等」[4]。但以地理隔絕形式存在的自然，卻讓整個民族落後世界其他地方的進步數世紀，甚至數千年。

但盧梭就像後世許多此一無敵謬誤的信徒一樣，把人類因偏見而製造的不平等當成不證自明的原理。地理、人口特性、文化差異和父母教養的數量和質量，都在這個願景中消失，而只支持一個許多人想像他們有「解決方法」的原因。結果偏態分布——包括在人和在自然中——的眾多原因之一是，特定結果的多重先決條件，使得結果的正常鐘形曲線幾乎不可能出現，即使所有的個別先決條件本身呈現鐘形曲線的正常分布也是如此。

這是因為有不同先決條件的人，因為達不到需要的俱全條件而呈現相同的結果：失敗。世界的社經差異很少像龍捲風的分布那樣極端，但世界的石油蘊藏、鐵礦砂、地震和可航行水道分布也一樣不平等。[10]夏季為南亞大部分地方帶來豐沛雨量，同時為南歐許多地方帶來乾旱，一些該地區的河流近乎乾涸，而南亞的人則得與水災搏鬥。顯然與夏季有關聯的其他因素，在兩個大陸製造出相反的降雨結果，儘管這兩個大陸實際上是相連的陸塊。

側記|地理隔絕

十五世紀西班牙掌控隔絕的加那利群島時，他們發現一個被描述為高加索人種的原住民人口，過著像幾千年前的石器時代生活。[5] 在世界另一端與世隔絕的澳洲大陸，十八世紀抵達此地的英國人發現一個黑皮膚的原住民人種，據描述也過著石器時代水準的生活。[6] 若與非洲黑人比較，非洲黑人幾百年前就已製造出鐵器，[7] 而且澳洲擁有大量鐵礦蘊藏。

在英國人抵達前，澳洲是世界上少數比下撒哈拉非洲更隔絕的大塊區域之一。澳洲和加那利群島兩地的極端人類與世隔絕可從自然的極端隔絕證據看到，呈現在兩地的物種都從當地演化，且都非原產於世界其他地方的事實。[8] 相反的，世界其他地方常見的物種，例如貓科動物，從一般的家貓到花豹、獵豹、獅子和老虎，都不存在於澳洲，馬和其他有蹄動物亦然。許多種魚類、鳥類、樹木和其他植被，也是澳洲所獨有的原生種。

這些自然界地理隔絕數百萬年的極端現象，對處於相同隔絕背景的人類也造成影響。地理隔絕和社經發展落後的相關性也在其他自然背景中發現，例如山地、叢林和沙漠。[9] 自然創造的機會不平等，至少和人類創造的一樣多。

自然的結果和人類的結果之間呈現不只一項類似，因為人類數百萬年來在各種大不相同的地理組合中生活和演化，其中一些地理因素促進或阻礙了實體財富的發展，以及財富創造和社會演進背後的人力資本。[11]

今日的多人種社會的人口擁有源自其他大不相同地理環境，並在大不相同的歷史情況下發展的文化；除此之外，今日共同生活在社會的各個族群，也有大不相同的人口組成和其他因素。舉例來說，十九世紀從歐洲到美國的大規模移民期間常見的紐約猶太人和義大利人鄰區由愛爾蘭政治人物擔任代表——這種情況直到二十世紀初才改變[12]——今日看來似乎很奇怪。但任何熟悉這三個族群在歐洲有極為不同的歷史的人，都不會驚訝他們抵達美國時具備的政治技術和經驗全然不同，正如他們在其他方面中也沒有相同的技能和經驗。

這些族群各自在一些努力上超越其他兩個族群，這不僅發生在美國，在其他國家也是如此。例如，義大利人在生產葡萄酒上比猶太人或愛爾蘭人傑出，不管是在美國、拉丁美洲或澳洲都是如此；而猶太人在同樣這些國家的衣服業表現比義大利人或愛爾蘭人突出。在其他努力——例如農業、醫藥和領導工會——這三個族群也各有所長，各自超越其他兩個族群。

這種模式在其他族群間也並不奇特，德國人在美國製造最出名的啤酒，正如在中國製造了青島啤酒，在阿根廷和澳洲也是首屈一指的啤酒製造商。但德國移民和他們的後代在美國或在其他國家，很少成為出眾的政治領袖，或高級時尚或美食珍饈的領導者。即使是在教育和社經地位落後的族群，也在不靠教育或社經成功因素就能表現傑出的特定努力上，不僅保持出類拔萃，更能大幅超越其他族群。[13]例如，世界各地許多貧窮的山地族群製造出其他地方需求殷切的精緻工藝產品。[14]

雖然這種不同的族群在許多努力上結果分布不平均的模式在世界各地很常見，在真實世界較難發現的是，這些族群或其他族群在特定努力上的結果相同。即使當不同的族群有類似的所得，這些所得未必是靠做相同的事賺得。

在企業世界，舉國聞名、甚至歷史上有名的人物中，猶太人特別在零售、金融和衣服製造與銷售表現突出，但在重工業如鋼鐵或汽車的生產則遠為平庸，不管是在美國或其他國家皆是如此。其他族群同樣在特定的經濟部門高度成長，但在一些其他領域幾乎沒有出過領袖級業者。然而特定努力的平等結果，在真實世界從來就不是普遍的事實，卻一直被視為社會常態，背離它被認為是嚴重的錯誤證據，亟需加以矯正。

「差別影響」的統計數字在法院很有份量，可作為偏頗歧視的證據，不僅被從特定的產業中蒐集，而且更經常是從一個產業內的特定公司中來獲取。特定努力的定義愈狹窄，就愈不可能發現族群的平等比例，因此族群統計數字就愈不可能當作偏頗對待的有效指標。

舉例來說，如果三個不同的族群在整體專門職業的比例大致相同，這並無法排除一個族群在律師業遠比其他兩個族群表現突出，而這兩個其他族群之一在醫師業則最突出，第三個族群則在工程師業最突出。努力的定義愈狹窄，「差別影響」的數字就愈可能被發現。

即使在職業美式足球這樣一個努力定義狹窄的領域，黑人仍「比例過高」，特別是在明星球員間更是如此，黑人在過去數十年來幾乎從沒出過擔任開球手和射門手。我們只知道一個事實，即通常由同一個人僱用跑衛和四分衛以及踢球員，以避免被提起種族歧視告訴，因為如果這些不同位置的足球員是由不同的人所僱用，可能遭到提告種族歧視。但我們沒有理由武斷地排除黑人本身偏好做某種事勝過其他事的可能性——或者就只是因為其他族群擅長做特定的事。

無敵謬誤聽起來言之成理，使得嚴格檢視它變得格外重要，不能只是引述結果差異的統計數字和發表譴責。儘管如此，相同的假設在社會願景和它們伴隨的雄辯常見的程度，一如在檢驗真實世界的經驗事實時常見明顯的不同，不管是檢驗自然或人類社會的事實都是如此。

不同族群想做什麼，或有什麼背景可以做什麼，或者是否準備投資精力去做什麼，可能影響他們在不同努力的結果比例，這一點在特定努力的結果可能有多大差異的假設中經常被忽略。正如前面提到，即使智商都是頂尖一％的男性，他們的教育和職涯結果也可能隨著他們在哪一類家庭被撫養長大而出現巨大差異；類似的差異也呈現在手足之間，取決於出生的順序。

不同的社會階層以不同方式撫養小孩。除了研究顯示父母從事專門職業的小孩每小時聽到字句遠超過領救濟金家庭的小孩以外，[15]實證研究也顯示兩類小孩聽到的字句也有顯著的不同。在父母從事專門職業的家庭，父母使用「更多字句和更多各類不同的字句，更多子句的句子、更多過去和未來式動詞」。這類父母「也給他們的子女更多正面的回饋，且與子女在一起時每小時給他們更多回應」。此外，他們「每小時給子女的負面回饋」比其他父母少。[16]在父母從事專門職業的家庭，正面字句與負面字句的比例是六比一；對照之下，在領救濟金的家庭，負面或拒斥字句與正面或鼓勵字句的比例為超過二比一。[17]負面回應包括「不要」、「停止」、「放棄」、「閉嘴」等字句。[18]

我們應該相信以如此南轅北轍的方式撫養的小孩，且持續許多年到他們抵達僱主、大學招生處或犯罪現場，會在性向、能力和限制各方面都相同，且一直持續到最後我們蒐集統計資料之處嗎？

人們經常隱而不宣地假設，某些差異的原因是發生在該差異的統計數字被蒐集的地方。舉例來說，矽谷女性的比例太低的原因被假設是發生在矽谷的某件事，許多低收入鄰區商店標價較高的原因被假設是商店業主的問題。這種隱含的假設被納入美國的最高層次法律中，它根據「差別影響」的標準，把不同族群的就業、薪資和升遷差異視為僱主歧視的證據。

這種方法忽視人們在抵達僱主（或大學招生處，或犯罪現場）前發生的事，可能對他們在抵達蒐集統計數字的地方前變成什麼樣的人，擁有什麼樣的技術、價值、習慣和限制會造成「差別影響」。美國的政治制度並未在愛爾蘭人、義大利人和猶太人的政治技術和經驗製造差異，這些差異早在他們踏上美國領土前就已存在，並且在他們抵達後持續了許多世代。

類似的隱含假設是，統計數字蒐集的地方顯示原因的來源，這種隱含假設常被用在遠超過政治或經濟問題之外。一些醫院的病患死亡率可能比其他醫院高，因為那些特定醫院的醫療技術和科技水準可能比較高，因此會治療遠為嚴重和危險病症的病患，例如需要動大腦外科手術或心臟移植的病症，而非只是治療腳踝扭傷或消化不良的問題。如果不了解病患抵達醫院前發生的「差別影響」，那麼顯示不同醫院死亡率差異的統計數字便可能造成誤導。儘管如此，我們還是經常看到許多人對不同社會族群的結果差異統計數字，發起狂熱的支持或進行激烈的譴責。不管是矽谷的女性「比例太低」、西班牙裔在長春藤聯盟、黑人在奧斯卡金像獎提名，或其他族群在無數其他努力中不成比例。

一個相關的假設是，被以相同字句來形容的人，在統計數字蒐集時即被視為相等的事物。當一項研究顯示年輕男性醫生比年輕女性醫生賺更多的錢時，對相信這種無敵謬誤的人這可能代表性別歧視；但當實證資料顯示年輕男性醫生每年平均工作時數比年輕女性醫生多出五百小時[19]，這才是明確事實勝於籠統願景的人重視的資訊。

對以談話要點思考事情的人來說，說英國的男性航空公司員工薪資高於女性航空公司員工可能已很足夠，但對真實世界的事實比在文字世界的辯論成功更感興趣的人，重要的是絕大多數駕駛員是男性而絕大多數空服員是女性——把他們都稱為「航空公司員工」並不能夠讓他們變得相等。[20]以相同字句描述人來隱含他們相等的類似假設，削弱了許多不同種族之間比較的研究結論。

這種口語的不當作法不合邏輯，沒有任何具體事實作為根據，無助於了解牽涉任何特定族群的任何特定情況。重點是這種動聽的口語被用來取代以經驗作為證據。了解動聽口語的缺陷，只是凸顯發現真實世界的具體事實的重要性，一些關係重大的流行信念需要重新被檢驗，甚至有許多這類信念沒有被人真正檢視過。

社會願景不僅有對他人表達的假設和論據，它們也有自己的內在先決條件，才能讓這些願景的目標在政治上成功地被採納。這些先決條件之一是，慷慨分配的受益者不能在因果上——也因此在道德上——必須為自己的不幸負責；根據許多宣揚社會願景者的說法，只能有外部的原因——也因此是外部的責任。多元文化主義的根本前提是，所有文化都值得相同的尊重，或至少它會怪罪不認同這種觀點的受害者；「把原因描述成來自外部」當作政治或意識形態的先決條件，其邏輯推衍的結果就是多元文化主義。

既有秩序的不道德——以像「體制被非法操縱」這種流行語來概述——對流行社會願景在政治上的成功同樣不可或缺。因此，被指派為受害者的族群違背適用於其他人的道德或法律規定，被認為是有正當理由，至少是「可以理解的」。由於這一切的目的是一套具體的政策，抱著不同世界觀的人不能參與和辯論，反而被詆毀和禁聲，甚至在學術校園，或特別在學術校園也是如此。

這一切當然是必須付出代價的——以人的後果為形式。

人的後果

即使假設人在受孕時的心智潛力範圍的類似性，可能跨越種族或其他界線的人，也必須承認地理和人口特性的差異讓發展的能力和根據發展的能力得到的結果，不太可能平等。即使歷史發展到了今日，在通訊的範圍已遠比過去更遠的情況下，出生在隔絕山地村落的小孩仍然不太可能發展出與世界各主要海港的小孩同樣廣泛的知識、技術和經驗。

地理仍然有關係，因為整體來看隔絕仍然有關係，不管是地理或社會的隔絕。在平均智商類似或低於美國黑人的不同白人社會次族群間，共同的因素向來是隔絕，不管是隔絕在阿帕拉契山脈裡、[21]蘇格蘭外海的赫布里底群島（Hebrides）、[22]英格蘭的運河船社區，[23]或來自歐洲的各個移民族群在被主流美國生活同化之前的時期，[24]黑人被社會隔絕的時間遠為漫長。

即使是天生的能力（在出生時的心智潛力）也已經受到子宮環境的影響，而且來自不同社會族群或年齡群的媽媽，可能在攝取營養健康的飲食、使用酒精和藥物的程度有所不同，以及有其他可能影響胎兒發展的行為差異。[25]孩子在不同階層和文化中被撫養的差異，更進一步降低成年後有相同能力和結果的機率。

在這個背景下，歧視性偏見的假設可能在有社經結果差異似乎無法辯解時被自動推論出來——而該偏見可能來自統計數字被蒐集的地方。然而這種無敵謬誤指導了我們的教育機構、媒體和在政府政策中許多說的話和做的事。這些都不否認歧視性偏見或基因差異可能產生影響。如果這種歧視（歧視II）沒有影響，那就沒有理由研究歧視的成本。

我們也無法證明基因對結果完全沒有影響。簡單明瞭的事實是，同卵雙胞胎的智商比異卵雙胞胎的智商更類似，這是無可否認的基因影響，因為這兩種雙胞胎的不同在於異卵雙胞胎有一些相同的基因，就像其他手足一樣，但同卵雙胞胎的所有基因都相同。但說基因不同可以影響個人或家族的智力差異，並不等於說個人或家族的所有智力差異一定都是因為基因的不同所造成。頭胎出生者和他們後生的手足之間智商的系統性差異，是明顯的反證之一。

在所有種族的情況下——各種族包括無數帶著各自不同基因組合的家庭——更沒有理由把種族間所有已發展能力的差異，包括生理和心理的能力，都歸因於基因。儘管如此，二十世紀初的主要遺傳決定論者的假設都超越族群間的平均智商差異是基因決定的。他們隱含地假設有些種族或人種群體的智力「天花板」，低到必須以各種方法來阻止或避免他們繁衍。[26]

不同種族在他們各自的人口間有分布很寬廣的智商分數，但平均智商比較低的種族或人種，仍然有許多人的智商高於智商較高族群的平均智商。美國空軍在第二次世界大戰會有黑人駕駛員駕駛戰鬥機的想法[27]，或者有國際聲譽的黑人醫生發展血漿的使用方法[28]或動大腦外科手術的想法，在它們實現前的幾十年前，一直被許多優生學家認為是無法想像的事。

到了二十世紀下半葉，即使是基因影響因素的主要支持者——加州大學柏克萊分校的傑森（Arthur R. Jensen）——也排斥特定種族智力發展有「天花板」的概念。他也承認，來自社會劣勢背景的低智商兒童，未必表示與來自中產階級優勢環境同樣的低智商兒童有相同的能力表現。「下層階級智商介於約六十到八十範圍的兒童，表現明顯優於中產階級同一智商範圍的兒童。」傑森教授舉他自己和其他人研究的各項證據如此表示。[30]此外，他問道：「為什麼我們要對有黑人兒童智商超過一百一十五感到驚訝，或認為他們應該集中在洛杉磯富裕的整合社區？」[31]種族的智力「天花板」理論現在已不復存在，即使是在基因影響智力的主要支持者間仍是如此。簡單地說，今日嚴肅看待事實的人已不再貶斥環境這項影響因素。問題已窄化到這項因素影響的範圍多大，和哪些類型的環境會受到影響。專家可以繼續彼此辯論這個問題，但世界會繼續運作，不管他們得花多少時間達成一個明確的答案、甚至得不出答案。直到今日基因或歧視都尚未證明許多它們的支持者所宣稱的重大影響力。

從「比例太低」推論到歧視性偏見的實證理由，都和它的理論一樣站不住腳。

在大多數職業籃球隊老闆是白人男性的情況下，是否有一個「玻璃天花板」阻擋了職業籃球的白人男性比例？但兩性的結果差異卻被自動當成「玻璃天花板」的證明。無數實證研究——通常由女性學者所作——已經顯示，有許多因素可以解釋兩性結果的差異。[32]這些研究的發現與「玻璃天花板」的情況幾乎毫無關係，但這類事實的研究在女性和男性結果差異的討論中很少被媒體或學界提起。

統計上的各種族群「比例太低」或「比例太高」，在我們這個時代的美國並不奇特。數世紀以來，世界各國都有許多職業的大多數成員，以及整個產業的大多數企業業主屬於一些次級少數族群的成員——東南亞的華僑[33]、東歐的猶太人[34]、東非的印度人[35]、西非的黎巴嫩人[36]、奧圖曼帝國的亞美尼亞人[37]、法國的雨格諾新教徒[38]、巴西的德國人[39]、秘魯的日本人[40]、緬甸的遮地人[41]、阿根廷的義大利人[42]，以及安特衛普鑽石業來自印度的耆那教徒和哈西德猶太人都是顯著的例子。

儘管如此，有一整類像「玻璃天花板」、「隱含偏見」和「隱形種族歧視」這種文字和句子，宣稱統計數字的差異顯示出了偏頗的對待，而且必須相信這個沒有確鑿的證據的結論（所以使用像玻璃、隱含和隱形這類字詞），除非只是不斷重複的堅持也可以被視為證據。

不過，在真實世界，結果的差異在遠超過社經差異以外的事物非常普遍。例如，東歐的謀殺率數世紀以來都是西歐謀殺率的好幾倍，而美國不同地區的謀殺率同樣也相差好幾倍[44]。在特定結果有多重先決條件的情況下，不管是人與人之間或自然界，結果的偏態分布並非不尋常。

光是族群間的年齡中位數差異——每隔十年或數十年就會改變——就足以阻礙需要多年教育和經濟或身體的年輕活動的職業出現同樣的比例，即使所有族群在年齡以外的各方面條件完全相同也一樣。年齡差異存在於各國家之間，如同存在於個人之間。有超過二十個國家的年齡中位數為四十多歲，另有超過二十個其他國家不到二十歲。[45]如果我們預期成人經驗有如此巨大差距的國家，會有相同、甚至可供比較的經濟生產力，合理嗎？而且國家之間就和個人之間一樣，年齡差距僅是眾多差異之一而已。

尋求「社會正義」——以相同或可比較的結果為定義——在實踐時好像認為消除種族、性別或其他族群的歧視就能接近這個理想。但是美國監獄裡的人絕大多數是由單親或雙親都不在的情況下被撫養長大這個事實，究竟造成了什麼影響？[46]在許多兒童成長於單親家庭的族群中，人被監禁的機率與來自單親家庭很罕見的族群的人不同。但相信無敵謬誤的人可能相信，這個問題來自監禁統計數字被蒐集的地方，亦即刑事司法系統。

有時候只是環境中一個不顯眼的差異，也會對人的結果造成改變歷史的巨大不同。十九世紀令人難忘的自然災難之一，是愛爾蘭因為馬鈴薯作物歉收引發的饑饉。當時馬鈴薯還是愛爾蘭人的主食，因饑餓和營養不良相關疾病而死去的愛爾蘭人估計約一百萬人，而當時愛爾蘭的總人口只有八百五十萬人。[47]

從一八四〇年代中期到一八五〇年代中期，估計有近兩百萬人逃離這個饑饉肆虐的國家[48]，使這個小國的人口蒙受更大的損失。但在美國種的同一種馬鈴薯——愛爾蘭的馬鈴薯來自美國——卻未歉收。那場歉收的原因可以追溯到大西洋兩岸種植馬鈴薯時所使用的一種肥料。該肥料含有一種在愛爾蘭溫和而潮濕的氣候下大量繁殖的菌類，但在美國愛達荷州和其他馬鈴薯產區的乾熱夏季裡則難以生長。[49]這一個差異意味數百萬條人命的悲劇和龐大的人口損失。

道德上中性的因素如作物歉收、出生順序、地理條件、技術進步，或人口和文化差異，都只是經濟和社會結果經常不符合相同或可比較結果的偏見的眾多原因之一。但平常中性的因素在激起道德激憤上，似乎吸引的注意小於其他原因，如歧視或剝削。我們的情緒反應無法告訴我們不同原因的比重，儘管這些情緒反應可能形成政治運動和政府政策目標。

哪些因素在特定地方或時期是主要原因，畢竟是一個實證問題，與我們的情緒或意願無關。這也不是一個單純的哲學問題。普及的社會願景可能影響經濟、教育和其他社會結果——包括維繫社會凝聚的共同準則。

毒願景

那些承諾以他們倡導的政策來終結既有差異的人，不管他們倡導的特定政策是什麼，可能都無法履行。此外，積極追求的數字目標之間的衝突，以及嘗試達成這些目標時不斷產生的挫折，這些都可能付出社會代價。

整體社會可能付出的可怕代價包括廣泛散播的憎恨、怨怒、脫序和暴力，而感受這些情緒的人就是那些不斷被告訴說他們「有權利」得到一種由人口特性定義的「公平份額」，但別人惡意地阻擋他們和他們所愛的人，一直拒絕給他們這種「公平份額」。

當《紐約時報》一則標題描述紐約一所菁英高中的入學標準是一條「護城河」，目的是讓弱勢者無法進入專供社經菁英就讀的學校[50]，那是一個被大西洋兩岸相信主流社會願景的其他人普遍宣示的訊息——它適用於遠超過學校入學的問題。這個願景，不管它在政治上多有效或意識形態上多讓人滿意，仍破壞了維繫社會凝聚的共同社會價值的道德基礎。

亞當・斯密宣稱「競爭派系的好脾氣與溫和」是「一個自由民族的公眾道德中最不可或缺的環境」。[51]但當大部分人口相信「系統被操縱」而對他們不利，而道德只是一個大騙局，那麼我們對好脾氣或溫和又有什麼好期待的？這是一個社會可能分裂成互相敵視的群體和隔絕的個人的時候，有點像霍布斯說的所有人對抗所有人的戰爭。

一個毒社會願景的這種後果，往往對弱勢者來說特別可怕，他們在社會秩序崩潰和暴力從狂熱聖戰爆發時受害最大。貧窮不會造成這種影響。二十世紀上半葉的貧窮比下半葉更普遍，但卻是在新社會願景最盛的下半葉，大西洋兩岸有一大社會區塊都出現所謂的「去文化」現象。一個社會願景的實際後果，無法根據它的良善意圖甚或它的可行性來評估，真正的考驗在於推行它時會發生什麼事，以及其產生的社會結果將造成什麼影響。

教育的影響

教育只是「不同族群的目標和能力傾向於類似，因此結果的差異暗示他們受到他人的差別待遇」這個隱含假設常見的領域之一，但這個隱含的假設禁不起事實的檢驗。教育是一個價值和行為的差異依相同這個假設而對政策帶來大破壞的領域。

我們沒有任何理由假設教育受到所有個人或族群的平等重視。不同族群的學生不但花在家庭作業的時間長短不同，[52]族群中較高成就的成員被同一族群的同班同學看待的方式也不一樣。一項針對八十個美國社區一百七十五所學校的逾九萬名黑人、白人和西班牙裔高中和初中學生的調查，發現學業成績平均績點達到三·五或更高的黑人學生，相較於低成績平均績點的學生，結交更少與自己相同種族的朋友。[53]黑人學生對學校裡成績較好同胞的負面反應，被認為是排斥那些被汙名化為「假扮白人」的黑人學生。換句話說，他們的行為被視為對自己種族的不忠。

國家經濟研究局公布的一項實證研究發現，黑人同學比率較高的學校對黑人學生的教育成就有強烈的負面效果——尤其是高能力的黑人學生。[54]另一項能力分組研究發現，教育一群同屬類似能力水準的學生，可以改善高能力學生的學業表現，尤其是高能力的少數族群學生更是如此。[55]這種模式不局限於黑人，甚至不局限在美國。在西班牙裔美國學生間，成績平均績點達四．〇的學生擁有同屬自己種族朋友的人數，比成績平均績點四．〇的白人少三個。[56]同儕對教育成就的類似反應也出現在紐西蘭的毛利人、日本的部落民，和英國的下層階級白人之間。[57]

顯然不是所有族群都重視教育，或重視帶來更高教育成就的行為。當有相同潛力或能力的學生處在同儕對他們的社會反應大不相同的情況，或在同儕反應很有影響力的人生階段，我們甚至不能假設他們會有相同的教育結果。在教育落後的族群內，對選擇追求教育成就的族群成員採取的負面反應遠超過社會放逐。達勒普爾醫師描述英國下層階級白人的情況如下：

> 他們說，如果你不改變並加入我們，我們會痛毆你。這不是隨便說說的威脅：我在醫院執業時經常遇見二十幾歲和三十幾歲的人，在這種威脅下放棄學業，然後發現他們錯過了一個被剝奪的機會，而那原本可能讓他們的整個人生變得更好。那些到城市少數學校讀書而且保持很好成績的人，如果不小心跑到白人蠢蛋住的地方，很可能被痛打。去年我在急診室治療過兩個因為這樣而被毆打的男孩，還有另外兩個男孩因為要克服被鄰居毆打的恐懼而用藥過量。[58]

這種事不只發生在男孩身上：

> 許多我來自貧民窟的聰明病患回憶說，他們在學校表達想學習的意願，結果招來同儕的恥笑、排斥，有時候遭到暴力相向。一名聰明的十五歲孩子用藥過量想自殺，她說她不斷遭到同儕的逗弄和霸凌。[59]

英國較低社經階層的學童，若想追求教育成就會被視為犯了「階級背叛」罪[60]，而美國貧民區黑人若想追求教育成就，往往也被同學視為「假扮白人」的種族叛徒，遭到同樣的放逐待遇、口語凌辱和／或身體暴力。[61]除了針對特定的個人外，英國一些學校的整體脫序氣氛被描述為處於「無政府的刀鋒狀態」，[62]這種模式也在大西洋對岸美國類似的鄰區裡發現。[63]

在英國和美國，六分之一的小孩是功能性文盲。[64]這是心智潛力的一大浪費，也讓窮人陷於莫大的劣勢。

在這種背景下，像小布希總統任內推出的「不讓任何孩子落後」（no child left behind）這類政策的哲學，似乎與現實相隔遙遠。當少數破壞和暴力的學生就能使全班無法獲得良好的教育時，這種學生必須被隔離——使他們「落後」——如此其他人才能得到教育，而教育可能就是他們得以改善人生的機會。

在接任的歐巴馬總統任內，聯邦機構朝相同的方向更邁進一步，對統計數字顯示少數族群男性學生的管教比率與其他學生的管教比率不成比例的學校施壓和威脅。那就好像說黑人和西班牙裔男性的行為模式，不可能與亞洲女性或其他類別的學生有什麼不同，這種無敵謬誤在背後壓倒了在我們眼前發生的赤裸、災難性的現實。

隔離那些破壞和暴力小孩的必要性，與當前或可預見的未來是否會出現改變小孩破壞和暴力行為的「解決方案」是兩回事。替代的選項是犧牲未來世代窮人和少數族群兒童的教育，直到不確定的未來發現、創造或虛構一個可解決破壞和暴力小孩問題的「解決方案」為止。

對信服主流社會願景及其無敵謬誤的人來說，學校的各種揀選都是禁忌，不管是以行為、能力或其他可能影響教育結果的因素來揀選。那就像學校的存在是為了提供一個表達願景的場景，而非為了教育所有想學習的人。這些揀選都不排除嘗試改善問題學生行為的意願，它只是不把教育整個世代的其他學生的工作延遲到願景計畫成功之後才做。

政治的影響

在二十世紀席捲世界許多國家、並奪得政權的最成功政治理論是馬克思主義，而這套理論所根據的隱含假設是，財富的差異是因為資本家藉由「剝削」，來讓勞工保持貧窮，和讓自己愈來愈富有。

這個版本的無敵謬誤顯然讓許多國家和文化的人信以為真。然而如果富裕資本家的財富來自剝削貧窮的勞工，那麼我們可能預期看到在富裕資本家更集中的地方會有相對較集中的貧窮。然而明確的事實指向相反的方向。

美國的十億美元富豪是非洲和中東加起來的五倍多，[66]但大多數美國人（包括生活在貧窮線以下的人）生活水準高於非洲和中東人。我們很難找到任何一個馬克思主義者統治的國家勞工階級的生活水準，曾經像幾個資本主義國家的勞工階級那麼高。

儘管第一個、也是最大的信奉馬克思主義的國家蘇聯，是全世界自然資源豐富的國家之一，甚至是最豐富的國家，[67]但蘇聯一般人民的生活水準與西歐、美國或澳洲的一般人民卻相距甚遠。但就像其他例子一樣，激情的願景總是壓倒冷靜的事實，正如共產黨宣言所呈現的。

其他非馬克思主義理論也建立在相同假設的基礎，而且也在二十世紀有過叱吒風雲的政治勝利，通常表現為二十世紀下半葉擴張的福利國家，特別是一九六〇年代是它們發揚光大的關鍵期。

測試假設通常在這類知識、法律和政治的發展上扮演很小的角色。的確，曾經測試流行觀點是否符合客觀資料、並發現流行觀點缺少實證的學者，往往面對的是敵意和妖魔化，而非反證或相反的觀點。[68]阻止他們說話的暴動，已使許多美國最享盛譽的校園蒙羞——事實上，在這類校園特別嚴重。[69]

社會的影響

如果社會願景的衝突只是知識分子在校園內的辯論，外界的人沒有理由擔心。但社會願景、甚至討論這些願景的流行語和口語風格，都會擴散到遠超過創造和描述社會願景的知識分子以外的人。

例如，達勒普爾醫師在治療英國監獄的囚犯時，發現他們使用和知識份子討論社會問題時一樣的被動語句結構。謀殺犯討論他們的犯行時，說像是「刀子插進去」之類的話，而不說他們刺殺受害者。[70]

菁英知識分子的迴響甚至出現在一部舊音樂片《西城故事》（*West Side Story*），片中一個角色說：「我因為貧窮而墮落。」知識分子說的話較文雅，但他們說的基本上仍是同樣的東西。雖然他們說的可能是一個有待驗證的假設，卻經常對待它們有如已經驗證的事實，而無需這類測試。

但在英國或美國的低收入族群間，這類暴力猖獗和其他社會病態的墮落在二十世紀上半葉普遍的情況，和下半葉時不相上下，雖然上半葉時他們更貧窮，而下半葉的福利國制度讓他們的物質生活水準改善。社會願景的重要性遠超過它們引發的議論。在民主國家，沒有政治上流行的社會願景，就不可能有福利國制度，這個願景為福利國的創造或擴張提供正當性。此外，這種願景在一九六〇年代西方社會崛起帶來的不只是福利國制度本身。

伴隨流行社會願景的是一種對行為較不具批判性的方法，以及多文化主義、不強調執法和懲罰，和強調所有人口的「公平份額」——加上法律和道德標準的去正當化。所有這些信念的理由都以種種方式由許多個人和團體加以詳細詮釋，但較不常被提到的是有關這些新社會願景是否正確的實證測試，也就是比較遵循這個願景預期會有的結果和實際發生的情形。

這不只是單純的社會願景大幅擴張到福利國制度，以及削弱傳統道德價值未能達成它所有目標、且反而助長一些不利的結果，更加凸顯的是，當這些通常沾沾自喜的新觀念在一九六〇年代取得政治和社會的優勢地位時，許多已經減輕的社會問題——有些已減輕數年、數十年，甚至數百年——突然在大西洋兩岸再度復甦。

在美國，謀殺率、性病感染率和青少年懷孕率等社會問題，在之前許多年原本已大幅減少，但在一九六〇年代突然激增，而且達到令人心驚的高峰。[71]美國的謀殺率持續數十年降低，到一九六〇年時只有一九三〇年代中期的一半[72]，但從一九六〇到一九八〇年，這個比率因為新願景的崛起及這種願景對執法加諸的新限制，而突然趨勢逆轉為增加一倍。[73]

這種趨勢和趨勢逆轉並非只發生在美國。一篇討論過去數世紀全世界暴力減少的歷史性論文——哈佛大學史迪芬·平克（Steven Pinker）寫的「人性中的良善天使」——指出，在歐洲，「暴力比率在一九六〇年出現U形逆轉」，包括「謀殺率激增，回到一世紀以前的水準」。[74]

暴力和脫序行為大幅增加最引人注目的是長期以守法和溫文有禮著名的一些地方，英格蘭就是一個顯著的例子。美國經濟學家高伯瑞（J.K. Galbraith）一九四五年五月剛好在倫敦，當時據估計有「約兩萬到三萬名的群眾」——主要是年輕人——聚集在一起，慶祝歐洲的戰事結束。他寫信給他妻子：「像所有英國群眾那樣，這場集會井然有序。」[75]

當時發表類似觀察的其他人包括國際知名的英國作家歐威爾（George Orwell），他曾在一九四〇年代談到「英國群眾守規矩的行為沒有推擠和吵鬧」，他說：

> 英國勞工階級的樣子並非總是很優雅，但他們極度體貼別人。指引陌生人路時非常仔細，盲人可以走遍倫敦，很放心會有人協助他們下每一輛巴士和過每一條馬路。[76]

第二次世界大戰結束後不久，一位來自新加坡名叫李光耀的亞洲年輕人到倫敦求學，他看到沒有人照管的報攤大為吃驚：

> 他看到人們停下來拿一份報紙，然後把錢放進報攤旁邊一只舊厚紙板盒裡。他甚至看到有人放進紙鈔，然後拿出正確的找錢。沒有人亂動或碰觸那些沒有遮蓋和沒有人管的錢。[77]

多年之後已是老人的李光耀——擔任過新加坡總理——撰寫回憶錄回憶他對戰後倫敦深刻的印象：

> 我曾看過飽受戰爭驚嚇的英國，但它的人民並未因為受過的苦難而喪志，也未因為創造的勝利而傲慢自大。倫敦城每個轟炸的遺址都受到悉心整理，磚頭和石塊堆在一旁，往往種了花草和矮樹以使廢墟變柔和。那是他們隱而未宣的驕傲和紀律。
>
> 他們對其他人和對外國人的禮節和禮貌很了不起。最令人難忘的是汽車駕駛人表現的體貼：你揮手禮讓他先走；他也揮手謝謝你。那是一個很文明的社會。[78]

在運動賽事上，英國參賽者以運動精神著稱。例如，一九五三年的一場足球比賽，領先的球隊在終場前幾秒鐘，被一名對手球員搶走比賽的勝利，而輸掉的球隊球迷全都站起來為他精彩的表現歡呼。但到了一九六〇年代中期，這種運動精神已不復存在，即使在英國典型的紳士運動板球也是如此。英國球員說粗俗的侮辱性語言也司空見慣，繼承英國傳統的澳洲和紐西蘭球員也是如此。[79]

英國足球迷特別以他們在其他國家的流氓行為而惡名昭彰，他們經常到國際足球比賽場，看他們最愛的球隊和其他國家的球隊比賽，在二〇〇〇年，英國刊物《經濟學人》指出：「過去三十年來，英國球迷不時在外國城鎮興風作浪，攻擊外國對手。」[80]例如在西班牙，據美國雜誌《新聞週刊》報導，這些流氓球迷曾攻擊侍者、在游泳池大便，並搗毀旅館房間。《新聞週刊》問：「為什麼以文明著稱的一個民族暴力浪潮湧現？」[81]貧窮似乎不是理由，因為他們有錢旅行到其他國家從事暴民犯罪。

西班牙絕非年輕英國流氓球迷唯一的對象。例如《紐約時報》一九八八年報導：「歐洲國家足球錦標賽週五在杜塞道夫揭幕，西德的居民和警察隊正準備最不受歡迎的英國觀光客到來：英國的流氓足球迷。」這類流氓行徑也不只發生在造訪其他國家時，據《紐約時報》報導：「每個週六在英國足球賽場內和周圍的暴力威脅始終揮之不去。」[82]

同樣的社會退步在同一期間也影響守法行為。一九四〇年代寫作的歐威爾可以說「只有半打大城鎮特定的一些地區有很少的犯罪或暴力」[83]，即使到了下一個十年的一九五四年，倫敦全年總共只有十二件持械搶劫，而且當時任何人都可購買槍械。但到了一九八一年，儘管對槍枝購買的限制愈來愈嚴格，持械搶劫激增到一千四百件，一九九一年更達到一千六百件[83]。一九六四年的盜竊案件是一九三八年的三倍，到了二十一世紀初，盜竊更是達到一九三八年的三十倍。[85]同一期間的其他犯罪也一飛沖天。[86]

與犯罪的原因在於貧窮的想法相反，沒有證據顯示英國在二十世紀下半葉比上半葉來的貧窮，改變的是英國人對法律和秩序的態度，在美國和在新社會願景生根的其他地方也是一樣。歐威爾在一九四〇年代就寫道：「社會大眾仍然或多或少假設，『犯法』是『錯誤』的同義詞。」和一些別的國家不同，「英國人不像西班牙或義大利農民那樣，真心相信法律只不過是一隻雪鞋」。[87]

這種情況不久後就會改變。隨著新社會願景在一九六〇年代的勝利，整個道德秩序被描繪成一場騙局，被操縱來對付一般人和偏袒特權者。這種道德和法律原則的去正當化，並不局限於對社會邊緣人的煽動，它還深入擴散到知識界，不管是媒體或學術界。

與高伯瑞、歐威爾和其他人在較早年代所見有秩序的群眾恰成對照，都市暴動在二〇一一年傳遍倫敦、曼徹斯特和其他英國城市，數千名流氓和打劫者縱火焚燒住宅和商家，並毆打和搶劫街上的民眾，對警車丟擲汽油彈。[88]

在新社會願景的年代，英國生活的粗俗化也以其他形式展現。街頭經常發現不省人事的男性，他們被送到醫院由醫務人員施以急救，醒來後卻對照顧他們的人怒罵侮辱。[89]怒罵和侮辱醫務人員變得如此普遍，促使國家健康服務局（NHS）在醫院裡張貼告示，警告對醫務人員辱罵和威脅將遭到起訴。[90]

在英國和在美國，流行的社會願景——不斷在學校、媒體和知識圈被強化——描述社會問題是由貧窮和壓迫造成。但在兩個國家以及其他國家，在福利國為低收入者製造較高的生活標準後，原本應該減少的社會退化反而飆升到遠為高漲的水準。

讓李光耀看到一九四〇年代倫敦報攤沒有人照料的錢盒感到如此印象深刻的誠實，在一九六〇年代願景勝利之前的世代也有它的對照本：

> 自己取食的餐廳，即「自助餐廳」，在一八八〇年代的紐約市還很新鮮，第一家開張的是交易所自助餐廳（Exchange Buffet），一八八五年九月四日開在紐約證券交易所的對街……交易所自助餐廳的顧客從一條沿著牆壁的自助餐檯拿他們挑選的食物，像是三明治、沙拉，還有蛋糕和茶、咖啡或牛奶……每個顧客裝滿自己的餐盤，計算自己的帳單，然後告訴收銀員他應該付多少錢。這種根據榮譽原則運作的自助服務出奇的成功，所以接下來幾年，交易所自助餐廳在曼哈頓、布魯克林和紐澤西州的紐華克又開了三十五家自助餐廳。[91]

交易所自助餐廳持續經營了七十八年，然後《紐約時報》一則標題報導：「榮譽制自助餐廳倒閉。」[92]它們在持續逾四分之三世紀後在一九六〇年代倒閉並不令人意外。新社會願景造成的社會退化並未在生活的每一面馬上發生，它的散播需要時間，但它確實散播開來了。

社會退化散播特別遠的領域之一是「公共住宅」計畫——「公共」是政府的許多委婉語之一。

這些計畫長期以來已是藏汙納垢的廢墟、社會問題、犯罪和暴力的淵藪——不僅在美國，英國、法國和其他地方也是如此[93]——今日許多人可能驚訝地發現過去的情況並非如此。不令人驚訝的是，美國公共住宅計畫的大轉彎始於一九六〇年代。《紐約時報》二〇〇九年一篇回顧文章描述早期的紐約公共住宅計畫：

> 這些住宅不是故障、惡臭的電梯、幫派控制和毒梟出沒的樓梯井。在一九四〇、一九五〇和一九六〇年代紐約市大多數公共住宅興建的時候，維護良好的走廊、公寓和地面散發著尊榮和社區感。[94]

在早期數十年間，在還不是人人有能力買電視機的時候，一些有電視機的公共住宅家庭會在週六早上不鎖他們的公寓門，好讓他們小孩的朋友可以隨時造訪，觀賞當時播放的兒童電視節目。[95]

在公共住宅長大的經濟學家威廉斯也以類似的語句回憶費城的公共住宅計畫：

> 回顧一九四〇年代，住家（Homes）不像它們後來變成的樣子，即一個以毒品、兇殺案和半夜槍聲著名的地方。當年比較今日最值得注意的不同點之一，是居民家庭的組成。我們一起玩耍的大多數兒童，不像我妹妹和我，是與雙親住在一起。很可能還有別的單親家庭，但我不記得有。爸爸工作，而媽媽通常也有工作。建築和中庭都維護得很好。[96]

在大多數人買不起冷氣機的年代，夏天晚上公共住宅的人睡在自己的陽台上，一樓的房客則睡在中庭。屬於公共住宅一部分的黑人鄰區裡，可以看到老年人晚上圍著街上的桌子，玩象棋或紙牌。[97]這種行為在這個公共住宅的早期並不奇特。不管黑人或白人的勞工階級，天氣熱的夏天晚上常睡在外面，不管是在防火梯或屋頂，或者在中庭公園。但到了後來，在新社會願景興起後，這些鄰居蔓延的暴力讓這種行為變得太危險了。

達勒普爾醫師對後來英國公共住宅計畫的描述適用於大西洋兩岸：「我所知道的所有公共住宅區公共空間和電梯都浸泡了太多的尿，所以氣味無法消掉。任何可以打碎的東西都被打碎了。」[98]

雖然福利國協助提高了低收入者生活的物質標準，創造福利國的社會願景也破壞了行為標準和道德價值。例如，在紐約，早期的住宅計畫篩選申請人，過濾掉有「酗酒、工作不固定、單親媽媽和沒有家具」紀錄的人。[99]簡單的說，它是批判和排他性的，這與一九六〇年代開始興起的新社會願景視為禁忌相反。例如，紐約市住宅局「一九六八年在來自聯邦政府和社會正義運動份子強大壓力下放寬它篩選的標準」。[100]

在文字的世界，「社會正義」已冒出頭，達到遠超過紐約、甚至美國以外的地方。但在真實世界，有許多和「社會正義」倡議者想像的截然不同的後果發生——而且這些後果延伸到遠超過公共住宅計畫的範圍，公共住宅計畫只是社會退化變得令人怵目驚心的許多地方之一。不管意圖多麼良善，這種願景的實際後果卻充滿毒害，特別是對那些原本應該成為它的主要受益者的人。

過去的年代絕非完全美好，它們有許多問題，但至少共同的品格標準仍被普遍接受。

除了美國社會病態減少的趨勢逆轉外，其他過去存在的社會病態也變本加厲地增加，包括父親不詳的小孩和都市暴動。在一九六〇年，美國所有黑人小孩有三分之二與父母一起居住，但這個比率此後逐年降低，到一九九五年只有三分之一與父母同住；五二%與母親住在一起、四%與父親同住，而有一一%完全不與父母住在一起。[106]在貧窮的黑人家庭，八五%的小孩沒有父親在身邊。[107]

雖然白人家庭的小孩只與單親同住的比率在一九六〇年比黑人小孩低，但一九六〇年代未婚出生的白人小孩大幅增加，達到之前數十年的好幾倍。到二〇〇八年，近三〇%的白人小孩是未婚媽媽生產的。在二十一世紀頭十年，受教育少於十二年的白人女性中，有六〇%未婚生子。[108]這些社會模式不僅常見於美國，在一些西方社會也很尋常。例如，一項英國的研究指出：「婚外生產的情況在一九〇〇到一九六〇年代初期，大約佔所有生產的四%或五%，現在它們達到四〇%。」[109]未婚媽媽生小孩比率超過四〇%的國家包括法國、瑞典、挪威、丹麥和冰島。[110]

這些並非單純只是現代化的後果。現代化的亞洲國家，如日本和南韓，並未屈從西方國家的社會願景，不管是在家庭或教育機構方面。其淨結果是，這些亞洲國家單親媽媽生的小孩比率遠低於西方國家的比率。在極端的例子中，在冰島單親媽媽生產的小孩比率是三個中就有兩個，而在南韓則是六十六個中只有一個。[111]在教育方面，來自這些現代化亞洲國家的學生在國際

｜側記｜兩次大停電的故事

在美國，除了有許多統計數字衡量新社會願景在一九六〇年代開始散布後社會退化和墮落的情況外，兩次大停電：一次在一九六五年、另一次在一九七七年，更以戲劇化的方式呈現這種退化和墮落。

一九六五年十一月九日約下午五時三十分，大規模停電讓紐約州大部分地方陷入黑暗，好幾個小時後電力供應才恢復。雖然紐約市經歷漫長的黑夜，那天晚上的犯罪率卻比平常低。有許多故事描述素不相識的人面對共同的不便，卻表現得像朋友或鄰居一樣。一些人「自願充當警察指揮交通」；一些有手電筒或蠟燭的人引導「彼此看不清楚卻牽著彼此的手」的人群，離開黑暗的辦公室建築。[101]

媒體上有許多這種合作、甚至充滿歡樂際遇的報導，後來還有一部電影描述這件事。[102]

十多年後的一九七七年七月，另一場大停電襲擊東北部，紐約市再度徹夜陷入黑暗，但這一次到處都傳出劫掠和縱火事件。當哈林區的燈光熄滅後，「幾分鐘內，黑夜就被火光照亮，人行道上打劫者開始活躍，音樂聲被尖銳的警笛和玻璃粉碎聲取代。搶劫持續到黎明，沒有節制，也沒有羞恥。」

類似情況發生在紐約市的其他部分，幾百名警察受傷，監獄人滿為患，以致於停用的舊監獄必須重新啟用，以容納過多被逮捕的人。紐約市長稱它為「恐怖之夜」。[103] 逮捕的人數是一九六五年大停電期間的好幾倍。據《紐約時報》報導：「一九六五年的好撒馬利亞人（good Smaritans）在上週三晚上不省人事。」[104] 其他報紙也評論這次大停電和上次大停電慘痛的鮮明對照。[105] 顯然其中出現了普遍的社會退化和墮落。

測試中的分數，持續高於大多數西方國家的學生。[112]

後一九六〇年代的現代西方國家不僅落後許多現代亞洲國家，而且在許多方面還落後自己在一九六〇年代以前的水準。美國的城市暴動在早期只零星發生，但到一九六〇年代，從東岸到西岸群眾暴動的浪潮高漲。教育水準和美國學校的成績在一九六〇年代展開長達十年的下滑，不管是考試成績、教授對入學新生的評價、學生自己報告花在課業的時間，或僱主抱怨僱用的年輕人缺少基本技能，都呈現每況愈下。[113]擁護流行社會願景的人認為教育成功的因素，即投入更多教育經費，特別是為黑人執行種族整合，證明只有些微效果或沒有效果。

人類歷來很少經歷完全不利或完全有利的趨勢，也許美國一九六〇年代最常被提到的有利成就，是民權法律和政策目標終結了南方的種族歧視法律和政策，尤其是一九六四年的民權法案和一九六五年的選舉法案。雖然這通常被歸功於政治左派的社會願景，不過實際上共和黨國會議員投票支持這些里程碑法案的比率高於民主黨國會議員，[114]但是不符合流行願景的事實往往被大多數媒體和學界忽略。

不管民權法案和政策對保障基本法律權利有多重要，它們並非黑人經濟上升的原因。黑人的貧窮在一九六〇年前的二十年間減少的幅度，遠超過之後二十年。[115]先不管官方定義的貧窮數字的改變，用固定的貧窮水準定義購買力實質所得來看，美國黑人在一九四〇和一九五〇年代生活在貧窮線以下的比率持續下降，到了一九六〇年代初期下降的速度開始減緩，然後在一九七〇年代十年間停止下降。[116]

一九六〇年代美國黑人的經濟進步大多數是之前數十年趨勢的延續，進步的速率通常未增反減。

與美國黑人持續經濟進步相對照的是一九六〇年代開始呈現的社會退化，其形式是傳遍全國各地的大規模城市暴動。許多同類的社會退化在二十世紀下半葉發生在英國的低收入白人間。[117]大西洋兩岸發生的社會退化大多數可追溯到流行社會願景的核心教義，亦即不平等的結果是因為不利於弱勢者的對待。這種先入為主變成一種不滿心態、情緒和行動的來源——包括許多情況下所謂的「去文明化」行為。[118]

儘管新社會願景以及從願景產生的法律和政策只能帶來好壞參半的結果，一九六〇年代的印象卻不斷被媒體、政治人物和學者宣揚，尤其是那些參與社會運動的人士。暢銷書作者斯蒂爾（Shelby Steele）曾表達對一九六〇年代的懷疑，他訪問那個年代一位參與推動社會願景運動的美國高階官員得到的反應頗具代表性：

「你看，」他激動地說：「只有——我是說真的只有——政府可以解決那種貧窮，那種根深柢固的貧窮。我不管你怎麼說，如果這是一個文明國家，政府就會繼續努力這麼做。」[119]

斯蒂爾嘗試把焦點放在事實上，談到一九六〇年代的各種政府計畫實際的結果，但引來激烈的反應：

「該死！我們救了這個國家！」他幾乎咆哮著說：「這個國家差一點就要毀掉，到處都發生暴動。你現在可以在這裡大放馬後炮，但兄弟，我們當時必須挽救這個國家。」[120]

從一九六〇年代詹森政府的一名高層官員如此相信與可證的事實完全相反的事情，就可以看出願景的力量。

他宣稱只有政府計畫能有效地解決嚴重的貧窮，但這與黑人貧窮率從一九四〇年的八七%降至一九六〇年四七%[121]的事實不符，而且那是在詹森政府一九六〇年代開始大幅擴張福利制度之前。在詹森政府開始實施「反貧窮戰爭」計畫後，黑人貧窮比率降低的速度反而大幅減緩。

至於貧民區的暴動，一九四〇和一九五〇年代發生的次數和暴力的程度，都比一九六〇年代少和輕微，雖然一九六〇年代是福利國背後的社會願景在政治、教育機構和媒體勝出的時候。一九八〇年代社會願景遭排斥的雷根政府八年期間，暴動的次數和暴力程度也不像一九六〇年代那般多和嚴重。

此處牽涉的不只是一個人從可證的事實做不正確的推論。這是一個遠為普遍的例子，顯示社會願景不僅有能力生存，而且能違抗經驗證據並繁榮興盛——大多數經驗證據從未透過媒體向一般大眾揭露，因為媒體也相信那些社會願景。

主流社會願景變得如此普遍，它的觀念已成為反對這個願景的一些保守派和自由派的思維——或至少自覺——的一部分。如此普遍的跡象之一，以及它代表的社會假想的巨大改變是，回顧二十世紀初，即便是許多社會主義者和信仰宗教者仍然深信「不勞動者不得食」的古老教訓。但到了二十一世紀初，一些保守派和自由派都已開始支持政府應該自動提供每個人某種程度的基本生活所需。[122]

沒有人應該挨餓或沒有居所的概念，在一個遠比過去富裕的社會裡可能很慷慨，然而，無可逃避的問題是，這會帶來什麼人的後果。我們不必靠純粹的揣測來解答這個問題，因為現代福利國已往這個方向邁進很久，因此截至目前有關人的後果已有許多紀錄可以探究。

不管風行的社會願景想創造的社會是否以扮演家庭在養育和保護成員上的角色為目標，實際上它做的是以單方面和無條件的福利國補貼，來取代家庭成員間相互的義務，而獲得這種福利國補貼是一種法律權利——免除接受者回報的責任，甚至是遵守共同品格標準的責任。

我們可能想像，免除人們必須不斷提供自己和仰賴者食物、住所和其他生活必需品的負擔和壓力，會減輕他們很多焦慮，並讓他們更安心追求其他興趣。但實際經驗證明，在生活中被免除個人責任和目標的人最理想的情況，也只是過著陰鬱的日子。[123]

許多福利國的受益者尋求以毒品、性、暴力和其他放縱的行為，來填補空虛，或者為一時的不滿而加入暴民的動亂。生活的保障不但未能帶來安全和滿足的放鬆感，反而製造了一種對社會的不平感，因為社會讓他們失去生活目標，生命沒有意義，相對於其他人能追求有意義的成就，享受明顯較高的生活水準，而非社會隨便施捨給他們的基本必需品——而所有這一切發生在不斷強調刺激不滿的比較，以及有人比其他人更富有是罪大惡極的氛圍中。

在社會願景蔚為流行中，生產力不是唯一淡出背景的概念。隨著「權利」滋長擴大，創造出一種對別人生產的東西的權利感，反之責任感則逐漸萎縮。一項針對英國和美國書籍中「責任」這個詞出現頻率的電腦研究顯示，它出現的頻率已減少到較早年代頻率的三分之一。[124]羞恥是另一個似乎消失的概念，反映在不知羞恥的行為大幅增加，甚至在某些場所被稱許為「解放」。

在福利國及其伴隨的社會願景勝出的年代人類行為的普遍改變，包括在一個法國公共住宅區裡驚恐的民眾目睹許多汽車遭人「縱火取樂」[125]；英國和美國驚恐的學生和老師變成年輕暴徒瘋狂殺害的目標[126]；紐西蘭靠福利金生活的單親媽媽說：「如果我不生另一個嬰兒，我就得回去工作。」[127]美國公共住宅計畫的一名婦女聽到另一名婦女在自己的公寓裡遭到殘忍的輪暴時說：「所以一位女士被強暴了，沒什麼大不了。這裡有太多其他犯罪正在進行。」[128]我們已經提到數世紀以來持續下降的各國謀殺率，突然在一九六〇年代扭轉趨勢並再度激增，達到上一世紀未曾見過的水準。[129]

以片面的補貼自我放縱取代互惠式的社會義務聽起來前途不樂觀，即使是理論也難站得住腳。從已經發生的社會退化來看，以風行的社會願景作為我們繼續朝這個方向前進的誘因，似乎很難令人感到鼓舞。

事實、假設和目標

Chapter 7

事實就是事實，而且它們必然會有後果。那麼，為什麼我們要欺騙自己？

——溫斯頓．邱吉爾（Winston Churchill）

許多人可能預期經濟和社會差異的討論最後會得出「解決方案」，通常是政府可以創造、制度化、以公帑支付人員和經費的東西。

此處的目標完全不同。急於為管理別人的生活而描繪藍圖的人從來就不缺，但任何「解決方案」不管在特定的時刻和特定情況下多麼有效，都會隨著時間和條件改變而陳舊過時。

我們希望這裡的討論可以持續更久，可以同時適用於與經濟和社會差異有關的舊問題，以及隨著時間過去必然會再發生的相同的新問題。由於預測有其限制，此處的重點是尋求提供足夠的釐清，以供我們明智地決斷那些宣傳自己的觀念或促進自身利益者的主張和反對意見。

我們從許多這個時代的經濟、社會和科技差異的調查，以及過去許多世紀以來其他時代和地方的種種差異之中，可以得到什麼結論？我們已藉由各種方式看到多重的先決條件可以製造出偏態分布的結果，與正常的鐘形曲線無分軒輊，不管是發生在人類的努力或龍捲風、閃電等大自然現象。

否認一個特定因素可能被假設為結果不平等的先驗原因，並不等於否認達成這些結果的機會實際上在世界各地的社會、和在人類有歷史的數千年來整體是不平等的事實。從某個意義看，人生是一場接力賽跑，我們每個人在我們無法控制的時間和地方接到棒子。我們的父母、我們出生的順序、我們的國家和周遭的文化已經先於我們而決定。一些成就的先決條件在日後可能受到個人選擇或社會政策的影響，但在大多數例子裡影響並非百分之百，更遑論影響所有例子。沒有人、也沒有人的體制有足夠的知識或足夠的力量來造成這種影響。更重要的是，我們完全無法控制過去——而且，正如前人已經說過：「我們不活在過去，但過去活在我們之中。」[1]

平等：意義和展望

差異的批評者往往明示或暗示地要求某種平等或接近平等的狀態，但當我們談到人類的「平等」時，我們的意思是什麼？我們當然無法都像帕華洛帝（Pavarotti）那樣唱歌、像愛因斯坦那樣思考，或像沙林博格（Sullenberger）那樣把一架商用班機安全迫降在哈德遜河上。顯然我們無法平等地具有做具體事情的能力。在真實生活中的特定能力上，一個人甚至在人生不同階段的能力也不相同——有時候不同日子也不同——更不用說所有人在各自人生不同的階段了。

即使我們在出生時，或在受孕時都有相等的潛力，但影響我們發展出具備相同能力的因素太多了，而且即便在相同家庭裡，每個人受到的影響也大不相同。如果我們無法具備平等的能力，那麼我們只能以其他方式來定義平等。這些方式可能包括報酬的平等，雖然嘗試打破生產力和報酬的連結在許多時代和地方有不良的紀錄。[2]對人們的功勞提供報酬是另一個可能性，雖然各種定義方式都有陷阱。

「功績」對「生產力」

經濟和其他差異的許多爭議，集中在人們獲得的東西是否反映他們的功績，也就是從道德的觀點看，根據人們從各自有什麼特定可能性而選擇做的事，他們值得多少獎賞。但我們不知道也無法知道他們在道德上值得什麼獎賞，因為我們無法「設身處地」經歷他們的過程。我們可以猜測、推論或想像，但這還不足夠激起政府明確的強制行動。

即使我們接受獎賞道德功績比較好，這也引發我們有沒有能力評估道德功績的更根本問題。例如，一些大學招生人員似乎假設他們可以根據應試者如何利用過去可得的教育機會來評估應試者，而非根據應試者與他人比較的教育成就紀錄來評估他們。但這把大學招生程序轉變成一個評估過去功績的嘗試，而非評估未來的生產力。

一般來說，判斷功績似乎遠比判斷生產力更超出我們的能力所及。在經濟上，我們個人較可能有能力判斷某個人提供的產品或服務值得其價格。如果我們知道和了解有無數因素會影響特定個人的人生，就知道根據我們可以稱許或怪罪個人的道德價值來判斷功績似乎超越人類知識的範圍。但當我們被迫決定是否要花錢——也就是放棄錢的其他用途——以便購買一些產品或服務時，我們就不得不專注在可證明的事實，而不因誇大的文字或炫目的影像而分心。

雖然生產力遠比道德功績更容易評估，但社經差異的討論往往完全看不到生產力，尤其是在那些宣傳所謂「社會正義」的人的討論更是如此。典型的例子之一是一篇《紐約時報》的長篇大論一開始就說：「沃爾瑪的員工薪資中位數是一萬九千一百七十七美元，他必須工作超過一千多年才能賺到該公司執行長董明倫（Doug McMillon）二〇一七年的年薪二千二百二十萬美元。」[3]在這篇文章中，生產力因為它的缺席而特別凸顯。

這篇《紐約時報》的文章並非採用一種全新的報導方法，而是遵循長期以來的傳統。正如著名的劇作家兼費邊主義者蕭伯納（George Bernard Shaw）在二十世紀初所說：

> 一個女人工作一小時賺一先令和另一個女人賺三千先令的差別沒有道德意義：那就只是發生、而不應該發生的一件事。一個孩子有一張有趣臉孔和漂亮長相，和有一些表演的才能，她可能藉由拍電影賺的錢，是她母親在一般行業做苦工賺錢的一百倍。[4]

此處的生產力並非不存在，而是隱晦地不被認定是所得的原因。這位童星所賺的錢是母親的許多倍，支付她錢的人顯然重視她扮演的電影角色遠超過其他人重視她母親工作的價值。簡而言之，她是因為生產力而賺錢——根據支付錢給她的人的判斷，而這個人賺的錢則來自為數眾多的其他人，他們因為喜歡觀賞她在電影裡的角色而支付那些錢。這並非「只是發生」，而且第三方的觀察者沒有理由說這種自願性的交易是「不應該發生的一件事」——他的個人意見不應該推翻其他人選擇花自己的錢或時間的權利。

這裡所談的是預先否認別人的決定，即使它是以更動聽的文字「社會正義」為名。像《紐約時報》這種「社會正義」聖戰士的激憤所選擇的目標可以用來做說明。有無數專業的運動員和藝人賺取沃爾瑪執行長薪資好幾倍的錢，[5]但沒有人問在棒球場工作的一般員工得工作幾千年，才能賺到球隊的明星球員一年賺到的錢；沒有人問在好萊塢片場做雜役的人必須工作幾千年，才能賺到一位電影明星從一部賣座電影賺到的錢。

為什麼企業界的薪酬差異引發激烈的義憤，而運動業和娛樂業更懸殊的薪酬差異卻獲得人們的默許？一個可能的解釋是，企業主和經理人扮演的角色有一些可能被政治決策者所取代，而這些政治決策者反過來可以實施那些自認較聰明或較有道德而足以凌駕他人偏好的政策。但職業運動員和藝人扮演的角色顯然無法被政治人物或官僚取代，因此沒有理由嘗試詆毀運動界或娛樂界薪酬極高的人，或激起反對他們的眾怒。

不管是什麼情況，根本的問題是，人應該根據他們生產什麼而被支付薪酬，或者只是根據他們的存在？但生產力在大部分所得差異的文獻裡是一個經常被忽視的因素。此外，這個問題幾乎從未被提起：一個低階員工要工作幾千年才能製造出像比爾．蓋茲的電腦作業系統所創造的那麼多財富——蓋茲的作業系統可以讓世界各地的數十億人操作極度複雜的機制，若沒有這種中介的系統，將只有極少數擁有高度技術的人有能力操作此等機制。

在許多、甚至大多數討論所得和財富差異的文獻中，所得和財富的製造被輕易略過，就好像那是自然發生的事，即使它在世界不同地方和在不同經濟體系下發生的程度截然不同。假如微軟作業系統在世界各地創造的財富只要有一小部分是由蓋茲本人獲得，就足以累積成一筆極為巨大的財富。

與流行的理論相反，這些財富並不是蓋茲「攫取」、「搶走」或「聚斂」的「世界所得」

的一部分，它們是世界各地數十億人自願支付金錢以購買包含蓋茲作業系統——微軟視窗——的電腦，而且他們各自判斷獲得的效益值得自己所支付的價格。它們是附加價值的一部分，而且人們選擇花自己的錢以取得它。

這並不否認其他人可能生來就具有類似蓋茲的潛力，但他們不具備蓋茲曾經擁有的相同先決條件組合。與道德功績密不可分的問題之一是，幸運的現實是社經結果的因素之一，其中最初始的幸運牽涉到出生於一組優於其他人的環境。然而，雖然運氣超乎我們掌控，我們仍可藉由檢視幸運的組成來學習。作為獨子或第一胎出生孩子的幸運可以讓我們發現，父母注意所有孩子早期發展極其重要，促使我們更注意所有不分出生順序的孩子。檢視其他幸運或不幸運的影響，也可提供應該採用哪些種類的行為或政策的線索。

如果我們可以相當程度地判斷哪些先決條件可以發展特殊的個人潛力成為偉大的成就，就可以在許多方面造福整體社會，不管是科技成就，或者發現重大疾病的治療或預防方法。但我們的教育體系往往被導引到相反的方向，激烈反對為展現卓越超群的個人提供不同水平和類型的教育。

在許多例子裡，教育者把較高的能力說成「特權」。透過文字的魔力，加上假「社會正義」之名，這些教育者反對學校提供可以造福整體社會的特殊個人能力發展教育，因為那會擴大教育差異和伴隨而來的經濟差異。許多抱持這種社會觀的人似乎把社會看成一種零和遊戲，有利於其中一個部分必然讓其他部分付出代價；不僅如此，他們往往也忽視、排斥或妖魔化看待問題的其他方法。

對不受封閉的主流社會觀限制的其他人來說，把具有較高能力者的生產潛力最大化將可造福許多人。人們花錢享受這種能力的意願，能讓擁有這種能力的人透過自願性的交易賺取更高所得——不同於沒收已經存在的財富，或接受第三方代理決策者假「社會正義」之名設計的分配。

代理決策的眾多危險之一是，這類決策者無法像數百萬人那樣了解這些人自身的情況，這些人的看法可能不同於代理決策者的看法。此外，代理決策者往往不必為錯誤付出代價，不管錯得多離譜，或他們預先排除他人的決定造成多麼嚴重的後果。既然所有人都會犯錯，面對個人決定後果的愧疚效應勢必擴散成大災難。

語言

忽略或漠視生產力會帶來許多後果，因為生產力的來源也就是差異的來源，像語言這麼根本的東西也包含在其中。語言的重要性不僅是個人溝通的工具，知識本身——從最世俗的到最複雜和寶貴的知識——就是生產力的核心，而不同的語言在不同的時代和地方都儲存了不同數量的龐大知識。只有口語版、但沒有書寫版語言的民族，被迫依賴能力很有限且很不可靠的記憶。

在歷史上，西方大多數高階知識有一度是以拉丁文儲存，即羅馬人賴以長期統治和創造大部分西方文明的語言。不管你上法國或英國的大學，你會被教導拉丁文，因為知識以拉丁文儲存，即使是在羅馬帝國已傾覆很久的年代同樣如此。不管你出生時有多大的心智潛力，如果你不懂拉丁文，就無法獲得那些知識。

數世紀以後，許多過去以拉丁文記錄的知識被翻譯成歐洲的方言。但這需要花很多時間和高昂的成本，而且不是所有國家都有夠多的人口和充裕的財富，足以承擔以它們自己的語言來接收知識的成本。如果你是一個哈布斯堡王朝的捷克小孩，在一八四八年以前，你在小學以後的教育不會是以自己的語言來教學；[6]如果你想進大學，那要更久以後自己的語言才會在大學的教育中被採用。當時東歐的大部分人必須學習德文才能獲得大學教育，而數百萬辛勤工作的一般人既沒有閒、也沒有錢來學習德文。

在這種情況下，機會平等是無法想像的事。在不同時代的世界各地，有許多語言尚未發展出書寫形式。同樣在歐洲大陸內，西歐發展書寫形式的語言比東歐早，因此東歐語言花了數百年時間，才在書寫材料的範圍和多樣性趕上西歐語言。這與遺傳、歧視或功績無關，而純粹只是真實的人生。而與其他人生的事實一樣，它意味機會和結果的差異。

在這種背景下，語言在不同的時代和地方導致社會差異的極化，一點也不令人驚訝[7]，甚至在波希米亞[8]、加拿大[9]和印度[10]引發暴力和恐怖主義，在斯里蘭卡[11]更造成內戰。這些例子並非有關語言素質的爭議，而是有關使用不同語言為人們帶來的社經後果。

當代美國對西班牙裔小孩是否應以英語教學，或者在低收入貧民區發現的某些「黑人英語」

是否應該在學校中使用的爭議，同樣牽涉到採用某些政策是否會造成哪些社經結果。此處的問題與語言或方言的素質無關，素質的問題可以由語言學家來判斷。這個問題是關於小孩的未來會受到他們的語言，以及他們汲取周遭社會的語言所儲存知識的影響。

舉例來說，語言學家麥胡特（John McWhorter）極力為在學校使用「黑人英語」教導貧民區年輕人辯護，[12]但到哪裡去找以「黑人英語」寫作的數學、科學、工程、醫學和無數其他主題的書籍？對西班牙裔年輕人來說，可以找到以西班牙文寫作的這些主題書籍，但不太可能在美國的公立學校中找到它們。即使找得到，西班牙裔年輕人從它們獲得的知識可以輕易與周遭不說西班牙語的美國人溝通嗎？在這兩個例子裡，重點在於住在說英語國家的年輕人可以獲得的共同文化範圍。

在群體認同政治的時代，不同群體的發言人、活動份子或「領袖」，可能只關心語言的文化認同表徵，但文化存在的目的在於為人服務。人存在的目的不是為了保存文化，或為了「領袖」的利益而保存一群與社會隔絕的選民。為什麼要在今日的美國為少數族群的小孩製造或延續文化障礙？要知道，相較於過去的年代，在許多其他國家的少數族群孩子只有較少的選擇，要克服這種障礙有多困難。

在語言被視為生產工具而非社會象徵的地方，人們採取大不相同的政策。一家日本跨國公司規定，英語將是該企業唯一使用的語言，不管公司的分支設在世界的任何地點都是如此。[13]換句話說，他們承認英語是國際商務的通用語，就像英語也是國際航空駕駛員與世界各地機場溝通的語言。他們的決定並非基於英語或日語的素質或其象徵價值，而是根據在世界各地做生意的經濟效益這個不爭的事實。

新加坡的亞洲人口佔絕大多數，他們在家說的語言為華語、馬來語等語言，但所有新加坡的學童都必須學英語，其他科目的教學也都以英語進行。[14]新加坡作為國際大港所需的生產力和商務活力，仰賴它與貨運經過其港口的許多國家的溝通，而以英語作為通用語是達成此一目的的關鍵。

在這類例子中，語言的選擇是根據人民福祉的務實考量，而非象徵或意識形態的問題。儘管許多知識份子在文字的世界中可能被這類問題吸引，但象徵主義在窮人承擔不起的現實世界中是一種奢侈品。

重新考量差異

我們已經投入許多關注在探究為什麼有些人和群體，在追求成就的路上跑得比較遠或比較快，但較少人注意的是，為什麼其他人一開始都沒有跑在那條路上的問題。

能力無疑的在成就上扮演重要角色，但同樣屬於頂層一%智商的男性間呈現的重大結果差異顯示，能力也許是必要條件，但還不足夠。在特曼教授具有里程碑意義的調查中，兩位未能達到智商一百四十分標準的男性後來卻贏得諾貝爾物理學獎，這表示其他因素勢必發揮了重大影響，因為達到智商一百四十分標準的數千名男性沒有一位贏得諾貝爾獎。[15]

在我們斷言誰在某項努力失敗或成功之前，我們必須先知道誰確實嘗試在這項努力上獲得成功。沒有努力嘗試的人不太可能成功，不管他們多有潛力，也不管他們有多好的機會。

例如，當所有孩子都被法律強迫入學時，我們沒有理由相信他們全部都有接受教育的意願。當大西洋兩岸有許多學童不但自己不努力學習，而且還破壞教室，騷擾、威脅和攻擊其他嘗試學習的學童時，也許該是我們停止把所有教育缺失歸因於外部因素，或者認為唯一重要的內部因素是基因潛力的時候了。

教育只是許多犯了「預先假設結果平等的可能性違背證據與邏輯」的無敵謬誤的例子之一。在國家內部以及國家與國家間，不同族群的重大人口特性差異——年齡中位數相差十年、甚至二十年或更長——讓期待族群或國家出現平等結果似乎很不切實際，而且在這種期待落空時，可能引發普遍的憤怒。

任何對社會群體、國家或種族的嚴肅實證檢驗，都發現各自的環境有很大的差異。高度隔絕導致部分種族落後其他種族數百年、甚至上千年，例如加那利群島的高加索人在中世紀期間生活於石器時代的水準[16]，或澳洲原住民在十八世紀時仍過著狩獵—採集的生活。[17]不管是對種族、國家或其他社會群體來說，進步和平等一樣，不是自動會發生的事。我們不能宣稱好事會自動發生，壞事則是別人的過錯。

不識字導致人群隔絕於世界各地數千年來累積的知識、技術和見解。識字、甚至獲得更高等的教育後，也並非所有識字和獲得高等教育的人都能同蒙其利。在過去幾百年來，猶太人向來有「書本的民族」之稱；但對世界各地大多數民族來說，在那幾百年間文盲大部分時候仍然很普遍，高等教育是例外而非通則，即使到二十世紀仍是如此。

在某些地方的大多數人已經識字且教育延長到大學程度後，那些在家族中最早識字或接受好教育的人所處的地位，仍然不同於來自識字和教育已普及數世代——且在家族中很尋常——的人。在這些世代或數百年間，知識的興趣、知識的習慣和知識的標準與傳統可能發展出來。例如，猶太男孩在達到象徵從童年跨入成年世界的成人禮年齡時，必須面對一項知識任務。

在兩次世界大戰中間的東歐，家族中第一個接受教育的年輕人並沒有這類為他們準備跨入較高教育世界的傳統。不意外的是，這一些學生缺少猶太學生的知識背景，而猶太學生卻是他們在大學的競爭者，且來自這些族群的學生往往藉由反猶太人運動出名。[18]

在二十世紀許多較晚開發的國家，不管是在歐洲、亞洲或非洲，高等教育對許多人來說是全新的經驗，那些學生的文化背景沒有提供知識經驗、傳統或準則作為指引，他們傾向於研讀較軟性、表面上較吸引人的「社會科學」或人文學科，而非硬科學、工程、醫學或其他在真實世界有實際用途的困難學科。

當馬來西亞總理馬哈迪（Mahathir bin Mohamad）抱怨以優惠條件進入大學的馬來人學生不顧學業、只關心政治時[19]，他實際上是在呼應兩次世界大戰間羅馬尼亞大學說的，他們「人數激增，學業相當落後，對政治過度狂熱」。[20]大多數羅馬尼亞人在二十世紀初是文盲，當年輕一代接受高等教育的人數激增，羅馬尼亞學生往往選擇學習較軟性的科目，例如只有一％學習醫學。[21]第二次世界大戰後獨立的一些第三世界國家也有類似模式，例如斯里蘭卡[22]和非洲國家奈及利亞及塞內加爾。[23]

為什麼我們應該對看到今日的美國社會中來自經濟和教育落後族群的大學生也有類似模式感到驚訝？或者對這類事情在政治正確的一元學術文化中、或者在大多數媒體中很少被討論感到驚訝？

所有這些都只搔到阻礙平等結果的因素的表層。刻意且偏袒地壓抑其他人的機會只是平等結果的各種其他阻礙之一，但那些冒犯我們道德感的東西，不會自動成為比無關道德的因素——例如人口特性、地理或語言差異——更重的原因。在特定的時代和地方，為特定的差異判斷特定的原因，需要嚴謹的檢驗和分析，而不是天花亂墜的辯論和武斷的假設。

杜波依斯（W.E.B. Du Bois）是第一個在哈佛大學獲得博士學位的黑人，他提出一個假設性的問題：如果白人在一夕間失去他們的種族偏見會是什麼情況？他說大多數黑人的經濟情況將不會有所改變。雖然種族歧視結束的結果是「有少數人會獲得升遷，有少數人會有新職位」，但「大多數人仍會停留在原來的地方」，直到較年輕的世代開始「更勤奮」，和整個種族「失去無所不在的失敗藉口：偏見」。[24]

不管杜波依斯的結論是否有理，不管是就當時來說或更普遍的情況，他的重點是白人種族歧視——他一輩子堅決對抗——不必然是種族的結果差異的主要原因。

我們在第二章已看到，即使是明確且公然宣告的種族歧視，如種族隔離時期的南非，它的實際效應仍可能深受歧視者在不同的體制環境下必須支付歧視成本的影響。類似的因素及其影響也適用於對其他族群的偏見，不管是以性別、宗教或其他歧異來定義的族群。

如果不公義和迫害是影響結果的最重要因素，那麼猶太人將是今日世界最貧窮、受教育最少的民族。很少其他族群可以追溯受迫害的年代到像猶太人那般悠久、甚至只及一半久。無疑的猶太人的生活經常籠罩在驅之不散的敵意中，阻礙了他們的進步，讓許多猶太人毫無必要地生活在貧困中。在不同的時代和地方，這種敵意也讓他們變成致命暴力的目標。但今日猶太人絕非最貧窮或受教育最少的民族卻是不爭的事實。

也很少別的民族像猶太人那樣，在世界各國扮演類似的經濟角色——並且面對類似的敵意，不時遭到赤裸的暴民暴力，以及／或者政府的大規模驅逐。其他扮演類似經濟角色並面對類似敵意的族群包括海外華人，有時候也被稱作「東南亞猶太人」、帕西人（Parsees）被形容為「印度猶太人」，以及被稱為「西非猶太人」的黎巴嫩人。

對成功的族群施加的暴力，往往超過對被鄙視為「劣等」落後族群施加的暴力。在越南一年內遭暴民殺害的華僑人數，就超過美國歷史紀錄的黑人遭私刑殺害的人數。[25]奧圖曼帝國內四處劫掠的暴民一年內殺害的亞美尼亞人也超過這個數字，[26]猶太人在歷史上許多時代和地方任何一年遭殺害的人數也遠多於此[27]，這還沒有把納粹屠殺的數百萬人計算在內。

在鴻溝和差異引起眾多人反感的時代，我們有必要指出，此處做這些比較的目的不在於讚揚、怪罪或評級不同的族群，而是嘗試釐清一些因果關係，並應用所有人可能從中得到的洞識。

至少，我們可以學習到，不斷把結果的差異描述成惡毒行為的證據或證明、必須反擊或報復，這對整體社會有多危險。與一般人的看法剛好相反，社經結果的差異從理論上來看既非不可能，從實證上來看也非不尋常。從這一點可以推論，把討論可能被視為不好的個人行為或落後族群的社會文化當作禁忌，是會有反效果的。既然所有人都會犯錯，這於有歷史記載以來的數千年在世界各地已證明無數次，任何族群被豁免於批評之外並非蒙福，而是災禍。

在這個背景下，呼籲學校為落後族群的年輕學生降低成績標準或行為準則，可能只會讓這些族群教育出更多擁有「幾乎」所有成功先決條件的人。讓落後族群的年輕人不必要地失敗，只因為培育他們的第三方決定不要求他們準時或說標準英語，或學習他們的背景沒有教導他們的其他素質，這不僅是個人的不幸，也是社會悲劇。最令人感到痛苦挫折的事情之一是，做到成功所必需的九〇％，但最後卻功虧一簣，所有的努力和犧牲都徒勞無功。[28]

如何避免這種不必要的失敗？直率地說，要專注於事實多過於假設或想像。第三方的生活環境如果與他們教育、諮詢或推行計畫的落後族群成員迥異，他們在剛開始時不了解情況可能會被原諒，但多年來累積的大量證據顯示，落後族群成功、而且表現傑出超群的特定情況，幾乎沒有例外是不為他們降低標準，而讓無情的競爭適用於所有人的結果。

美國的低收入和落後族群，不管是十九世紀的愛爾蘭裔，或二十世紀的黑人和西班牙裔，往往最先崛起於運動界和娛樂界，而且成就耀眼。[29]這兩個領域的競爭都最為激烈，任何巨星的表現只要稍微遜色，就會立即遭到無情的淘汰。

教育機構的情況也是如此，清一色黑人的華盛頓特區丹巴高中，在從一八七〇到一九五五年的八十五年傑出學業成功中，始終設定嚴格的標準要求學業成績，以及準時和社會禮儀等行為規範。[30]這所學校要求的學業功課量也超過大多數公立高中。一些丹巴學生的家長甚至向教育局抗議學校要求做大量的家庭作業。[31]

今日，在高度成功的特許學校，如知識即力量計畫和成功學術，標語的制訂也很嚴格：較長的上課日、較長的學年、嚴格的學業要求和不容忍破壞行為，特別是經常被其他公立學校忽略或縱容的惡劣行為。

這些嚴格要求獲得的回報在教育方面極其顯著，一如在運動界或娛樂界。正如第三章中已經提到的，丹巴高中的黑人畢業生在一百年前就進入一些美國最菁英的大學，並以榮譽生資格畢業，後來更成為許多領域中達成各種職業成就的首批黑人。今日許多特許學校裡的低所得黑人和其他少數族群學生的成就也一樣可圈可點。

例如，在二〇一六至二〇一七學年，紐約市進入成功學術連鎖特許學校的學生有一萬四千名。在二〇一七年的全州測驗中，紐約州一般公立學校學區通過英語語言藝術（ＥＬＡ）測驗的學生比率最高為八一％，但在成功學術學校，通過ＥＬＡ測驗的學生比率為八四％。在數學科，紐約州得分最高的一般公立學校學區有八五％學生通過測驗，但成功學術特許學校的學生有九五％通過測驗。

在正常情況下，這是成功學術特許學校的一項卓越紀錄。然而實際的情況顯示這是極為傑出的表現，包括這些學校絕大多數學生是低所得黑人和西班牙裔，且學生是靠抽籤入學而非憑藉能力，只要比較這些學生在一般公立學校的表現多差就能知道。

在紐約州通過數學和英語測驗學生比率最高的一般公立學校學區，這些通過測驗的學生有六五%是亞裔，有二九%是白人。事實上，該州通過全州數學和英語測驗學生比率最高的五個一般公立學校學區，白人和亞裔占多數的比率介於八六%到九四%不等。黑人和西班牙裔學生加起來，在五個測驗成績最好的一般公立學校學區所佔的學生比率都不到一〇%。

對照之下，在學生通過這些測驗的比率還更高的成功學術特許學校，八六%的學生是黑人或西班牙裔，只有六%學生是白人、三%學生是亞裔。紐約州五個得分最高的一般公立學校學區的學生平均家庭所得，大約是成功學術特許學校學生平均家庭所得的四倍到九倍。[32]

有多少觀察家——不管是屬於哪個種族、階級或政治傾向——可以誠實地說他們預期會有這種結果？對篤信遺傳或環境的人來說，這種結果即使不是完全矛盾，至少是艱難的挑戰。一些人說會阻礙學業表現的基因，以及另一些人說會扼殺少數族群學童教育發展的貧窮，都沒有變成像跨越意識形態頻譜的許多人所相信的那種無法克服的障礙。

儘管如此，教育只是信仰、議論和政策經常不遵循實證而迎合主流願景的領域之一。主流願意宣稱激進的學校「整合」是教育平等的先決條件，因為用首席大法官華倫的話來說，分隔學校（separate schools）「本質上是不平等的」，從一種手段變成為一種目的，再變成了目的本身。因此，特許學校遭到許多少數族群「領袖」反對，包括全美有色人種促進協會主張禁止特許學校。[33]

雖然這些反應可能令人感到驚訝，但丹巴高中在它學業表現全盛的時代，確實面對許多黑人社會的類似敵意。[34]在世界各地的許多背景中，作為一種抽象哲學的平等主義，往往意味憎惡作為一種社會現實的成功。更廣泛地看，各式各樣的傑出成就——不管是教育、經濟或其他成就——在歷史上許多時期的許多國家都曾刺激敵對的反應。

我們早就應該計算無盡的辯論和交相指控所浪費的成本——尤其是因為大多數這些成本，包括法律與秩序崩潰的高社會成本是由無助的人民所承擔，而非這類辯論和交相指控表現上所稱的為他們謀福利。

文化

社會願景和社會政策的影響不管是好是壞，並非是全體社會一致的。不同的族群具有不同的文化，雖然面對相同的客觀環境，卻可能以大不相同的方式反應。

雖然亞裔美國人與其他美國人享有相同的社會福利，亞裔美國人的文化和教育表現提供他們遠比靠福利過日子更好的選項。同樣的，靠福利過生活對一些過著世界最高生活水準和遵循最高誠實標準的斯堪地那維亞人的吸引力*，可能比不上對一些英國或美國低收入族群成員的吸引力。斯堪地那維亞國家經常被用作避免一些嚴重問題的福利國的例子，因此仔細檢視斯堪地那維亞國家可能有助於我們的了解，尤其是現在這些國家的情況已開始演變出愈來愈像其他福利國。

斯堪地那維亞國家

在斯堪地那維亞國家大部分歷史中，它們有文化同質性特別高的人口，因而得以避免美國和英國等福利國難以避免的許多內部衝突。高同質性的人口提供較少職涯機會給極化的種族「領袖」和倡議份子，讓他們難以利用目前的結果差異來鼓吹歷史悲情。

例如，在一九四〇年的瑞典，只有一%的瑞典人口是在瑞典以外的地方出生，而且到一九七〇年時這個比率只上升到七%。此外，在那個年代，遷居到瑞典的移民主要來自西歐國家，通常受過良好教育，而且他們的勞動參與率比本土瑞典人高，失業率比本土瑞典人低。[35]遲至一九七〇年，九〇%外國出生的瑞典人是出生在歐洲，包括六〇%來自「北歐」國家。換句話說，來自文化類似瑞典的國家。

這種情況在二十世紀末和二十一世紀初已完全改觀。到了二〇〇七年，移民已佔瑞典人口的一二%；此外，不只是移民的人數增加，重要的移民來源國家和文化淵源也已經改變。中東的動盪不安使愈來愈多這個地區的人民以難民的身分遷移到瑞典、丹麥和挪威。截至二〇一二年，這三個斯堪地那維亞國家中，來自伊拉克的移民已超過任何其他國家。[36]由於斯堪地那維亞國家的人口很少，如瑞典所有人口只有約一千萬人，人數相對不多的中東難民已對瑞典社會造成重大影響。

此外，這代表與瑞典過去的歷史的重大偏離，也與過去遷往瑞典的移民有巨大的分野。遷往瑞典的移民來源改變，反映在瑞典福利國內部的行為模式改變。政府提供給移民的「社會協助」計畫使用率大幅增加。在一九七六年之前，以歐洲人為主的移民只有六・二%使用這些「社會協助」計畫，相較於一九九六到一九九九年期間有四〇・五%的移民使用，而後者主要是來自巴爾幹半島和中東的難民。

主要的差別不在於時代，而是在人。即使到了一九九九年，只有六・八%來自北歐國家的移民接受政府的「社會協助」，這個比率與本土出生的瑞典人有四・七%沒有多大差別；但四四・三%來自中東的移民接受這種福利國的救濟。[37]

主流的福利國願景不批判的面向促使瑞典接受移民的進入，根據的是這些人是尋求庇護者的情況，而非根據移民流入對既有瑞典人口及其社會價值的影響。例如，瑞典難民政策接納的人中有超過一半沒有受過高中教育。[38]

＊參考 Eric Felten,"Finders Keepers?"Reader's Digest, April 2001, pp. 102-107;"So Whom Can You Trust?" *The Economist* , June 22, 1996, p. 51; "Scandinavians Prove Their Honesty in European Lost-Wallet Experiment,"Deseret News, June 20, 1996; Michael Booth, *The Almost Nearly Perfect People:Behind the Myth of the Scandinavian Utcpia* (New York: Picador, 2014), p. 40。

影響的結果之一是移民的失業率升高到本土瑞典人的二倍多。此外，「在居住於瑞典十年後，只有半數的尋求庇護者有工作」。[39]現在瑞典的人口有一六%是移民，他們佔長期失業者的五一%，同時佔瑞典福利接受者的五七%。[40]

在挪威，根據該國許多福利國法律的規定，支持一個難民的成本高達十二萬五千美元，足夠在約旦支持好幾個敘利亞難民。[41]在丹麥，本土丹麥人的勞動參與率為七六%，但來自非西方國家移民的勞動參與率卻低於五〇%，其中來自索馬利亞的移民低至一四%。[42]

在斯堪地那維亞國家內部的人種和文化同質性隨著近幾十年來移民湧入而改變之際，尤其是來自非西方國家的移民，一些和英國及美國的移民發生的相同社會問題，也開始出現在斯堪地那維亞國家。

在瑞典，來自中東的移民顯示出很少與瑞典文化同化的跡象，並且有很多跡象顯示他們把自身的文化移植到瑞典：

> 有許多故事流傳於穆斯林移民晚近才安頓下來的歐洲其他地方，說學生騷擾猶太裔老師，和毀損有關猶太人主題的教科書。這些地方的犯罪率普遍較高。[43]

一些中東族群不時傳出發生「名譽殺人」（honor killings）事件，通常是「女孩因為穿短裙或與瑞典男人約會而遭到她們的兄弟或父親處死」。[44]瑞典監獄裡外國人的比率是外國人佔瑞典人口比率的五倍。[45]涉及較嚴重犯罪如謀殺、強暴和重大毒品交易的監獄囚犯，有約一半是外國出生的移民。[46]

在斯堪地那維亞國家這類模式的意義之一是，福利國是一項影響因素，而非一個宿命。用另一種說法，福利國與既有人口中的不同文化相互作用，製造出不同的社經結果，不管是在國家內或在國家間。但在這裡就和其他背景一樣，無敵謬誤往往壓倒最確鑿的事實，因此大不相同的人被以相同的方式對待。

移民問題

不加區別地攻擊整體的移民，或不加區別地為整體的移民辯護都沒有意義，因為沒有所謂的整體的移民。來自不同國家和文化的移民有大不相同的行為模式，例如在教育、就業和犯罪上。

工於言辭可能模糊了這個差別，製造出聽起來很堂皇的籠統概念，例如把每個人當成個人，或宣稱所有文化在某個虛幻和無法實證的意義上都一樣好或價值相等。在這種文字的世界裡，許多爭議是根據主張和反主張，而非根據像教育程度、福利國扶養比、汽車事故率，或來自特定國家或文化的特定族群的犯罪率。滔滔雄辯、願景和口號，往往取代了這類基本資訊。

特定的移民族群已對許多社會帶來巨大的貢獻，不管是在拉丁美洲、東南亞或美國。移民在阿根廷、巴西和其他南美國家創造了整個工業[47]，在馬來西亞、泰國和其他東南亞國家也是如此。[48]甚至在先進經濟體如英國和美國，許多工業在移民創造它們前完全不存在。英國的製錶業是由來自法國的雨格諾新教徒難民所創立[49]，而美洲殖民地的第一架鋼琴是由德國移民打造的。[50]

諷刺的是，在一些移民為當地帶進最迫切需要技術的國家，移民反而最遭到憎惡、甚至仇恨。他們在特定工業一枝獨秀的表現招來指控，指稱他們「接管」那些工業，即使那些工業在移民創造它們之前並不存在。這種情況不只發生在國家，在地方社區也是如此。最仰賴外人供應當地最缺少的經濟技術的地方社區，往往對供應這類技術和服務——並因此大發利市——的人最充滿怨恨。

例如，在一九九二年洛杉磯的貧民區暴動，超過二千家韓國人開的商店遭縱火和劫掠，造成價值三億五千萬美元的損害[51]。雖然韓國與那場暴動的原因無關，或與黑人遭到的奴役或其他不幸無關。主流的社會願景怪罪「社會」的差異導致個人和族群變成目標，不管那些個人或族群是否與落後族群的問題有關係。這種情況在美國並不奇怪。在法國用刀子攻擊中國移民的北非移民說，原因是中國人「穿漂亮的衣服」和「開大汽車」。[52]

儘管來自不同國家和文化的不同移民族群間有很大的差異，有關這類差異的經驗證據很少成為公共移民政策辯論的一部分。根據事實討論這類問題的嘗試被認為沒有道德上的價值。對於是否必須維護曾經創造比其他文化還更輝煌的榮景、秩序和自由的國內文化，這種想法往往被貶斥為恐慌症或種族歧視。那就好像討論移民問題唯一具有道德正當性的方法是採用主流的社會願景，依據看起來是無敵謬誤的假設，假設不同的民族和文化發展出來的能力是相同的。

程序目標相對於結果目標

具有不同世界觀的人可能不僅有不同的目標，也有不同類型的目標。某些類型的目標是程序目標（process goals），例如「自由市場」或「一個法治而非人治的政府」；其他目標是結果目標（outcome goals），例如消除個人或族群間的社經「鴻溝」或「差異」。此外，不同類型的機構可能較適合達成這些不同類型的目標。

即使那些尋求宣揚某些程序目標的人也承認，終究最重要的是結果。但關鍵的問題是：對誰重要？在一個自由市場，每一個個人交易者決定特定交易者想要哪些特定的結果，代價是多少，以及是以金錢或勞務和犧牲來支出。尋求維持市場程序的體制性結構，把個人在市場的決定交給在這個程序的架構內彼此直接交易的特定個人。

對照之下，那些尋求讓矽谷僱用更多女性或讓更多少數族群學生進入長春藤聯盟大學的人，是直接追求由第三方選擇、加諸於其他人的特定結果目標。不管那些特定目標支持或反對什麼，支持和反對的權力並未留給那些直接受影響的人來考量，而是由宣稱擁有或取得更高知識、悲憫心或其他理由的第三方代理決策者。*

*類似的原則適用於國際間。第一次世界大戰期間由威爾遜（Woodrow Wilson）宣布的「民族自決」原則事實上從來就不是自決，那些民族的命運是由美國總統威爾遜、法國總理克里蒙梭（Georges Clemenceau）和英國首相喬治（David Lloyd George）所決定的。換句話說，是由戰勝國決定。在愛爾蘭的愛爾蘭人，或在新創立的國家捷克斯洛伐克的德國人，當然沒有想過他們可以決定自己生活在何種主權下。

對照之下，那些宣揚程序目標的人尋求由直接承擔自身決定的利益與成本的個人，來做累加的權衡利弊。那些宣揚結果目標的人尋求由第三方選擇創造的明確優先項目，並由政府強制加諸於直接承擔利益與成本的人身上。

那些尋求建立優先項目以消除差距的人，未必會說必須「不計一切成本」或「採取一切必要手段」來達成目標。但至少這些成本和利益的考量不是交給直接承擔成本和利益的人來做。更重要的是，遙遠的代理人對成本的知識，絕對比不上直接承擔這些成本的人——不只是金錢成本，也包括人的成本。

那些代理決策者為了用由政府規劃和控制的新房子取代社區而拆除整個鄰區，他們不僅摧毀實體結構，也摧毀了賦予社區生命活力的無形而寶貴的人際關係網。它不僅包括有親戚關係的家庭住在相同社區的鄰近地方，也包括認識多年的特定鄰居、朋友、企業和專業人士之間的關係和聯結。

當所有這些人隨著鄰區的拆毀而流離失散時，他們被迫各自遷移到他們可能找到的任何地方，儘管他們與那些地方毫無關係。對失去長期顧客的企業和專業人士來說，這種成本可以用金錢來衡量，但不能量化的成本對付出人的成本的人來說可能一樣重要，雖然第三方代理人可能輕易忽略這種成本的存在。

如果政府必須支付人民房地產的價格來補償他們自願離開鄰居，所有那些隱藏的成本將包含進這個價格裡。但藉由援引強制的國家徵用權，這些隱藏的成本將無法像在自由市場那樣估算出來。即使政府以目前的市價支付它徵用的所有房地產，補償也顯然不夠，因為目前的擁有者已經知道可得的價格，而且他們顯然沒有選擇出售。

類似的，那些希望更多女性在矽谷工作的人，無法知道考慮在矽谷工作的女性會考量哪些無可避免的成本。對有小孩必須照顧的女性，以及知道下班後安排「品質時間」無法補償在孩子需要陪伴時缺席的女性來說，這些成本可能特別高，不管其他人聽那些天花亂墜的議論時感覺有多好。

身為媽媽或考慮成為媽媽的女性也知道，為了養育子女的職責而中斷她們的職涯幾年——在像矽谷這種科技變遷快速的地方可能讓她們重返工作時落後一大截——長期來看可能不是很理想的職涯發展。在自由競爭的勞動市場，考慮到所有這些情況的女性所要求的薪酬，可能遠超過企業認為支付任何人擔任特定職務的金錢。

除了計算人的成本固有的問題，像是只有承擔該成本的人才知道，以及反映在自願性的市場交易被第三方代理決策者的強制所取代，還有更根本的「為什麼促進經濟或其他進步的嘗試必須採用消除族群差距的形式？」的問題。如果每個人的收入、教育和預期壽命在某一段時間增加為兩倍是不是不會有什麼影響，即使那必然會拉大差距？

當不同的個人和族群並不想要相同的東西，或對消除差距沒有同樣的優先順序或急迫感時，為什麼應該把消除差距列為目標？如果亞裔美國人加入職業籃球界的興趣不像美國黑人那麼高，為什麼亞裔美國人在職業籃球界「比例過低」是必須縮小的「差距」？為什麼女性在西洋棋俱樂部，或男性在護理界的「比例過低」是應該縮小的差距？避免偏袒的決策程序武斷地關閉機會是可以理解的目標，製造一個樣板來配合一個願景的偏見，則是大不相同的另一件事。

形容市場是不帶個人感情的冷酷機構，並把自己的觀念描繪為人道和悲憫的人，說的正好相反。只有在人們自己做經濟的決定，考量對他們重要的成本，知道自己的情況時，這些知識才變成他們選擇利弊交換的一部分，不管他們是消費者或製造者都一樣。

宣揚程序目標和宣揚結果目標的人主要的不同，似乎反映在他們認為知識是什麼的差異，以及有關的知識集中在少數人或分散在眾多人上。這些知識包括成本的知識。不管代理決策者知道多少與社會結果有關的資訊，任何決策者都只可能知道一小部分為整體社會做出最佳決定所需知道的事，這對做結果目標的決定會是一個比做程序目標決定更嚴重的問題。

約翰．彌爾早在十九世紀就看到這個問題，他說：「即使一個政府擁有比國內任何個人更好的情報和知識，也一定比不上全國所有個人擁有的情報和知識。」[53] 換句話說，彌爾看到做複雜的社會利弊交換所需要的重要知識與了解，龐大到不是任何個人或少數一群個人所能知道或了解的。

程序目標讓納入那些知識的決定，可以透過為數龐大的人之間進行的無數複雜交易，聚積遠為重要和高度具體的知識，勝過任何代理決策或一小群代理決策者所能擁有的知識。

因此，只有牽涉其中的個人才知道的無數具體知識，透過連結無數交易者的複雜市場交易，被動員在做決定上——大多數交易者與其他交易者並不直接接觸，但所有這些因素影響透過價格連結市場每個角落的無數交易。「整體來看，『市場』比最聰明的市場參與者還聰明。」《華爾街日報》編輯巴特萊（Robert L. Bartley）曾這麼說。

對認為重要知識集中在一群受過高深教育、擁有高智商者的人來說，為整個社會決定一個特定的結果目標可能較為可行，相較於認為大量重要知識分散在大多數人、且每個人只擁有小片段知識的人，看法可能相反。任何個人或任何少數代理決策者似乎不可能把所有因素納入考慮，但透過眾多個人——各自擁有所需考慮因素的知識，且都被迫達成相容的妥協——在市場交易中做的決定，是由所有利害相關者運用可得的所有知識來影響經濟結果。

二十世紀的中央計畫經濟經驗在還未嘗試前似乎大有可為，但最後不是被縮小規模就是放棄，即使是世界各地的社會主義和共產主義政府，都決定讓更多經濟決定交給市場程序來達成。在許多國家，包括受到矚目的印度和中國，允許更自由的市場決定刺激了更高的經濟成長率，並大幅降低了貧窮率。[54]

如果相關的知識像主流社會願景假設的那麼集中，這就是一個不同凡響——近乎不可能——的結果。為什麼拿走擁有最齊全的知識和大量的資料，並且擁有政府的力量為後盾的專家做重大經濟決定的權力，把重大經濟決定交給數百萬缺少這種資歷的一般人民，並在未受控制的市場互相競爭，反而可以刺激更高的經濟成長率？而且這種結果已出現在印度和中國以外的許多國家。[55]

這些大不相同類型的目標在許多方面彼此衝突，牽涉多樣的問題。例如，最低工資法讓窮人生活變好或變壞的爭議，只有在由第三方代理人設定優先順序的情況下才有意義。在二十世紀初的進步時代（Progressive era），接受最低工資法會造成低技術工人失業假設的進步主義者，並未因此停止推動最低工資法，因為進步主義者實際上歡迎這種結果，尤其是失業的低技術勞工大多不是白人。[56]這種結果符合他們在那個時代所追求的樣板。

如果低薪資工作的成本和效益由低技術和無經驗勞工本身來衡量，創制最低工資法從一開始就不會有爭議。類似的情況發生在其他由第三方規定結果的政策，這些政策不追求由在程序的架構中親身經驗效益和成本的人，透過個別的利弊交換來達成系統性結果的程序。

既然整體來說人都會犯錯，回饋的角色——有因果關係的回饋，有別於純粹的資訊——在任何類型的決策程序可能極其重要。來自程序目標的回饋，對直接承擔自己決定的成本與效益的人來說是無法避免的，而直接受影響者的不利經驗可能被第三方代理人所忽略、合理化或模糊化，因為第三方代理不願對其他人、甚至不願意對自己承認他們的決定讓事態更惡化。

簡而言之，具體的結果目標意味第三方預先免除其他人做有關自己生活的決定。令人驚訝的是，這種預先免除很少根據清楚表達的理由。在歷史早期，國王神授的權利就是代理人做決定的正當理由，決定的事情涵蓋從工作到宗教。合理化的責任往往落在想為自己的生活做決定的個人，他們的這種渴望被視為免除第三方監督的特別要求。正如哲學家內格爾（Thomas Nagel）描述這種爭論說，一個人的社經利益並非全部來自這個人的個人功勞，而這意味目前這些利益的分配並沒有「道德神聖性」。[57]

換句話說，由於沒有個人得獨力為這種個人利益負責，因此政治人物、官僚和法官——也就是政府，羅爾斯所說的能「安排」事情的「社會」——必須先佔有決定權和重分配利益，且是以假設更道德的方法。但這種先佔有並不必證明政府更有道德或更有效率。「你沒有建立前提」[58]證明政府接管的合理性，這個不符邏輯的推論，與「在沒有偏頗的對待下，人往往會有類似結果」這個無敵謬誤，是很搭的夥伴。

去掉這個無敵謬誤和反邏輯的推論，流行的社會願景將失去許多、甚至大多數基礎。「社會正義」或「共同利益」這些名詞可能源自流行的願景，但決定什麼是「共同利益」的人卻不是一般人。這個決定是留給第三方代理人。路易十四說「朕即國家」；今日的所得重分配說「社會正義」或「共同利益」。但基本上它們在決策上說的是同一件事，即第三方強制先佔有個人的選擇。

這種假設較開明的政策的假設受益者，甚至沒有辦法選擇他們準備放棄多少自由以交換政府政策的假設利益。相反的，這種利弊交換本身被重新定義的文字掩飾，讓政府政策假設的利益被描繪成一種「新自由」，藉以趕走考量是否接受政府所承諾利益的自由。

令人驚訝的不只是代理人先佔有其他人決定自己生活的權利——藉由把證明的責任推給不希望決定權被先佔有的人——而且代理人的特權沒有時間限制或廢除條款，不管明示或暗示如此。

例如，承認種族「平權措施」沒有效益的人，卻基於貧窮或其他社經標準而贊成平權措施。[59]儘管這個政策已造成數十年的種族衝突、極化和持續的怨恨——表面上的受益者和怨恨享受優惠的表面受益者的人[60]——但政策的策劃人在追求繼續執行他們的先佔權時仍然不遺餘力。他們大膽主張的目標與他們對有關資料的鎮壓[61]，以及箝制和妖魔化不同意見者而不回應辯論，恰成鮮明對照。

「社會正義」

假借「社會正義」之名說的話有一大部分暗示三個假設：（一）不同族群在沒有受到其他人箝制的偏頗對待下將會同樣成功的無敵謬誤；（二）不同結果的原因可能取決於顯示不平等結果的統計數字；以及（三）如果比較幸運的人不完全是因為他們自己的幸運，那麼政府——政治人物、官僚和法官——將可藉由干預來製造更有效率或更有道德的結果。

當我們檢視真實世界的事實，我們反覆發現偏態分布的結果，不管是在人之間或大自然的現象；但當我們檢視社會願景或政治目標時，我們發現平等的結果是流行的假設，以及在假設未達成時政府政策強制的標準。如果一些社會類別的人在特定職業、機構或所得級距的比例不平等，那就被認為有人犯了錯，導致假設的結果平等遭遇阻礙。這是許多主張和行動背後的無敵謬誤。

舉證責任呈現一種根本的不對稱性，不管偏態分布結果的經驗證據有多少被提出來反對無敵謬誤，另一方都沒有責任舉證各個社會群體在任何努力的比例都相同。在哪個國家，或在哪一種努力，或在人類歷史幾千年來的哪個國家，曾經有過各國族群在任何人民可以自由競爭的活動中比例是相同的？我們可以閱讀大量議論說，統計的差異暗示偏頗的待遇，但卻找不到一個社會群體在任何努力、在任何國家或在任何歷史時期有平等分布的實證例子。

大多數有關財富重分配的「社會正義」理論同樣缺少的是，這種重分配能全面、長期地做到什麼程度的問題。當然在過去許多時代和地方的許多例子裡，有金錢或其他實體財富被政府沒收或遭到暴民劫掠。但實體財富是人力資本——知識、技術、才能和存在人腦袋內的其他素質——的產物，而人力資本是無法沒收的。

為了重分配的目的而沒收實體財富，是沒收某種會隨著時間耗盡、且不靠創造它的人力資本無法替代的東西。人力資本也無法輕易由第三方決策者來創造。雖然僱用教師和購買書籍可以辦到，但卻不可能購買一個文化的過去，用來準備和帶領所有人民追求人力資本所不可或缺的技術、習慣和心態。

在過去許多世紀，許多國家曾沒收由高生產力人民的人力資本所創造的實體財富。當被沒收的實體財富是外國投資人所擁有時，這個程序往往被稱為「國有化」，並被稱許為對抗外國「剝削」的愛國勝利。當被沒收的實體財富屬於有生產力的國內族群時，類似的合理化也被使用，經常導致許多人逃離國家，不管是逃避激動的暴民或是政府的不利行動——有時候包括大規模驅逐。

不管是何種情況，其淨結果往往是這些人顛沛流離，淪為逃到其他國家的窮困難民。另一方面，他們母國的後果往往包括有人力資本的人民離開造成經濟下滑。具體的例子包括烏干達的亞裔居民在一九七〇年代遭驅逐使該國經濟陷於崩潰，以及許多這些亞洲難民逃到英國後推升經濟成長。[62]共產黨在二十世紀中葉接管古巴後，逃離該國的難民抵達美國時窮困潦倒，靠做低階的低薪工作度日。但多年之後，古巴人在美國經營的企業總營收超越古巴全國的總收入。[63]

這個主題的變形可以在許多時代和地方發現，它們包括猶太人在十五世紀末被驅離西班牙，被迫拋棄他們的實體財富，但他們在荷蘭再度富裕起來，並對荷蘭的經濟做出許多貢獻。[64]雨格諾新教徒難民在十六和十七世紀逃離法國，並造就瑞士成為世界首屈一指的手錶製造國。[65]捷克斯洛伐克的蘇台德區（Sudetenland）絕大多數德國人在第二次世界大戰後遭到驅逐，讓這個地區的經濟在數十年後的今日仍然備受打擊。[66]類似或更嚴重的破壞也發生在二十世紀末辛巴威驅逐白人農民之後。[67]

不管羅爾斯（John Rawls）和其他「社會正義」提倡者的說法在文字的世界多有說服力，在現實世界中可證的事實引發一個關鍵的問題，即所得或財富的重分配是否可能以全面和可長可久的方式辦到。就單純的想看到較不幸的人能過較好的生活這個人道理想來說，「社會正義」的理論既顯得多餘，而且對結合那些不認同其隱含社會願景假設的勢力以達成理想而言，也是一項阻礙。

人生從來就不「公平」這個不可否認的事實，就可能享有同等的經濟富裕或其他利益來說，已導致許多人認定人的偏見是主因。毫無疑問的，人的偏見是人生不平等的原因之一，但在沒有實證支持下說人的偏見是人生不平等唯一或主要的原因，完全不合邏輯。

當智商同樣屬於頂尖一%者的結果呈現大幅差異，當同一個家庭的兄弟姊妹呈現大幅差異，以及遭到歧視的少數族群在經濟上比歧視他們的人成功，正如在奧圖曼帝國、許多東南亞國家和東歐許多地方的例子，堅持認為人的偏見是結果差異的主要原因顯然忽略了眾多相反的證據。

這不是說我們對提供更多人更多機會無能為力。已經做的事有許多，能做且將做的事也還很多。但如何做才能有所助益或者反而造成傷害，取決於我們多了解和如何因應真實的世界，而不是遵循一些看似漂亮的願景。

儘管人力資本無法沒收和重分配，諷刺的是，人力資本是少數可以散布給其他人卻不會使擁有人力資本者減少這項資本的東西之一。但實現這種情況的最大障礙之一是「社會正義」願景，因為在此等願景中的根本問題是較不幸者不是缺乏人力資本，而是得面對其他人的惡意。對一些人來說，放棄這種願景將意味放棄一齣自命為聖戰士對抗邪惡勢力的道德通俗劇。有多少人準備放棄它——連同它精神的、政治的和其他報償——是一個大哉問。

過去和未來

回顧數世紀的人類歷史，有許多令人感動和許多令人驚嚇的事。至於未來，我們唯一可以確定的是它終將到來，不管我們有沒有做好準備。

也許過去最令人激勵的是有無數原本落後時代的民族，經過一段時間的努力後，終於趕上其他民族，躍進到人類成就的前鋒。這些民族包括英國人，他們在古代世界是不識字的部落民族，而同時代的古希臘人和羅馬人則是奠立西方文明知識和物質基礎的民族。然而超過一千年後，領導世界展開工業革命的卻是英國人。

在不同的時代和地方，原本比歐洲進步的中國和伊斯蘭世界逐漸落後，日本在十九世紀中葉從貧窮和落後崛起，到二十世紀更達到經濟和技術成就的前端。猶太人在現代初期的科學與技術興起中並未扮演重要角色，在二十世紀卻產生比例高得出奇的諾貝爾獎得主科學家。

在過去令人驚駭的事情中，我們很難判斷哪一件事最糟，因為從世界各地可以挑選的這類事例多得不勝枚舉。在人類已有幾千年文明後，並且在世界上最進步的社會之一，會發生像猶太人大屠殺這種事幾乎令人無法理解，因為那是道德的徹底墮落，也證明人類可能多麼沉淪。它是個痛苦的警醒，讓我們不要忘記文明只是「火山之上的一層薄殼」。

如果長期存在和普世一致可以作為標準，那麼所有人類體制中最令人驚駭的莫過於奴隸制度了，因為它存在於數千年來每一個有人居住的大陸，有人類歷史以來就有。奴隸制度的範圍在今日往往受到大幅低估，有關奴隸制度的討論幾乎只局限於一個種族奴役另一個種族，但事實上奴隸制度存在於幾乎每個部分人能夠奴役其他人的時候——包括許多、甚至大多數情況下是同一種族的人奴役自己人。[63]這在歐洲和亞洲是事實，正如它也發生在非洲，或在哥倫布的船

| 側記 | 奴隸制度的範圍和持續時期

許多人可能不知道，奴隸制度在世界大多數地方被廢除後的第一個世紀是二十世紀，而奴隸制度的遺緒仍殘留到二十一世紀。[70] 一位知名的美國經濟學家曾說，奴隸制度是美國建國時的「原罪」。[71] 然而奴隸制度在一七七六年時並不是新鮮事。

當亞當・斯密寫說西歐是世界上唯一奴隸制度被完全廢除的地方時[72]，當然那不包括西歐人在西半球擁有奴隸。承認奴隸制度幾乎是所有人類的詛咒，與為了符合流行願景和目標而描繪它局限於狹小的地區是截然不同的兩回事。

出現於天際線前的西半球。

儘管今日奴隸制度普遍受到譴責，痛苦的事實是它的體制在十八世紀之前幾乎未曾遭挑戰，雖然虐待奴隸或奴役特定族群確實遭到挑戰。但奴隸體制本身被當作人生的事實般接受——另一個令人不安的對人性的省思——甚至在主要的哲學家和宗教領袖間。歐洲的基督教修道院和亞洲的佛教僧院都有奴隸。[69]

一直到十八世紀才有嚴肅的運動興起，提倡廢除整個奴隸體制——在當時，那是一個只發生在西方文明、且初期只在少數人間的發展。反奴隸制度的觀點在十九世紀大體上仍局限於西方社會，而且奴隸制度在所有西方國家廢除後，奴隸仍持續在奧圖曼帝國和其他地方被買賣。

在歐洲人引進向奴役其他非洲人的非洲人購買的第一批非洲奴隸到西方世界前，歐洲人已奴役其他歐洲人數世紀之久。歐洲人被非歐洲人奴役也不是前所未聞，其中一個例子是被海盜帶進北非洲海岸的歐洲奴隸。這些歐洲奴隸的數量遠超過被帶進美國和美國立國前美洲殖民地的非洲奴隸。[73]

其他海盜在地中海和亞得里亞海的歐洲沿岸大規模的俘擄奴隸，因此沿岸民族在這些地方建立無數瞭望塔，以便在海盜船靠近前可以發出警告並逃離。光在西西里島就有超過一百座這種瞭望塔。[74]

奴隸制度的討論局限在白人奴役黑人，只是目前的目標扭曲我們認識過去的許多方法之一，並使我們喪失過去的知識能提供的寶貴教訓。至少，奴隸制度的歷史應該是一個可怕的警惕，提醒我們要反對任何人擁有不受節制的力量以凌駕他人，不管是用何種動聽的論調來美化那種不受節制的力量皆是如此。

直到二十世紀——奴隸制度幾乎在全世界被消滅後的第一個世紀——新形式的人類奴役興起，極權獨裁統治體制的建立集體地在這個世紀的承平時期殺害了數千萬人，並使許多倖存的人過著悲慘的生活。

最後一個結束奴隸制度的西方國家（巴西）在一八八八年廢除它，而第一個極權獨裁體制一九一七年在俄羅斯崛起。一種極端殘暴壓迫人類的形式結束，到另一種形式興起的間隔還不到一世代。但這些反人性的獨裁統治往往建基在激動人心的雄辯和崇高的願景，並獲得世界各國主要知識分子的共鳴。我們需要借鏡歷史最明顯的例子莫過於：「永恆的警覺是自由的代價。」

正如埃德蒙・伯克（Edmund Burke）在超過兩個世紀前說：「歷史為我們展示大量的教導，過去的錯誤和人類的弱點是我們汲取未來智慧的素材。」但是他警告，過去也可能是「求生存，或復興、異議和仇恨」的一種手段。[75]

但今日被假借「社會正義」之名教導的歷史通常是著重在第二個意義*，並且使用的是同樣的聳動言詞和誇大願景的有毒混合，帶來二十世紀極權獨裁統治的浩劫悲劇。

領土收復主義導致國家為本身沒有多少價值的土地而屠殺彼此的人民，只因為那些土地曾在遙遠得不復記憶的年代屬於不同的政治管轄，在這類事件不斷上演後，我們能指望灌輸從早已死去的人所犯的歷史錯誤滋長出來的社會收復主義理念會帶來什麼？

這類錯誤在每個時代和世界每個地方比比皆是，其被施加於幾乎每個種族、信仰和膚色的人，也由各種族、信仰和膚色者加諸於他人。但是如果今日社會的新生兒誕生到世界時，就繼承了對同一個社會、同一天誕生的嬰兒預先包裝好的怨恨，那麼我們對社會還能有什麼指望？

我們今日無法做任何事來消除過去的許多罪惡和災難，但至少可以從過去中學習，不再重

* 任何懷疑這一點的人可以讀 Howard Zinn 的《美國人民的歷史》（*A People's History of the United States*），並回想它是在美國最被廣泛使用的教科書之一，截至二〇一五年在北美銷售逾二百五十萬本。Howard Zinn, A People's History of the United States (New York: Harper Perennial, 2015), p. xviii。

蹈許多始於好高騖遠的錯誤。這些聽起來似乎都言之成理，但卻經常被忘記。今日的德國人不管做什麼都無法減輕希特勒過去犯的駭人罪惡；今日美國為過去的奴隸制度道歉也沒有什麼意義，對今日的黑人或白人也不會有什麼好處。A為了B所做的事道歉意義何在？對同一個世代的人是如此，更不用說是對已經天人永隔的人了。

我們唯一對時代有任何影響力的是對現在和未來——現在和過去都可能因為嘗試為發生在死者身上的事（你已無力協助或懲罰或報復的人），而象徵性地補償生者而變得更糟。這些限制可能很惱人，卻無法改變它們超乎我們控制的事實。事實上，假裝擁有實際並不擁有的力量，將冒在今日創造不必要的罪惡、卻宣稱正解決過去罪惡的危險。

任何對今日周遭世界的嚴肅思考必定會告訴我們，維繫同一時代的人之間的禮節是一大挑戰，更不用說是包括在國際間和國家內的和平與和諧。承認我們對死去的人已無能為力，並非放棄讓世界變更好的努力，而是要把我們的努力集中在至少有可能為生者帶來更好生活的事物之上。

感謝詞

在晚近的人類歷史中，任何人可以寫出任何嚴肅主題的書都是站在巨人的肩膀上，不管是當今或是遙遠過往中的巨人。即使像這樣一本小書——雖然它試著處理一個大問題——也要歸功於許多其他人的努力，多到不可勝數。除了註解中引述的許多著作外，還有許多文章和其他真知灼見的來源，提供了各個時代累積的歷史、地理和經濟知識背景。如果沒有它們，將沒有那些研究和分析來作為我「交叉檢驗事實」——正如偉大的經濟學家馬歇爾所定義的經濟分析目標——的基礎。

在一個許多教育者主張學生不需要學習更多事實的時代，我們特別需要強調背景知識的重要性。因為無論是在參考書籍或網路上，都可以根據需求來查找事實；但如果沒有歷史、科學和經濟學這些基本的背景知識，學生將沒有基礎可以知道究竟哪些事實與身邊的問題有關、需要進一步深究。

最根本的莫過於事件發生的背景情況，包括人類從史前世界走過漫漫長路來到截然不同的今日世界所經歷的各個時代、地方與情境。我對特定民族在各種地理環境的經濟和文化演進的興趣，可以追溯到數十年前，但我發現兩位學者對這個主題的不朽論述，對事實增添了特別的新面向，遠超過教導人們成為地理學家的教科書中所發現的技術事實。

最古老和最廣泛的這類具有里程碑意義的書籍是愛倫・珊波（Ellen Churchill Semple）寫的《地理環境的影響》（*Influences of Geographic Environment*）。這本書花了很多的篇幅討論世界許多島嶼民族的經濟和社會模式，以及各類山地、海岸和其他環境民族的不同模式。讀過它廣泛但詳盡內容的人將很難相信，大自然對所有民族提供了平等的機會。讀過這本在一九一一年撰寫的書的人，並不會接受當時很盛行的地理決定論——也是珊波教授拒斥的理論。[1]她主張、並詳盡記述的是特定地理和社會模式的存在，「不管種族或時代」皆然。[2]書名中使用「Influences」是恰如其分的選擇。[3]

另一本較局限於地理、由諾曼・彭茲（N.J.G. Pounds）教授集結重要書冊而成的系列書使用較一般性的書名《歐洲地理的歷史》（*An Historical Geography of Europe*），該系列的每本書涵蓋不同時代特定文明的發展，同一個文明包括許多不同的地理組合和歷史情況。它是一則經濟史，也是一則地理史。當彭茲教授指出「歐洲的經濟成長是高度地方化的現象」[4]，以及化石燃料「明顯地在南歐很匱乏」[5]，限制了工業革命在該地區發生的可能性，這些事實也都和今日「若無偏頗對待或遺傳缺陷，所有人都會有平等結果」的隱含假設成鮮明對照。

除了為了解歷史事件發生提供重要背景外，這兩本以全世界為範圍和專注於世界特定區域——不管是西歐、東南亞或拉丁美洲——的地理學術研究，只是今日我們學校和大學亟需的背景教育的一部分。從地理或社會環境固有局限的觀點，以及從不可能改變過去的觀點來看，許多社會「問題」和它們的「解決方法」看起來將完全不同。

畢生奉獻於對人類情況的一個面向做古典研究的老派學者寫作的內容，有一些歷久彌新、甚至能帶來救贖的東西，因此讓研究它們的學者能得到一些嚴肅的背景知識和了解，有助於處理後來世代的特定問題。太多當代的寫作似乎從目前流行的結論出發，並回顧過去以尋求支持那些結論的證據。

在協助形成《偽歧視》特定分析架構背景與發展的重要觀念和寫作中，蓋瑞．貝克（Gary Becker）討論歧視的經濟學對經濟學家來說一定很熟悉，雖然他的洞見和啟發尚未成為當前經濟差異討論和爭議的一部分。許多這類討論和爭議若缺少貝克教授在五十多年前未被當時大多數人了解的洞識，將仍然一籌莫展，仍然迷失在語言和願景的世界。

除了事實的探究外，社會學家費澤爾始於二十世紀上半葉研究芝加哥和紐約貧民區的開創性研究，是清晰、深入和誠實討論種族問題的模範，也是後來有關此一主題的寫作所罕見的。

在這類學術研究的其他例子中，清晰、深入和誠實可以從史蒂芬．特恩斯特倫（Stephan Thernstrom）與愛碧該．特恩斯特倫（Abigail Thernstrom）的寫作中找到，尤其是他們具里程碑意義的研究《黑色的美國、白色的美國》（*America in Black and White*），是我們在它寫成後二十多年的今日仍有許多可以學習、而且必須學習的。他們的研究穿透學術界建構的錯誤資訊與錯誤觀念迷霧，為尋求知識與了解而非政治正確修辭的人開闢出一條更清晰的道路。

更晚近對美國的經濟差異、「社會正義」願景和社會退化提供精闢見解的寫作，包括兩本重要的書籍，討論的不是美國，而是有關其他國家的類似發展，即達勒普爾的《底層的生活》（*Life at the Bottom*）（有關英國），和詹姆斯·巴塞洛謬（James Bartholomew）的《國家的福利》（*The Welfare of Nations*）（有關整體西方世界的福利國）。

達勒普爾博士深入的見解根據倫敦低收入鄰區一位醫院內科醫師兼監獄囚犯醫師的第一手經驗，真正忠實記述了他所學到的與大多數當代粉飾的言論和幻象相反的東西。它是添益巴塞洛謬充滿事實的福利國實證研究的精彩著作。

閱讀這兩本書對許多美國人來說可能是解放和啟發的經驗，尤其是對那些對美國相關問題感到不安的人而言更是如此。因為在有如此多弱勢者屬於種族少數族群的美國，只要提及源自弱勢者的問題，就可能被汙名化為下意識的種族歧視。然而，在英國和許多其他西方國家，下層階級大多數是白人，同樣的社會模式在這些國家可能被如實看待，不帶著在美國的「白人愧疚感」，一如斯蒂爾在他的巨著《我們的品格》（*The Content of Our Character*）中精闢的分析。

那些討論當代美國問題好像只有美國獨有的教育者充滿狹隘的觀念，他們讓少數族群學生的教育變成與這類學生「有關」，無視於世界各地和數世紀以來的無數證據，證明當我們把自己視為一面偉大的人類織錦時可能得到的領悟。

一個我想到見微知著的相關插曲，牽涉到在一九六〇年代布蘭戴斯大學（Brandeis University）的一位黑人學生，他來到我的辦公室討論他苦惱的一些問題。我給他一篇短文，記述馬克思和一個年輕的德國共產黨徒在一八四〇年代的激烈對話。讀完後，他大聲說：「我們上週在黑人學生聯合會有過同樣的爭論！」我們只能希望那有助於打開他的心智，使其能看見更廣大的世界。

在一個特別需要能打開人心的寫作的時代——以便對抗如此多學術機構裡封閉人心的趨勢——喬治梅森大學威廉斯教授的書、文章和聯合專欄是一個寶藏，《歧視和差異》從中汲取了許多寶物，尤其是他提供許多事實的入門書《種族與經濟》（*Race and Economics*），和他對南非種族隔離時代下經濟力量運作的獨到研究《南非的資本主義戰爭》（*South Africa's War Against Capitalism*）。

在封閉人心的時代中，本書寫作時所汲取的其他啟迪人心的著作，包括哈佛平克教授討論數世紀來暴力國際趨勢的重要論述《本性中的天使》（*The Better Angels of Our Nature*）。他對數世紀以來世界各國消除暴力的進步如何在一九六〇年代突然逆轉的記述，與那十年間許多譁眾取寵的稱頌恰成痛苦的對比。

在我身邊協助我寫作本書的人包括我的妻子瑪麗（Mary），她和我同事兼朋友喬瑟夫（Joseph Charney）及史蒂芬（Stephen Camarata）的批評和建議，給了我莫大的助力。他們三個人都具備建設性評論所不可或缺的深刻洞見和真誠。如果沒有擔任我多年助理的劉娜（Na Liu）和伊莉莎白（Elizabeth Costa）勤勉的工作，將不可能完成整本書的寫作，尤其是因為我年事已高。胡佛研究所和史丹福大學圖書館，也是我寫作本書不可或缺的支持。

不過，終究這些人都不必為我的結論或本書可能出現的任何錯誤或缺失負責，那是我必須獨自負全責的事。

湯瑪斯・索威爾

史丹佛大學胡佛研究所

Nancy Palus,"An Awful Human Trade,"*Time*, April 30, 2001, pp. 40-41;"Slave Trade in Africa Highlighted by Arrests,"*New York Times*, August 10, 1997, Foreign Desk, p. 9。

71. Paul Krugman, *The Conscience of a Liberal* (New York: W.W. Norton & Company, 2007), p. 11。
72. Adam Smith, *An Inquiry into the Nature and Causes of the Wealth of Nations* (New York: Modern Library, 1937), p. 365。
73. Robert C. Davis, *Christian Slaves, Muslim Masters: White Slavery in the Mediterranean, the Barbary Coast, and Italy, 1500-1800* (New York: Palgrave Macmillan, 2003), p. 23; Philip D. Curtin, *The Atlantic Slave Trade: A Census* (Madison: University of Wisconsin Press, 1969), pp. 72, 75, 87。
74. Monique O'Connell and Eric R. Dursteler, *The Mediterranean World: From the Fall of Rome to the Rise of Napoleon* (Baltimore: Johns Hopkins University, 2016), p. 252. See also Robert C. Davis, *Holy War and Human Bondage: Tales of Christian-Muslim Slavery in the Early-Modern Mediterranean* (Santa Barbara: Praeger, 2009), pp. 87-89; Fernand Braudel, *The Mediterranean and the Mediterranean World in the Age of Philip II*, translated by Sian Reynolds (New York: Harper & Row, 1972), Vol. I, p. 130; Fernand Braudel, *The Mediterranean and the Mediterranean World in the Age of Philip II*, translated by Sian Reynolds (New York: Harper & Row, 1973), Vol. 2, pp. 845-849。
75. Edmund Burke, *Reflections on the Revolution in France and Other Writings*, edited by Jesse Norman (New York: Alfred A. Knopf, 2015), p. 549。

感謝詞

1. 「整個人類地理學至今仍太年輕，沒有紮實且牢固的原則，而它的主題太複雜而難以寫成公式。」Ellen Churchill Semple, *Influences of Geographic Environment* (New York: Henry Holt and Company, 1911), p. 125。
2. Ibid., p. 7。
3. 儘管珊波教授提出許多例子說明地理隔絕如何讓一個民族落後世界的進步，她也指出特定數量的地理隔絕在「民族早期發展」過程可能有保護作用。Ellen Churchill Semple, *American History and Its Geographic Conditions* (Boston: Houghton, Mifflin and Company, 1903), p. 36。
4. N.J.G. Pounds, *An Historical Geography of Europe 1800-1914* (Cambridge: Cambridge University Press, 1985), p. 1。
5. Ibid., p. 43。

62. "Going Global," *The Economist*, December 19, 2015, p. 107. See also M.A. Tribe,"Economic Aspects of The Expulsion of Asians from Uganda,"*Expulsion of a Minority: Essays on Ugandan Asians*, edited by Michael Twaddle (London: The Athlone Press for the Institute of Commonwealth Studies, 1975), pp. 140-176。
63. Amy Chua and Jed Rubenfeld, *The Triple Package: How Three Unlikely Traits Explain the Rise and Fall of Cultural Groups in America* (New York: The Penguin Press, 2014), pp. 36-39。
64. Nathan Glazer, *American Judaism* (Chicago: University of Chicago Press, 1957), p. 13。
65. David S. Landes, *Revolution in Time: Clocks and the Making of the Modern World* (Cambridge, Massachusetts: Harvard University Press, 1983), pp. 237-238; Warren C. Scoville,"The Huguenots and the Diffusion of Technology II,"*Journal of Political Economy*, Vol. 60, No. 5 (October 1952), p. 408。
66. Cacilie Rohwedder,"Germans, Czechs Are Hobbled by History as Europe Moves Toward United Future,"*Wall Street Journal*, November 25, 1996, p. A15; Ulla Dahlerup,"Sojourn in Sudetenland,"*Sudeten Bulletin/Central European Review*, December 1965, pp. 395-403。
67. "Your Mine Is Mine," *The Economist*, September 3, 2011, p. 64。
68. See, for example, Orlando Patterson, *Slavery and Social Death: A Comparative Study* (Cambridge, Massachusetts: Harvard University Press, 1982), p. 176; Stanley L. Engerman, *Slavery, Emancipation & Freedom: Comparative Perspectives* (Baton Rouge: Louisiana State University Press, 2007), pp. 3, 4; William D. Phillips, Jr., *Slavery from Roman Times to the Early Transatlantic Trade* (Minneapolis: University of Minnesota Press, 1985), pp. 46, 47; Ellen Churchill Semple, *Influences of Geographic Environment* (New York: Henry Holt and Company, 1911), p. 90; R.W. Beachey, *The Slave Trade of Eastern Africa* (New York: Barnes & Noble Books, 1976), p. 182; Harold D. Nelson, et al., *Nigeria: A Country Study* (Washington: U.S. Government Printing Office, 1982), p. 16; Christina Snyder, *Slavery in Indian Country: The Changing Face of Captivity in Early America* (Cambridge, Massachusetts: Harvard University Press, 2010), pp. 4, 5; T'ung-tsu Ch'u, *Han Social Structure*, edited by Jack L. Dull (Seattle: University of Washington Press, 1972), pp. 140-141。
69. William D. Phillips, Jr., *Slavery from Roman Times to the Early Transatlantic Trade*, pp. 34, 59; Martin A. Klein,"Introduction: Modern European Expansion and Traditional Servitude in Africa and Asia,"*Breaking the Chains: Slavery, Bondage, and Emancipation in Modern Africa and Asia*, edited by Martin A. Klein (Madison: University of Wisconsin Press, 1993), p. 15。
70. See, for example, Andrew Cockburn,"21st Century Slaves,"*National Geographic*, September 2003, pp. 2-25;"Slaves to Its Past,"*The Economist*, July 21, 2018, p. 36; Simon Robinson and

54. John Larkin,"Newspaper Nirvana? 300 Dailies Court India's Avid Readers,"*Wall Street Journal*, May 5, 2006, pp. B1, B3;"Poverty,"*The Economist*, April 21, 2007, p. 110;"Unlocking the Potential,"*The Economist*, June 2, 2001, p. 13; Charles Adams,"China-Growth and Economic Reforms,"*World Economic Outlook*, October 1997, pp. 119-127。
55. Daniel Yergin and Joseph Stanislaw, *The Commanding Heights: The Battle Between Government and the Marketplace That Is Remaking the Modern World* (New York: Simon & Schuster, 1998), pp. 35-38, 140, 167, 171-172; Surjit S. Bhalla and Paul Glewwe,"Growth and Equity in Developing Countries: A Reinterpretation of the Sri Lankan Experience,"*World Bank Economic Review*, Vol. 1, No. 1 (September 1986), pp. 35, 36, 51-52, 53, 61。
56. Thomas C. Leonard, *Illiberal Reformers: Race, Eugenics & American Economics in the Progressive Era* (Princeton: Princeton University Press, 2016), pp. 158-164。
57. Thomas Nagel,"The Meaning of Equality,"*Washington University Law Review*, Volume 1979, Issue 1 (January 1979), p. 28。
58. 二〇一二年七月十三日，歐巴馬總統在一場演說中表示：「如果你很成功，在過程中有人給你一些協助；你的人生某個時候有一位偉大的老師；有人協助創造這個不可思議的美國體制，讓你可以欣欣向榮；有人投資在修路和造橋。如果你有一家企業，你並沒有創造它，是有其他人讓它實現。」"You Didn't Build That," *Wall Street Journal*, July 18, 2012, p. A14。Elizabeth Warren 在二〇一一年競選美國參議員時曾發表類似的評論：「在這個國家沒有人是靠自己致富的。沒有人！你蓋了一座工廠，好棒！但我想說清楚：你用我們所有人付錢的道路把你的產品運送到市場；你僱用我們所有人付錢教育的勞工；你在你的工廠裡很安全，因為有我們付錢的警察和消防隊；你不必擔心強盜會來搶光你的工廠……因為我們所有人的努力。」Jeff Jacoby,"Entrepreneurs Don't Deserve the Professor's Ire,"*Boston Globe*, September 28, 2011, p. A13。
59. See, for example, John Katzman and Steve Cohen,"Let's Agree: Racial Affirmative Action Failed,"*Wall Street Journal*, October 27, 2017, p. A15。
60. 有許多證據顯示，大學入學平權措施表面上的受惠者以許多種方式受到不利的影響。See, for example, Richard Sander and Stuart Taylor, Jr. *Mismatch*, Chapters 3, 4, 6。他們的主要發現被索威爾摘錄下來：Thomas Sowell, "The Perversity of Diversity,"*Claremont Review of Books*, Fall 2012, pp. 76-78。有關文獻中的社會反彈例子，包括在美國和在印度，請參考 Thomas Sowell, *Inside American Education: The Decline, the Deception, the Dogmas* (New York: Free Press, 1993), Chapter 6; Thomas Sowell, *Affirmative Action Around the World*, pp. 17-18, 50, 148-149。
61. Stephan Thernstrom and Abigail Thernstrom,"Reflections on The Shape of the River,"*UCLA Law Review*, Vol. 46, No. 5 (June 1999), p. 1589。

34. Jervis Anderson,"A Very Special Monument,"*The New Yorker*, March 20, 1978, pp. 93, 113, 114。
35. Mats Hammarstedt,"Assimilation and Participation in Social Assistance Among Immigrants,"*International Journal of Social Welfare*, Vol. 18, Issue 1 (January 2009), pp. 86, 87。
36. Silje Vatne Pettersen and Lars Ostby,"Immigrants in Norway, Sweden and Denmark,"*Samfunnsspeilet*, May 2013, p. 79。
37. Mats Hammarstedt,"Assimilation and Participation in Social Assistance Among Immigrants,"*International Journal of Social Welfare*, Vol. 18, Issue 1 (January 2009), pp. 87, 89。
38. Tino Sanandaji,"Open Hearts, Open Borders,"*National Review*, January 26, 2015, p. 25。
39. Richard Milne,"Swedish Prime Minister Baffled by Public Gloom,"*Financial Times* (London), April 12, 2016, p. 10。
40. Tino Sanandaji,"Open Hearts, Open Borders,"*National Review*, January 26, 2015, p. 25。
41. Hugh Eakin,"Scandinavians Split Over Syrian Influx,"*New York Times*, September 21, 2014, Sunday Review, page 4。
42. Peter Nannestad,"Immigration as a Challenge to the Danish Welfare State?"*European Journal of Political Economy*, Vol. 20, Issue 3 (September 2004), p. 760。
43. Christopher Caldwell,"A Swedish Dilemma,"*Weekly Standard*, February 28, 2005, p. 21。
44. Ibid., p. 22。
45. Ruud Koopmans,"Trade-Offs Between Equality and Difference: Immigration Integration, Multiculturalism and the Welfare State in Cross-National Perspective,"*Journal of Ethnic and Migration Studies*, Vol. 36, No. 1 (January 2010), p. 19。
46. Christopher Caldwell,"Islam on the Outskirts of the Welfare State,"*New York Times* Magazine, February 5, 2006, p. 58。
47. Thomas Sowell, *Wealth, Poverty and Politics*, revised and enlarged edition, pp. 110-115。
48. Victor Purcell, *The Chinese in Southeast Asia*, second edition, pp. 128, 268-269, 540。
49. Carlo M. Cipolla, *Clocks and Culture: 1300-1700* (New York: Walker and Company, 1967), pp. 66-69。
50. Lucy Forney Bittinger, *The Germans in Colonial Times* (Philadelphia: J.B. Lippincott Company, 1901), p. 233。
51. Pyong Gap Min, *Caught in the Middle: Korean Communities in New York and Los Angeles* (Berkeley: University of California Press, 1996), p. 1。
52. Oli Smith, "Migrants at War," *Express.UK* (Online), January 28, 2017。
53. John Stuart Mill, *Principles of Political Economy*, edited by W.J. Ashley (New York: Longmans, Green and Company, 1909), p. 947。

24. W. E. B. Du Bois, *The Philadelphia Negro: A Social Study* (Philadelphia: University of Pennsylvania Press, 1996), p. 395。幾個世代後，Edward C. Banfield 教授提出基本上相同的問題，問如果所有黑人突然變白人會有什麼結果，而他的答案很類似較早由杜波依斯的答案。Edward C. Banfield, *The Unheavenly City Revisited* (Prospect Heights, Illinois: Waveland Press, 1990), pp. 85-86。
25. Victor Purcell, *The Chinese in Southeast Asia*, second edition (Kuala Lumpur: Oxford University Press, 1965), p. 184; U. S. Bureau of the Census, *Historical Statistics of the United States: Colonial Times to 1970* (Washington: Government Printing Office, 1975), Part 1, p. 422。
26. Henry Morgenthau, *Ambassador Morgenthau's Story* (Garden City, New York: Doubleday, Page & Company, 1919), pp. 301, 322。
27. See, for example, Paul Johnson, *A History of the Jews* (New York: Harper & Row Publishers, 1987), pp. 216-217; Michael Miller,"The Ukraine Commission of the Joint Distribution Committee, 1920, with Insight from the Judge Harry Fisher Papers,"*Jewish Social Studies*, Vol. 49, No. 1 (Winter 1987), pp. 53-60。
28. 實證研究顯示，按族群配額讓學生進入他們符合資格的學術機構會有負面影響，不管是在美國或其他地方。See, for example, Richard Sander and Stuart Taylor, Jr., *Mismatch: How Affirmative Action Hurts Students It's Intended to Help, and Why Universities Won't Admit It* (New York: Basic Books, 2012), and my own *Affirmative Action Around the World: An Empirical Study* (New Haven: Yale University Press, 2004)。一項想維護這種族群優惠的嘗試：*The Shape of the River: Long-Term Consequences of Considering Race in College and University Admissions* (Princeton: Princeton University Press, 1998), by William G. Bowen and Derek Bok，受到媒體一致讚許，但它的主要瑕疵之一是，它的作者拒絕透露其統計結論所根據的原始材料。
29. Thomas Sowell, *Wealth, Poverty and Politics*, revised and enlarged edition (New York: Basic Books, 2016), pp. 396-399。
30. Alison Stewart, *First Class: The Legacy of Dunbar, America's First Black Public High School* (Chicago: Lawrence Hill Books, 2013), pp. 91-93。
31. Ibid., p. 90。
32. See"Success Academy: #1 in New York,"downloaded from the website of Success Academy Charter Schools: http://www.successacademies.org/app/ uploads/2017/08/sa_1_in_new_york.pdf。
33. "The NAACP's Disgrace,"*Wall Street Journal*, October 17, 2016, p. A14;"AMisguided Attack on Charter Schools,"*New York Times*, October 13, 2016, p. A24;"The NAACP vs. Minority Children,"*Wall Street Journal*, August 27, 2016, p. A10; Emma Brown,"School Choice Is Not the Answer, NAACP Asserts,"*Washington Post*, July 27, 2017, p. A14。

10. Donald L. Horowitz, *The Deadly Ethnic Riot*, pp. 279-280。
11. Ibid., pp. 280-282; Stephen May,"Language Rights and Language Repression," *The Oxford Handbook of Language Policy and Planning*, edited by James W. Tollefson and Miguel Perez-Milans (Oxford: Oxford University Press, 2018), p. 245。
12. John McWhorter, *Talking Back, Talking Black: Truths About America's Lingua Franca* (New York: Bellevue Literary Press, 2017), pp. 12, 13。
13. Melanie Kirkpatrick,"Business in a Common Tongue,"*Wall Street Journal*, August 28, 2017, p. A15。
14. David Deterding, *Singapore English* (Edinburgh: Edinburgh University Press, 2007), pp. 4-5; Sandra L. Suarez,"Does English Rule? Language Instruction and Economic Strategies in Singapore, Ireland, and Puerto Rico," *Comparative Politics*, Vol. 37, No. 4 (July 2005), pp. 465, 467-468。
15. Malcolm Gladwell, *Outliers: The Story of Success* (New York: Little, Brown and Company, 2008), pp. 89-90. See also Joel N. Shurkin, *Terman's Kids: The Groundbreaking Study of How the Gifted Grow Up* (Boston: Little, Brown & Company, 1992), p. 35; Wolfgang Saxon,"William B. Shockley, 79, Creator of Transistor and Theory on Race,"*New York Times*, August 14, 1989, p. D9; J.Y. Smith,"Luis Alvarez, Nobel-Winning Atomic Physicist, Dies,"*Washington Post*, September 3, 1988, p. B6。
16. William S. Maltby, *The Rise and Fall of the Spanish Empire* (New York: Palgrave Macmillan, 2009), p. 18; Peter Pierson, *The History of Spain* (Westport, Connecticut: Greenwood Press, 1999), pp. 7-8。
17. John H. Chambers, *A Traveller's History of Australia* (New York: Interlink Books, 1999), p. 35。
18. Leon Volovici, *Nationalist Ideology and Antisemitism: The Case of Romanian Intellectuals in the 1930s*, translated by Charles Kormos (Oxford: Pergamon Press, 1991), p. 60。
19. "Not One But Two New Malay Dilemmas,"*Straits Times* (Singapore), August 1, 2002。
20. Joseph Rothschild, *East Central Europe between the Two World Wars* (Seattle: University of Washington Press, 1992), p. 385。
21. Irina Livezeanu, *Cultural Politics in Greater Romania: Regionalism, Nation Building, & Ethnic Struggle, 1918-1930* (Ithaca: Cornell University Press, 1995), pp. 30-31, 235-236, 241。
22. John M. Richardson,"Violent Conflict and the First Half Decade of Open Economy Policies in Sri Lanka: A Revisionist View,"*Economy, Culture, and Civil War in Sri Lanka*, edited by Deborah Winslow and Michael D. Woost (Bloomington: Indiana University Press, 2004), pp. 63-65。
23. Carl K. Fisher,"Facing up to Africa's Food Crisis,"*Foreign Affairs*, Fall 1982, pp. 166, 170。

受到的影響。Emma Brockes,"Single at 38? Have That Baby,"*New York Times*, June 24, 2018,Sunday review, p. 3。

128. James Bartholomew,*The Welfare of Nations*, p. 134。強暴者之一的母親似乎採取類似的觀點，指出她自己在七歲時曾被強暴，十二歲時再度遭到強暴。

129. Steven Pinker, *The Better Angels of Our Nature*, pp. 106-107。

Chapter 7．事實、假設和目標

引 言：Winston Churchill, *Churchill Speaks 1897-1963: Collected Speeches in Peace & War*, edited by Robert Rhodes James (New York: Chelsea House, 1980), p. 418。

1. Ulrich Bonnell Phillips, *The Slave Economy of the Old South: Selected Essays in Economic and Social History* (Baton Rouge: Louisiana State University Press, 1968), p. 269。
2. See, for example, Daniel Boorstin, *The Americans: The Colonial Experience* (New York: Random House, 1958), Chapters 12-16; Joshua Muravchik, *Heaven on Earth: The Rise and Fall of Socialism* (San Francisco: Encounter Books, 2002)。
3. David Gelles,"Millions at Top, A Pittance Below,"*New York Times*, May 27, 2018, Sunday Business section, pp. B1ff。
4. Bernard Shaw, *The Intelligent Woman's Guide to Socialism and Capitalism* (New York: Brentano's Publishers, 1928), p. 22。
5. See, for example,"The Celebrity 100 Turns 20,"*Forbes*, August 31, 2018, pp. 26-27. See also"The World's Highest-Paid Entertainers,"Ibid., pp. 106-107。
6. Derek Sayer, *The Coasts of Bohemia: A Czech History* (Princeton: Princeton University Press, 1998), p. 90。
7. See, for example, Donald L. Horowitz, *Ethnic Groups in Conflict* (Berkeley: University of California Press, 1985), pp. 219-224; Myron Weiner and Mary Fainsod Katzenstein, *India's Preferential Policies: Migrants, the Middle Classes, and Ethnic Equality* (Chicago: University of Chicago Press, 1981), p. 98; Robert N. Kearney, *Communalism and Language in the Politics of Ceylon* (Durham: Duke University Press, 1967), Chapter III; Donald L. Horowitz, *The Deadly Ethnic Riot* (Berkeley: University of California Press, 2001), pp. 278-282。
8. See, for example, Derek Sayer, *The Coasts of Bohemia*, pp. 50, 115-116; Gary B. Cohen, *The Politics of Ethnic Survival: Germans in Prague, 1861-1914* (Princeton: Princeton University Press, 1981), pp. 42, 239-241; Paul Vysny, *Neo-Slavism and the Czechs, 1898-1914* (Cambridge: Cambridge University Press, 1977), pp. 15, 16。
9. Eve Haque, *Multiculturalism Within a Bilingual Framework: Language, Race, and Belonging in Canada* (Toronto: University of Toronto Press, 2012), pp. 47-49。

121. Stephan Thernstrom and Abigail Thernstrom, *America in Black and White*, pp. 233-234。
122. See, for example, Charles Murray, *In Our Hands: A Plan to Replace the Welfare State* (Washington: American Enterprise Institute, 2006); Stephen Moore, *Who's The Fairest of Them All? The Truth about Opportunity, Taxes, and Wealth in America* (New York: Encounter Books, 2012), p. 2. For counter-arguments, see Edward C. Banfield, *The Unheavenly City: The Nature and Future of Our Urban Crisis* (Boston: Little, Brown, 1970), pp. 123ff。
123. 西雅圖提供許多例子：在過去五年，翡翠城見證了無家可歸、犯罪和毒品的激增。在該市二〇一七年對無家可歸者的時點計算，國王郡的社會服務機構 All Home 發現，有一萬一千六百四十三人睡在帳篷、汽車和緊急庇護所。貧窮性犯罪比率激增到洛杉磯的二倍半，是紐約市的四倍。清潔隊員每年從市區街道和公園撿拾數萬支髒針頭。另一方面，根據《普及特灣商業期刊》（*Puget Sound Business Journal*）報導，西雅圖大都會區每年花超過十億美元在減少無家可歸者上。那相當於花在國王郡每一名無家可歸的男人、女人和小孩十萬美元，但危機似乎持續加劇，在住宅區出現的成癮、犯罪和帳篷聚集愈來愈多。Christopher F. Rufo,"Seattle Under Siege," *City Journal*, Autumn 2018, p. 20。
124. James Bartholomew, *The Welfare of Nations*, p. 204。
125. Ibid., p. 127。
126. James Bartholomew, *The Welfare State We're In*, Politico's edition published in 2006, pp. 189, 190, 203-209; James Bartholomew, *The Welfare of Nations*, p. 103; Theodore Dalrymple, *Life at the Bottom*, pp. 69, 158, 188; Katherine Kersten,"No Thug Left Behind,"*City Journal*, Winter 2017, pp. 54-61; Teresa Watanabe and Howard Blume,"Disorder in the Classroom,"*Los Angeles Times*, November 8, 2015, p. A1;"Classrooms Run by the Unsuspended,"*Investor'sBusiness Daily*, July 3, 2014, p. A14; Jason L. Riley,"Upward Mobility: An Obama Decree Continues to Make Public Schools Lawless,"*Wall Street Journal*, March 22, 2017, p. A19; Aaron Anthony Benner,"St. Paul Schools: Close the Gap? Yes. But Not Like This,"*Saint Paul Pioneer Press*, October 2, 2015; Katherine Kersten,"Mollycoddle No More,"*Star Tribune* (Minneapolis), March 20, 2016, p. OP 1; Paul Sperry,"Obama's Lax Discipline Policies Made Schools Dangerous,"*New York Post*, December 23, 2017; Ryan Mackenzie,"Schools Rethink Discipline,"*Des Moines Register*, November 27, 2016, p. A9; Mackenzie Mays,"Restorative Justice?"*The Fresno Bee*, December 11, 2016, p. 1B; Claudia Rowe,"Trouble Erupts After Highline Limits School Suspensions,"*Seattle Times*, September 11, 2016, p. A1。
127. James Bartholomew, *The Welfare of Nations*, p. 202。把嬰兒當作工具的行為，在《紐約時報》的一篇文章中變得更複雜，文章報導一個三十八歲的未婚女性為了彰顯她的違抗傳統而決定生一個嬰兒，並呼籲其他女性起而效尤，卻絲毫未提到小孩

105. "Power Blackouts Then and Now... "*Washington Post*, July 15, 1977, p. A9; David E. Nye, *When the Lights Went Out*, pp. 101, 123-128。

106. Stephan Thernstrom and Abigail Thernstrom, *America in Black and White*, p. 238。

107. Ibid., p. 237。

108. Charles Murray, *Coming Apart: The State of White America 1960-2010* (New York: Crown Forum, 2012), pp. 160, 161。

109. James Bartholomew, *The Welfare State We're In*, Politico's edition published in 2006, p. 251。

110. James Bartholomew, *The Welfare of Nations*, p. 164。

111. Ibid., p. 165。

112. *PISA 2015: Results in Focus* (Paris: OECD, 2018), p. 5。

113. See, for example, J. Martin Rochester, *Class Warfare: Besieged Schools, Bewildered Parents, Betrayed Kids and the Attack on Excellence* (San Francisco. Encounter Books, 2002), pp. 16-18; Thomas Sowell, *Inside American Education: The Decline, the Deception, the Dogmas* (New York: Free Press, 1993), Chapter 1; The National Commission on Excellence in Education, *A Nation at Risk: The Full Account* (Cambridge, Massachusetts: USA Research, 1984)。

114. E.W. Kenworthy,"Action by Senate: Revised Measure Now Goes Back to House for Concurrence,"*New York Times*, June 20, 1964, p. 1;"House Civil Rights Vote,"*New York Times*, July 3, 1964, p. 9; E.W. Kenworthy,"Voting Measure Passed by House,"*New York Times*, August 4, 1965, pp. 1, 17;"Vote Rights Bill: Senate Sends Measure to LBJ,"*Los Angeles Times*, August 5, 1965, p. 1。

115. Stephan Thernstrom and Abigail Thernstrom, *America in Black and White*, pp. 233-234。

116. Ibid. See also U.S. Census Bureau, *Statistical Abstract of the United States: 1970* (Washington: U.S. Department of Commerce, Bureau of the Census, 1970), p. 328。欲知這幾十年間美國的貧窮趨勢，請參考 Richard J. Herrnstein and Charles Murray, *The Bell Curve: Intelligence and Class Structure in American Life* (New York: The Free Press, 1994), p. 128。

117. See, for example, Barry Hugill and David Rose,"No Hope in No-Go Land," *The Guardian and the Obersver*, September 15, 1991, p. 23; Larry Martz and Daniel Pedersen,"Yob Politics in Britain,"*Newsweek*, April 16, 1990, pp. 34-35; Sheila Rule,"2 Die, 600 Seized in Britain in Riots Over Soccer Defeat,"*New York Times*, July 6, 1990, p. A3. See also Theodore Dalrymple, *Life at the Bottom*, pp. x, xi, 45, 67, 72, 139, 153, 166, 181, 188, 223-225。

118. Steven Pinker, *The Better Angels of Our Nature*, pp. 106-116。

119. Shelby Steele, *White Guilt: How Blacks and Whites Together Destroyed the Promise of the Civil Rights Era* (New York: HarperCollins Publishers, 2006), p. 123。

120. Ibid., p. 124。

88. See, for example, Sean O'Neill and Fiona Hamilton,"Mobs Rule as Police Surrender Streets," *The Times* (London), August 9, 2011, pp. 1, 5; Martin Beckford, et al.,"Carry On Looting," *The Daily Telegraph* (London), August 8, 2011, pp. 1, 2; Philip Johnston,"The Long Retreat of Order,"The Daily Telegraph (London), August 10, 2011, p. 19; Alistair MacDonald and Guy Chazan,"World News: Britain Tallies Damage and Sets Out Anti-Riot Steps," *Wall Street Journal*, August 12, 2011, p. A6。
89. Theodore Dalrymple, *Life at the Bottom*, p. 136。
90. Ibid.; James Bartholomew, *The Welfare of Nations*, p. 203。
91. Andrew F. Smith,"Cafeterias," *Savoring Gotham: A Food Lover's Companion to New York City* (New York: Oxford Press, 2015), p. 92。
92. John P. Shanley,"Cafeterias Built on Honesty Fail,"*New York Times*, November 9, 1963, p. 22。
93. Theodore Dalrymple, *Life at the Bottom*, pp. 149, 150; James Bartholomew, *The Welfare of Nations*, pp. 125-136; Robyn Minter Smyers,"High Noon in Public Housing: The Showdown Between Due Process Rights and Good Management Practices in the War on Drugs and Crime," *The Urban Lawyer*, Summer 1998, pp. 573-574; William Julius Wilson,"The Urban Underclass in Advanced Industrial Society," *The New Urban Reality*, edited by Paul E. Peterson (Washington: The Brookings Institution, 1985), p. 137。
94. Lizette Alvarez,"Out, and Up," *New York Times*, Metropolitan section, May 31, 2009, p. 1。
95. Ibid., p. 6。
96. Walter E. Williams, *Up from The Projects: An Autobiography* (Stanford: Hoover Institution Press, 2010), pp. 6-7。
97. Ibid., p. 7。
98. Theodore Dalrymple, *Life at the Bottom*, p. 150。
99. Luis Ferre-Sadurni,"The Rise and Fall of Good Intentions,"*New York Times*, July 9, 2018, p. A19。
100. Ibid., p. A20。
101. David E. Nye, *When the Lights Went Out: A History of Blackouts in America* (Cambridge, Massachusetts: MIT Press 2010), pp. 84-91。
102. Ibid., p. 94;"The Longest Night,"*Newsweek*, November 22, 1965, pp. 27-33; Robert J.H. Johnston,"Bright Side to Blackout,"*New York Times*, November 10, 1965, p. 4; Emanuel Perlmutter,"Crime Rate Off Despite the Dark,"*New York Times*, November 11, 1965, p. 41; Saul Pett,"New York Took It Largely in Stride,"*Boston Globe*, November 10, 1965, p. 5。
103. Peter Goldman, et al., "Heart of Darkness," *Newsweek*, July 25, 1977, pp. 18, 19。
104. Ibid., p. 18; Richard Severo,"Two Blackouts and a World of Difference,"*New York Times*, July 16, 1977, p. 8。

Office, 1978), Volume II, p. 625; Jacqueline R. Kasun, *The War Against Population: The Economics and Ideology of World Population Control* (San Francisco: Ignatius Press, 1988), pp. 142, 143, 144; Sally Curtin, et al.,"2010 Pregnancy Rates Among U.S. Women,"*National Center for Health Statistics*, December 2015, p. 6。

72. U.S. Bureau of the Census, *Historical Statistics of the United States: Colonial Times to 1970* (Washington: Government Printing Office, 1975), Part I, p. 414。
73. Stephan Thernstrom and Abigail Thernstrom, *America in Black and White: One Nation, Indivisible* (New York: Simon & Schuster, 1997), p. 262。
74. Steven Pinker, *The Better Angels of Our Nature*, pp. 106-107。
75. John Kenneth Galbraith, *The Selected Letters of John Kenneth Galbraith*, edited by Richard P.F. Holt (Cambridge: Cambridge University Press, 2017), p. 47。「我們可以公平地說，特別是英國的都市群眾已從自己的經驗和判斷力發展出一種自律，和『適應』小空間的技巧。你很少在倫敦的群眾間感到不安全：你深心知道這些群眾都經驗老到——對各種情況都很有經驗。」Earnest Barker,"An Attempt at Perspective," *The Character of England*, edited by Ernest Barker (Oxford: Clarendon Press, 1947), p. 562。
76. George Orwell, *The Complete Works of George Orwell*, Vol. 16: *I Have Tried to Tell the Truth, 1943-1944*, edited by Peter Davison, et al (London: Secker & Warburg, 1998), p. 201。
77. David Fraser, *A Land Fit for Criminals: An Insider's View of Crime, Punishment and Justice in England and Wales* (Sussex: Book Guild Publishing, 2006), p. 13。
78. Lee Kuan Yew, *The Singapore Story* (Singapore: Times Editions, 1998), p. 126。
79. James Bartholomew, *The Welfare of Nations*, pp. 187-189。
80. "Britain: Fight Club,"*The Economist*, June 10, 2000, p. 61. See also James Bartholomew, *The Welfare State We're In* (London: Politico's, 2006), p. 19。
81. Fay Wiley, et al., "Traveling Hooligans," *Newsweek*, June 27, 1988, p. 37。
82. Steve Lohr, "The British (Fans) are Coming!" *New York Times*, June 10, 1988, p. D22。
83. George Orwell, *The Complete Works of George Orwell*, Vol. 16: *I Have Tried to Tell the Truth, 1943-1944*, edited by Peter Davison, et al., p. 201。
84. Joyce Lee Malcolm, *Guns and Violence: The English Experience* (Cambridge, Massachusetts: Harvard University Press, 2002), p. 168。
85. Peter Hitchens, *The Abolition of Britain: From Winston Churchill to Princess Diana* (San Francisco: Encounter Books, 2000), p. 32。
86. James Bartholomew, *The Welfare State We're In*, Politico's edition published in 2006, pp. 15-19。
87. George Orwell, *The Complete Works of George Orwell*, Vol. 16: *I Have Tried to Tell the Truth, 1943-1944*, edited by Peter Davison, et al., p. 201。

11, 2016, p. A1。

64. James Bartholomew, *The Welfare of Nations*, p. 92。
65. See, for example, Katherine Kersten,"No Thug Left Behind," *City Journal*, Winter 2017, pp. 54-61。這篇文章的根據是發生在明尼蘇達州聖保羅公立學校的情況。不過，類似的情況發生在全美各地，例如，在一所休士頓公立學校：「一名年紀較大的孩子在上課時走過教室，拉下他的褲子拉鏈，掏出他的陰莖，並要求一名女孩口交。李文把他帶到校長室，他在三十分鐘內就被送回來。」Jay Mathews, *Work Hard. Be Nice: How Two Inspired Teachers Created the Most Promising Schools in America* (Chapel Hill: Algonquin Books of Chapel Hill, 2009), pp. 22-23。
66. "The World's Billionaires," *Forbes*, March 28, 2017, pp. 84-85。列寧嘗試挽救馬克思主義，宣稱富裕國家剝削貧窮國家，並與它們自己的勞工階級分享一部分「超級財富」，以避免革命。但事實上大多數富裕國家的國際投資集中在其他富裕國家，投資在貧窮國家的金額只佔它們對外投資的很小部分，而它們來自投資貧窮國家的收入也只佔它們對外投資總收入的很小部分。See my *Wealth, Poverty and Politics*, revised and enlarged edition (New York: Basic Books, 2016) pp. 245-247。
67. For documented specifics, see my *Wealth, Poverty and Politics*, revised and enlarged edition, p. 136。
68. See, for example, hostile responses to empirical data from Daniel Patrick Moynihan, James S. Coleman, Jay Belsky and Heather Mac Donald in Jean M. White,"Moynihan Report Criticized as'Racist,'"*Washington Post*, November 22, 1965, p. A3; William Ryan,"Savage Discovery: The Moynihan Report," *The Nation*, November 22, 1965, pp. 380-384; Diane Ravitch,"The Coleman Reports and American Education,"*Social Theory and Social Policy: Essays in Honor of James S. Coleman*, edited by Aage B. Sorenson and Seymour Spilerman (Westport, Connecticut: Praeger, 1993), pp. 129-141; James Bartholomew, *The Welfare of Nations*, pp. 174-175; Tim Lynch,"There Is No War on Cops,"*Reason*, August/September 2016, pp. 58-61; William McGurn,"The Silencing of Heather Mac Donald,"*Wall Street Journal*, April 11, 2017, p. A15。
69. "Bicker Warning," *The Economist*, April 1, 2017, p. 23。
70. Theodore Dalrymple, *Life at the Bottom*, p. 6。
71. Barry Latzer, *The Rise and Fall of Violent Crime in America* (New York: Encounter Books, 2016), p. 19; *Today's VD Control Problem: Joint Statement by The American Public Health Association, The American Social Health Association, The American Venereal Disease Association, The Association of State and Territorial Health Officers in co-operation with The American Medical Association*, February 1966, p. 20; Hearings Before the Select Committee on Population, Ninety-Fifth Congress, Second Session, *Fertility and Contraception in America: Adolescent and Pre-Adolescent Pregnancy* (Washington: U.S. Government Printing

Public Economics, Vol. 94, No. 5-6 (June 2010), p. 381。

54. Eric A. Hanushek, et al., "New Evidence About *Brown v. Board of Education*: The Complex Effects of School Racial Composition on Achievement,"National Bureau of Economic Research, Working Paper 8741 (Cambridge, Massachusetts: National Bureau of Economic Research, 2002), Abstract。
55. Ellis B. Page and Timothy Z. Keith,"The Elephant in the Classroom: Ability Grouping and the Gifted," *Intellectual Talent: Psychometric and Social Issues*, edited by Camilla Persson Benbow and David Lubinski (Baltimore: Johns Hopkins University Press, 1996), pp. 203, 204, 208。
56. Roland G. Fryer and Paul Torelli,"An Empirical Analysis of'Acting White', "*Journal of Public Economics*, Vol. 94, No. 5-6 (June 2010), p. 381。
57. Ibid., p. 380n。
58. Theodore Dalrymple, *Life at the Bottom: The Worldview That Makes the Underclass* (Chicago: Ivan R. Dee, 2001), p. 69. See also pp. 158, 188。
59. Ibid., p. 158。
60. Ibid。
61. Jason L. Riley, *Please Stop Helping Us: How Liberals Make It Harder for Blacks to Succeed* (New York: Encounter Books, 2014), p. 43; John U. Ogbu, *Black American Students in an Affluent Suburb: A Study of Academic Disengagement* (Mahwah, New Jersey: Lawrence Erlbaum Associates, 2003), p. 179; John U. Ogbu and Signithia Fordham,"Black Students'School Success: Coping with the 'Burden of Acting White', " *Urban Review*, Vol. 18, No. 3 (September 1986), pp. 176-206。
62. James Bartholomew, *The Welfare of Nations* (Washington: The Cato Institute, 2016), p. 103。
63. See, for example, Katherine Kersten,"No Thug Left Behind," *City Journal*, Winter 2017, pp. 54-61; Teresa Watanabe and Howard Blume,"Disorder in the Classroom," *Los Angeles Times*, November 8, 2015, p. A1;"Classrooms Run by the Unsuspended," *Investor's Business Daily*, July 3, 2014, p. A14; Jason L. Riley,"Upward Mobility: An Obama Decree Continues to Make Public Schools Lawless,"*Wall Street Journal*, March 22, 2017, p. A19; Aaron Anthony Benner, "St. Paul Schools: Close the Gap? Yes. But Not Like This," *Saint Paul Pioneer Press*, October 2, 2015; Katherine Kersten,"Mollycoddle No More," *Star Tribune* (Minneapolis), March 20, 2016, p. OP 1; Paul Sperry,"Obama's Lax Discipline Policies Made Schools Dangerous,"*New York Post*, December 23, 2017; Ryan Mackenzie,"Schools Rethink Discipline,"*Des Moines Register*, November 27, 2016, p. A9; Mackenzie Mays,"Restorative Justice?" *The Fresno Bee*, December 11, 2016, p. 1B; Claudia Rowe,"Trouble Erupts After Highline Limits School Suspensions," *Seattle Times*, September

Mexico Press, 1975), p. 64。

41. Medha Kudaisya, "Marwari and Chettiar Merchant's, c. 1850s-1950s: Competitive Trajectories," *Chinese and Indian Business: Historical Antecedents*, edited by Medha Kudaisya and Ng Chin-keong (Boston: Brill, 2009), pp. 97-98。
42. Robert F. Foerster, *The Italian Emigration of Our Times* (New York: Arno Press, 1969), pp. 254-259, 261。
43. Dan Bilefsky,"A New Facet of Diamond Industry: Indians," *Wall Street Journal*, May 27, 2003, p. B1。
44. Steven Pinker, *The Better Angels of Our Nature: Why Violence Has Declined* (New York: Viking, 2011), pp. 85-87, 93-104。
45. The Economist, *Pocket World in Figures: 2017 edition* (London: Profile Books, 2016), p. 18。
46. Bureau of Justice Statistics, *Survey of State Prison Inmates, 1991* (Washington: U.S. Department of Justice, 1993), p. 9。
47. Oliver MacDonagh,"The Irish Famine Emigration to the United States," *Perspectives in American History*, Vol. X (1976), p. 405; Thomas Bartlett, *Ireland: A History* (New York: Cambridge University Press, 2010), p. 284。
48. W.E. Vaughan and A.J. Fitzpatrick, editors, *Irish Historical Statistics: Population, 1821-1971* (Dublin: Royal Irish Academy, 1978), pp. 260-261。
49. Tyler Anbinder, *City of Dreams: The 400-Year Epic History of Immigrant New York* (Boston: Houghton Mifflin Harcourt, 2016), p. 127. See also Catherina Japikse,"The Irish Potato Famine," *EPA Journal*, Vol. 20, Nos. 3-4 (Fall 1994), p. 44; Evan D.G. Fraser and Andrew Rimas, *Empires of Food: Feast, Famine and the Rise and Fall of Civilizations* (New York: Free Press, 2010), pp. 212-214; Evan D.G. Fraser,"Social Vulnerability and Ecological Fragility: Building Bridges Between Social and Natural Sciences Using the Irish Potato Famine as a Case Study," *Conservation Ecology*, Vol. 7, No. 2 (December 2003)。
50. Jim Dwyer,"Specialized Schools, Surrounded for Decades by an Admissions Moat,"*New York Times*, June 9, 2018, p. A17。
51. Adam Smith, *An Inquiry into the Nature and Causes of the Wealth of Nations* (New York: Modern Library, 1937), p. 729。
52. Thomas D. Snyder, Cristobal de Brey and Sally A. Dillow, *Digest of Education Statistics: 2015*, 51st edition (Washington: U.S. Department of Education, National Center for Education Statistics, 2016), pp. 328, 329. See also Valerie A. Ramey,"Is There a Tiger Mother Effect? Time Use Across Ethnic Groups,"*Economics in Action*, Issue 4 (May 3, 2011)。
53. Roland G. Fryer and Paul Torelli,"An Empirical Analysis of'Acting White', "*Journal of*

27. See Mitchell Lerner,"Howard Arthur Tibbs 1919-1986: A Tuskegee Airman's Story in Pictures," *Callaloo*, Vol. 26, No. 3 (Summer 2003), pp. 670-690. See also J. Todd Moye, *Freedom Flyers: The Tuskegee Airmen of World War II* (New York: Oxford University Press, 2010); Lawrence P. Scott and William M. Womack, Sr., *Double V: The Civil Rights Struggle of the Tuskegee Airmen* (East Lansing: Michigan State University Press, 1994)。
28. "Medical Leaders at Dr. Drew Rites," *New York Times*, April 6, 1950, p. 28。
29. Robin Marantz Henig, "Scientist at Work," *New York Times*, June 8, 1993, p. C1。
30. Arthur R. Jensen, *Genetics and Education*, pp. 196-197. See also Arthur R. Jensen,"Social Class, Race and Genetics: Implications for Education,"*American Educational Research Journal*, Vol. 5, No. 1 (January 1968), p. 34; Arthur R. Jensen,"Patterns of Mental Ability and Socioeconomic Status," *Proceedings of the National Academy of Sciences of the United States of America*, Vol. 60, No. 4 (August 15, 1968), pp. 1331-1332; Arthur R. Jensen,"Intelligence, Learning Ability and Socioeconomic Status," *The Journal of Special Education*, Vol. 3, No. 1 (January 1969), p. 33。
31. Arthur R. Jensen, *Genetics and Education*, pp. 43-44。
32. See Chapter 3 of Thomas Sowell, *Economic Facts and Fallacies* (New York: Basic Books, 2008). See also Diana Furchtgott-Roth, *Women's Figures: An Illustrated Guide to the Economic Progress of Women In America* (Washington: AEI Press, 2012)。
33. Yuan-li Wu and Chun-hsi Wu, *Economic Development in Southeast Asia: The Chinese Dimension* (Stanford: Hoover Institution Press, 1980), p. 51; Victor Purcell, *The Chinese in Southeast Asia*, second edition (Kuala Lumpur: Oxford University Press, 1965), pp. 7, 68, 83, 180, 245, 248, 540。
34. Ezra Mendelsohn, *The Jews of East Central Europe between the World Wars* (Bloomington: Indiana University Press, 1983), pp. 25-27。
35. Haraprasad Chattopadhyaya, *Indians in Africa: A Socio-Economic Study* (Calcutta: Bookland Private Limited, 1970), p. 394。
36. R. Bayly Winder,"The Lebanese in West Africa," *Comparative Studies in Society and History*, Vol. IV (1961-62), p. 309; H.L. van der Laan, *The Lebanese Traders in Sierra Leone* (The Hague: Mouton & Co., 1975), p. 65。
37. U.ur Umit Ungor and Mehmet Polatel, *Confiscation and Destruction: The Young Turk Seizure of Armenian Property* (New York: Continuum, 2011), pp. 17-19。
38. Warren C. Scoville, *The Persecution of Huguenots and French Economic Development: 1680-1720* (Berkeley: University of California Press, 1960), pp. 228-229, 242-243, 248。
39. Jean Roche, *La Colonisation Allemande et le Rio Grande do Sul* (Paris: Institut Des Hautes Etudes de L'Amerique Latine, 1959), pp. 388-389。
40. C. Harvey Gardiner, *The Japanese and Peru: 1873-1973* (Albuquerque: University of New

Press, 2013), pp. 288-289; J.R. McNeill, *The Mountains of the Mediterranean World*, pp. 223, 225-227; Ellen Churchill Semple, *Influences of Geographic Environment*, pp. 578-579。

15. "Choose Your Parents Wisely," *The Economist*, July 26, 2014, p. 22。
16. See Betty Hart and Todd R. Risley, *Meaningful Differences in the Everyday Experience of Young American Children* (Baltimore: Paul H. Brookes Publishing Co., 1995), pp. 123-124。
17. Ibid., pp. 125-126, 128, 198-199。
18. Ibid., p. 247。出現在親子互動間的類似階級差異在下列來源也有討論：Edward C. Banfield, *The Unheavenly City: The Nature and Future of Our Urban Crisis* (Boston: Little, Brown, 1970), pp. 224-229。
19. Laurence C. Baker,"Differences in Earnings Between Male and Female Physicians," *The New England Journal of Medicine*, April 11, 1996, p. 962。
20. Hugh Morris,"Why Do Airlines Have Such Large Gender Pay Gaps?" *Daily Telegraph* (London), April 5, 2018 (online)。
21. Mandel Sherman and Cora B. Key,"The Intelligence of Isolated Mountain Children," *Child Development*, Vol. 3, No. 4 (December 1932), p. 283; Lester R. Wheeler,"A Comparative Study of the Intelligence of East Tennessee Mountain Children," *Journal of Educational Psychology*, Vol. XXXIII, No. 5 (May 1942), p. 322。
22. Philip E. Vernon, *Intelligence and Cultural Environment* (London: Methuen & Co., Ltd., 1970), p. 155。
23. Hugh Gordon, *Mental and Scholastic Tests Among Retarded Children* (London: His Majesty's Stationery Office, 1923), p. 38。
24. Clifford Kirkpatrick, *Intelligence and Immigration* (Baltimore: The Williams & Wilkins Company, 1926), pp. 24, 31, 34。
25. 「在維吉尼亞州諾福克，低社經地位的女性在懷孕期間被給予維他命和礦物質補充品。這些女性生的小孩到四歲時的平均智商，比給予安慰劑的控制組女性的小孩高八分。」Arthur R. Jensen, *Genetics and Education* (New York: Harper & Row, 1972), p. 152. See Ruth F. Harrell, Ella Woodyard, and Arthur I. Gates, *The Effect of Mothers'Diets on the Intelligence of Offspring* (New York: Teachers College, Columbia University, 1955), pp. 32-33, 60; Ana Amelia Freitas-Vilela, et al.,"Maternal Dietary Patterns During Pregnancy and Intelligence Quotients in the Offspring at 8 Years of Age: Findings from the ALSPAC Cohort," *Maternal & Child Nutrition*, Vol. 14, Issue 1 (January 2018), pp. 1-11; Ann P. Streissguth, Helen M. Barr, and Paul D. Sampson, "Moderate Prenatal Alcohol Exposure: Effects on Child IQ and Learning Problems at Age 7. Years," *Alcoholism: Clinical and Experimental Research*, Vol. 14, No. 5 (September/October 1990), pp. 662-669。
26. Thomas Sowell, *Intellectuals and Race*, pp. 23, 31, 32, 33, 38-39, 59, 63-64。

York: Penguin Books, 1984), p. 57。

5. William S. Maltby, *The Rise and Fall of the Spanish Empire* (New York: Palgrave Macmillan, 2009), p. 18; Peter Pierson, *The History of Spain* (Westport, Connecticut: Greenwood Press, 1999), pp. 7-8. Geographer Ellen Churchill Semple described the Canary Islanders as offshoots of"their parent stock of northern Africa."Ellen Churchill Semple, *Influences of Geographic Environment* (New York: Henry Holt and Company, 1911), p. 411。不過，她指出白種人存在於歐洲、亞洲和非洲（Ibid., pp. 390-391）。不管如何，當代在歐洲和北美的大陸民族比加那利群島的民族進步了幾千年。
6. Ellen Churchill Semple, *Influences of Geographic Environment*, p. 411。
7. Ibid., p. 434; Bruce G. Trigger, *Understanding Early Civilizations: A Comparative Study* (Cambridge: Cambridge University Press, 2003), p. 338。
8. Judith A. Bazler, *Biology Resources in the Electronic Age* (Westport, Connecticut: Greenwood Press, 2003), p. 105; Alfred W. Crosby,"An Ecohistory of the Canary Islands: A Precursor of European Colonialization in the New World and Australasia," *Environmental Review*, Vol. 8, No. 3 (Autumn 1984), p. 217。
9. Ellen Churchill Semple, *Influences of Geographic Environment*, pp. 19-20, 45, 69, 118, 144-145, 193, 397, 434, 435, 436, 598, 600; J.R. McNeill, *The Mountains of the Mediterranean World: An Environmental History* (New York: Cambridge University Press, 1992), pp. 142-143; Rupert B. Vance, *Human Geography of the South: A Study in Regional Resources and Human Adequacy* (Chapel Hill: University of North Carolina Press, 1932), pp. 242, 246; Thomas Sowell, *Wealth, Poverty and Politics*, revised and enlarged edition (New York: Basic Books, 2016), pp. 4-5, 20-21, 24, 45, 46, 49, 52, 70, 72-76, 80, 125-126, 209, 211, 228-230, 242-243, 392-393。
10. For documented examples, see Thomas Sowell, *Wealth, Poverty and Politics*, revised and enlarged edition, Part I。
11. Documented examples can be found in Thomas Sowell, *Wealth, Poverty and Politics*, revised and enlarged edition, pp. 4-5, 20-22, 42, 48-54, 59-60, 64-67, 70, 75. See also Ellen Churchill Semple, *Influences of Geographic Environment*, pp. 393, 397, 434, 435。
12. Irving Howe, *World of Our Fathers: The Journey of the East European Jews to America and the Life They Found and Made* (New York: Harcourt Brace Jovanovich, 1976), pp. 369-370; James R. Barrett, *The Irish Way: Becoming American in the Multiethnic City* (New York: Penguin, 2012), pp. 197-198。
13. For documented examples, see Thomas Sowell, *Wealth, Poverty and Politics*, revised and enlarged edition, pp. 396-401。
14. James S. Gardner, et al., "People in the Mountains," *Mountain Geography: Physical and Human Dimensions*, edited by Martin F. Price, et al (Berkeley: University of California

105. Joseph E. Stiglitz, *The Great Divide*, p. 153;"The Tax Bill That Inequality Created,"*New York Times*, December 17, 2017, Sunday Review section, p. 10。

106. "Remarks by the President on Economic Mobility,"December 4, 2013, downloaded from the Obama White House archives: https://obamawhitehouse.archives.gov/the-press-office/2013/12/04/ remarks-president-economic-mobility。

107. Danny Dorling,"Inequality in Advanced Economies," *The New Oxford Handbook of Economic Geography*, edited by Gordon L. Clark, et al (Oxford: Oxford University Press, 2018), pp. 40, 42, 43, 52。

108. [Anonymous], *An Inquiry Into Those Principles Respecting the Nature of Demand and the Necessity of Consumption Lately Advocated by Mr. Malthus* (London: R. Hunter, 1821), p. 110。

109. John Rawls, *A Theory of Justice* (Cambridge, Massachusetts: Harvard University Press, 1971), pp. 43, 60, 61, 265, 302。

110. Woodrow Wilson, *The New Freedom: A Call for the Emancipation of the Energies of a People* (New York: Doubleday, Page & Company, 1913)。

111. Robert A. Dahl and Charles E. Lindblom, *Politics, Economics, and Welfare: Planning and Politico-Economic Systems Resolved into Basic Social Processes* (Chicago: University of Chicago Press, 1976), p. 49。

112. Ibid., p. 425。

113. Angus Deaton, *The Great Escape*, p. 2。

114. Thomas Hobbes, *Leviathan*, p. 16。亞當・斯密寫到他那個年代的教條之一時說：「第一個教導它的人絕不是像相信它的人那種傻瓜。」Adam Smith, *An Inquiry into the Nature and Causes of the Wealth of Nations* (New York: Modern Library, 1937), p. 461。

Chapter 6・社會願景和人的後果

引　言：Joseph A. Schumpeter, Review of Keynes'General Theory, *Journal of the American Statistical Association*, Vol. 31, No. 196 (December 1936), p. 795。

1. See Thomas Sowell, *The Einstein Syndrome: Bright Children Who Talk Late* (New York: Basic Books, 2001); Stephen M. Camarata, *Late-Talking Children: A Symptom or a Stage?* (Cambridge, Massachusetts: MIT Press, 2014)。
2. See, for example, Thomas Sowell, *Intellectuals and Race* (New York: Basic Books, 2013), pp. 24-43; Thomas C. Leonard, *Illiberal Reformers: Race, Eugenics & American Economics in the Progressive Era* (Princeton: Princeton University Press, 2016), pp. 119-124。
3. Oliver Wendell Holmes, *Collected Legal Papers* (New York: Peter Smith, 1952), p. 293。
4. Jean-Jacques Rousseau, *A Discourse on Inequality*, translated by Maurice Cranston (New

of Income For 1929, p. 5。

92. Daniel Patrick Moynihan, *The Negro Family: The Case for National Action* (Washington: Government Printing Office, 1965), p. 18。引述的統計數字是「非白人」小孩的，但是在一九六五年修改移民法之前，「非白人」美國人絕大多數是黑人，直到修改移民法造成來自亞洲和拉丁美洲的移民大幅增加。
93. 例如，一份哈林區的報紙《紐約阿姆斯特丹報》刊登一則專欄，宣稱莫尼漢報告是「晚近出現在印刷品的對美國黑人終極自由的最嚴重威脅」。James Farmer, "The Controversial Moynihan Report," *New York Amsterdam News*, December 18, 1965, p. 36。
94. "The Negro Family: Visceral Reaction," *Newsweek*, December 6, 1965, p. 39。
95. Daniel Patrick Moynihan, *The Negro Family*, p. 17。
96. Godfrey Hodgson, *The Gentleman from New York: Daniel Patrick Moynihan* (Boston: Houghton Mifflin, 2000), pp. 31, 32; Steven R. Weisman, "Introduction," *Daniel Patrick Moynihan: A Portrait in Letters of an American Visionary*, edited by Steven R. Weisman (New York: Public Affairs, 2010), p. 1。
97. Godfrey Hodgson, *The Gentleman from New York*, p. 31。
98. Steven R. Weisman,"Introduction," *Daniel Patrick Moynihan*, p. 1; Douglas Schoen, *Pat: A Biography of Daniel Patrick Moynihan* (New York: Harper & Row, 1979), pp. 17-18。
99. Stephan Thernstrom and Abigail Thernstrom, *America in Black and White: One Nation, Indivisible* (New York: Simon & Schuster, 1997), pp. 237, 238; U.S. Census Bureau, *Statistical Abstract of the United States: 2010* (Washington: Government Printing Office, 2009), p. 59; Proquest, *Statistical Abstract of the United States: 2017* (Lanham, Maryland: Bernam Press, 2016), p. 53。
100. 例如，在他最受爭議的書——與 Richard Herrnstein 合著的《鐘形曲線》（*The Bell Curve*）——出現如下以全部斜體字強調的敘述：個人來自於基因的特性並不表示該特性的群體差異也源自於基因。Richard J. Herrnstein and Charles Murray, *The Bell Curve: Intelligence and Class Structure in American Life* (New York: The Free Press, 1994), p. 298。
101. Associated Press,"Scholar of Race, Class Looks Ahead," *Telegram & Gazette* (Massachusetts), December 29, 2015, p. 14。
102. Timothy M. Phelps and Helen Winternitz, *Capitol Games: The Inside Story of Clarence Thomas, Anita Hill, and a Supreme Court Nomination* (New York: HarperPerennial, 1993), p. xii。
103. Lanny Ebenstein, *Chicagonomics: The Evolution of Chicago Free Market Economics* (New York: St. Martins's Press, 2015), p. 200。
104. See, for example, Thomas Sowell, *A Man of Letters* (New York: Encounter Books, 2007), pp. 118-119, 305-306。

24; *Annual Report of the Secretary of the Treasury on the State of the Finances for the Fiscal Year Ended June 30, 1920* (Washington: Government Printing Office, 1921), pp. 36-37。

76. United States Internal Revenue, Treasury Department, *Statistics of Income from Returns of Net Income For 1920* (Washington: Government Printing Office, 1922), p. 5; Bureau of Internal Revenue, U.S. Treasury Department, *Statistics of Income For 1929* (Washington: Government Printing Office, 1931), p. 5。在最極端的情況下，當最高所得稅率為七三%時，年所得百萬美元以上的人在一九二〇年繳納的所得稅不到總所得稅的五%，而所得不到五千美元的人繳納了一五%。一九二〇年代最高所得稅率降到二四%後，所得百萬美元以上的人繳納了所有所得稅的一九%，所得五千美元以下的人則繳納了不到〇．五%。
77. Robert L. Bartley, *The Seven Fat Years: And How to Do It Again* (New York: The Free Press, 1992), pp. 71-74; James Gwartney and Richard L. Stroup,"As Reagan Promised, the Rich Pay More,"*New York Times*, March 31, 1985, p. F2; "How to Raise Revenue," *Wall Street Journal*, August 24, 2007, p. A14。
78. Oliver Wendell Holmes, *Collected Legal Papers* (New York: Peter Smith, 1952), pp. 230-231。
79. John M. Blum, et al., *The National Experience: A History of the United States*, eighth edition (New York: Harcourt, Brace and Jovanovich, 1991), p. 640。
80. Andrew W. Mellon, *Taxation*, pp. 9, 54-57, 61-62, 94。
81. Ibid., pp. 13, 79-80, 94, 127-128. Secretary Mellon also quoted President Calvin Coolidge as making essentially the same argument. Ibid., pp. 132-133, 220-221。
82. Ibid., pp. 106-107。
83. Ibid., Chapter VIII。
84. Ibid., p. 13。
85. Ibid., p. 167. See also Ibid., pp. 79-80, 141-142, 171-172。
86. Ibid., p. 170。
87. Ibid., p. 94。
88. Ibid., p. 79。
89. Ibid., p. 160。
90. Thomas A. Bailey, David M. Kennedy and Lizabeth Cohen, *The American Pageant: A History of the Republic*, eleventh edition (Boston: Houghton-Mifflin, 1998), p. 768。後來的版本表達了類似的結論說，美隆尋求「救援『貧窮』的富人」。David M. Kenney and Lizabeth Cohen, *The American Pageant: A History of the American People*, sixteenth edition (Boston: Engage Learning, 2016), p. 717。
91. United States Internal Revenue, Treasury Department, *Statistics of Income from Returns of Net Income For 1920*, p. 5; Bureau of Internal Revenue, U.S. Treasury Department, *Statistics*

說，小羅斯福的全國工業復興法「整體而言延遲了復甦」。Leverett S. Lyon, et al., *The National Recovery Administration: An Analysis and Appraisal* (Washington: Brookings Institution, 1935), pp. 873, 874。一九三三年《紐約時報》刊登凱因斯寫給羅斯福總統的一封公開信說：「我在全國工業復興法中沒有發現對復甦的任何實質援助。」John Maynard Keynes, "From Keynes to Roosevelt: Our Recovery Plan Assayed," *New York Times,* December 31, 1933, p. XX2。羅斯福總統自己的財政部長對一些民主黨國會議員說：「我們已嘗試過花錢。我們正在花比過去更多的錢，但沒有用。我只關心一件事，如果我錯了……你們可以取代我的工作。我想看到這個國家繁榮，我想看到人民有工作，我想看到人民吃得飽。我們從未實現我們的承諾……。」Burton Folsom, Jr., *New Deal or Raw Deal? How FDR's Economic Legacy Has Damaged America* (New York: Threshold Editions, 2008), p. 2。

70. J.A. Schumpeter, *History of Economic Analysis* (New York: Oxford University Press, 1954), p. 90。
71. See, for example, Paul Krugman,"Inequality Is a Drag,"*New York Times*, August 8, 2014, p. A23; Paul Krugman,"Obama's Trickle-Up Economics,"*New York Times*, September 16, 2016, p. A27; Joseph E. Stiglitz, *The Great Divide*, pp. 136, 145, 147; Alan Blinder,"Almost Everything Is Wrong With the New Tax Law," *Wall Street Journal*, December 28, 2017, p. A15。和許多譴責他們所謂「滲漏」經濟學的人一樣，史提格里茲教授談到「給」高所得者東西，但事實上把最高稅率從七三％降到二四％帶來更多高所得者的稅收，因為降低的稅率吸引投資的資金流出避險工具，而這正是財政部長美隆之前說過的重點。Compare Joseph E. Stiglitz, *The Price of Inequality: How Today's Divided Society Endangers Our Future* (New York: W.W. Norton and Company, 2012), p. 6 and Andrew W. Mellon, *Taxation: The People's Business* (New York: The Macmillan Company, 1924), pp. 72, 79, 152, 158, 160, 170。
72. See, for example, B.L. Mungekar,"State, Market and the Dalits: Analytics of the New Economic Policy," *Dalits in Modern India*, edited by S.M. Michael (New Delhi: Vistaar, 1999), p. 288。
73. *Public Papers of the Presidents of the United States: John F. Kennedy, 1962* (Washington: U.S. Government Printing Office, 1963), p. 626; *Public Papers of the Presidents of the United States: John F. Kennedy, 1963* (Washington: U.S. Government Printing Office, 1964), p. 762。
74. John Maynard Keynes, *The Means to Prosperity* (New York: Harcourt, Brace and Company, 1933), p. 5。
75. Woodrow Wilson, *The Hope of the World* (New York: Harper & Brothers, 1920), pp. 185-186. See also *Annual Report of the Secretary of the Treasury on the State of the Finances for the Fiscal Year Ended June 30, 1919* (Washington: Government Printing Office, 1920), p.

Big Business in America, sixth edition (Herndon, Virginia: Young America's Foundation, 2010), p. 116; James Gwartney and Richard Stroup,"Tax Cuts: Who Shoulders the Burden?" *Federal Reserve Bank of Atlanta Economic Review*, March 1982, p. 25; Benjamin G. Rader,"Federal Taxation in the 1920s: A Re-examination," *Historian*, Vol. 33, No. 3, pp. 432-433。

60. U. S. Bureau of the Census, *Historical Statistics of the United States: Colonial Times to 1970*, Part 1, p. 126。
61. Allan Nevins and Henry Steele Commager, *A Short History of the United States*, fifth edition, p. 463。
62. See, for example, Thomas E. Woods, Jr.,"Warren Harding and the Forgotten Depression of 1920," *Intercollegiate Review*, Fall 2009, p. 23; Herbert Hoover, *The Memoirs of Herbert Hoover: The Great Depression 1929-1941* (New York: The Macmillan Company, 1952), Chapters 5-18。
63. James A. Smith, *The Idea Brokers: Think Tanks and the Rise of the New Policy Elite* (New York: The Free Press, 1991), p. 76。
64. Richard Vedder and Lowell Gallaway, *Out of Work: Unemployment and Government in Twentieth-Century America* (New York: Holmes & Meier, 1993), p. 77。
65. Ibid。
66. U. S. Bureau of the Census, *Historical Statistics of the United States: Colonial Times to 1970*, Part 1, p. 126; Richard Vedder and Lowell Gallaway, *Out of Work*, p. 77。
67. Richard Vedder and Lowell Gallaway, *Out of Work*, p. 77。
68. See, for example, Janet Poppendieck, *Breadlines Knee-Deep in Wheat: Food Assistance in the Great Depression*, updated and expanded (Berkeley: University of California Press, 2014), pp. 26-27;"The Misery of Garbage,"Social Service Review, Vol. 6, No. 4 (December 1932), pp. 637-642; Edmund Wilson, *The American Earthquake: A Documentary of the Twenties and Thirties* (New York: Octagon Books, 1975), pp. 462-463; William E. Leuchtenburg, *Franklin D. Roosevelt and the New Deal, 1932-1940* (New York: Harper & Row, 1963), p. 249; Harvey Levenstein, *Paradox of Plenty: A Social History of Eating in Modern America*, revised edition (Berkeley: University of California Press, 2003), pp. 3, 4;"Ravages of Crisis in Cleveland Told," *New York Times*, December 27, 1939, p. 14; Samuel Lubell and Walter Everett,"The Breakdown of Relief," *The Nation*, August 20, 1938, p. 171;"Capone Feeds 3,000 a Day in Soup Kitchen," *New York Times*, November 15, 1930, p. 4;"First Bread Line Starts in Boston," *Daily Boston Globe*, October 12, 1931, p. 1。
69. Harold L. Cole and Lee E. Ohanian,"New Deal Policies and the Persistence of the Great Depression: A General Equilibrium Analysis," *Journal of Political Economy*, Vol. 112, No. 4 (August 2004), pp. 779-816。回顧一九三五年，布魯克林研究所的一項研究作結論

43. Stanley Lebergott, *Pursuing Happiness: American Consumers in the Twentieth Century* (Princeton: Princeton University Press, 1993), pp. 40, 120。
44. Allan Nevins and Henry Steele Commager, *A Short History of the United States*, fifth edition (New York: Alfred A. Knopf, 1966), p. 469. Frederick Lewis Allen, *Only Yesterday: An Informal History of the 1920s* (New York: Harper Perennial Classics, 2010), p. 142。
45. Stanley Lebergott, *The American Economy: Income, Wealth, and Want* (Princeton: Princeton University Press, 1976), p. 287。
46. Stanley Lebergott, *Pursuing Happiness*, p. 130。
47. David A. Shannon, *Between the Wars: America, 1919-1941* (Boston: Houghton Mifflin Company, 1965), p. 95。
48. Roger E. Bilstein, *Flight in America: From the Wrights to the Astronauts*, revised edition (Baltimore: Johns Hopkins Press, 1994), p. 57。
49. U.S. Bureau of the Census, *Historical Statistics of the United States: Colonial Times to 1970* (Washington: Government Printing Office, 1975), Part 1, p. 400。
50. Ibid。
51. Chris Willis, *The Man Who Built the National Football League: Joe F. Carr* (Lanham, Maryland: Scarecrow Press, 2010), p. 268。
52. 西爾斯百貨商店的數量從一九二五年的八家，增為一九二九年的三百十九家。三家最大的連鎖雜貨零售商商店數量從一九二〇到一九二九年都增為七倍，其中最大的雜貨零售商 A&P 在一九二〇年為四千六百家，到一九二九年增加到一萬五千四百家。Richard S. Tedlow, *New and Improved: The Story of Mass Marketing in America* (New York: Basic Books, 1990), pp. 195, 290。
53. Ibid., pp. 198-199, 200, 202, 203, 204, 213. See also David Delbert Kruger,"'It Pays to Shop at Penny's': A National Department Store on the Main Streets of Arkansas," *Arkansas Historical Quarterly*, Vol. 71, No. 4 (Winter 2012), pp. 348, 353, 354。
54. Henry Steele Commager and Richard Brandon Morris,"Editors'Introduction,"John D. Hicks, *Republican Ascendancy: 1921-1933* (New York: Harper & Brothers, 1960), p. xi。
55. Edward Alsworth Ross, *Seventy Years of It: An Autobiography* (New York: D. Appleton-Century Company, 1936), p. 98。
56. Arthur M. Schlesinger, Jr., *The Age of Roosevelt, Vol. I: The Crisis of the Old Order 1919-1933* (Boston: Houghton-Mifflin, 1957), p. 68. See also James Truslow Adams, *The Epic of America* (Boston: Little, Brown and Company, 1934), p. 400。
57. Arthur M. Schlesinger, Jr., *The Age of Roosevelt*, Vol. I: *The Crisis of the Old Order*, p. 68。
58. David A. Shannon, *Between the Wars: America*, 1919-1941, p. 86。
59. "Text of President's Speech Elaborating His Views," *Washington Post*, February 13, 1924, p. 4. See also Burton W. Fulsom, Jr., *The Myth of the Robber Barons: A New Look at the Rise of*

10。

25. Theodore Dalrymple, *Life at the Bottom: The Worldview That Makes the Underclass* (Chicago: Ivan R. Dee, 2001), p. 114。
26. See, for example, Joseph Stiglitz,"Equal Opportunity, Our National Myth," *New York Times*, February 17, 2013, Sunday Review, p. 4; Bob Herbert,"The Mobility Myth,"*New York Times*, June 6, 2005, p. A19; Michael W. Weinstein, "America's Rags-to-Riches Myth," *New York Times*, February 18, 2000, p. A28。
27. Isabel V. Sawhill,"Overview,"Julia B. Isaacs, Isabel V. Sawhill and Ron Haskins, *Getting Ahead or Losing Ground: Economic Mobility in America* (Washington: Economic Mobility Project, an initiative of The Pew Charitable Trusts, 2008), p. 6。
28. Joseph E. Stiglitz, *The Great Divide*, p. 159。
29. Theodore Dalrymple, *Life at the Bottom*, p. 70。
30. "A New Kind of Ghetto,"*The Economist*, November 9, 2013, Special Report on Britain, p. 10。
31. Theodore Dalrymple, *Life at the Bottom*, p. 69。
32. Ibid., p. 68。
33. Theodore Dalrymple,"The Barbarians Inside Britain's Gates,"*Wall Street Journal*, August 15, 2011, p. A13。
34. Natalie Perera and Mike Treadway, *Education in England: Annual Report 2016* (London: Centre Forum, 2016), p. 7。
35. Jason L. Riley, *Please Stop Helping Us: How Liberals Make It Harder for Blacks to Succeed* (New York: Encounter Books, 2014), p. 49。
36. Maria Newman,"Cortines Has Plan to Coach Minorities into Top Schools," *New York Times*, March 18, 1995, p. 1; Fernanda Santos,"Black at Stuy," *New York Times*, February 26, 2012, Metropolitan Desk, p. 6。
37. Sharon Otterman,"Diversity Debate Convulses Elite High School," *New York Times*, August 5, 2010, p. A1。
38. Valerie A. Ramey,"Is There a Tiger Mother Effect? Time Use Across Ethnic Groups," *Economics in Action*, Issue 4 (May 3, 2011)。
39. Kenneth Clark,"Behind the Harlem Riots-Two Views,"*New York Herald-Tribune*, July 20, 1964, p. 7。
40. Newton Garver, "What Violence Is," *The Nation*, June 24, 1968, p. 822。
41. National Committee of Negro Churchmen,"'Black Power,'" *New York Times*, July 31, 1966, p. E5。
42. Joseph A. Hill,"Some Results of the 1920 Population Census," *Journal of the American Statistical Association*, Vol. 18, No. 139 (September 1922), p. 353。

Splitting Headache," *The New Republic*, February 23, 1987, p. 33. See also Robert N. Kearney, *Communalism and Language in the Politics of Ceylon* (Durham: Duke University Press, 1967), p. 27。

15. See, for example, Steven R. Weisman,"Sri Lanka: A Nation Disintegrates," *New York Times*, December 13, 1987, pp. SM 34ff; A.R.M. Imtiyaz and Ben Stavis,"Ethno-Political Conflict in Sri Lanka," *Journal of Third World Studies*, Vol. XXV, No. 2 (Fall 2008), pp. 135-152; Robert Draper,"Fragile Peace," *National Geographic*, November 2016, pp. 108-129。
16. Amy L. Freedman,"The Effect of Government Policy and Institutions on Chinese Overseas Acculturation: The Case of Malaysia," *Modern Asian Studies*, Vol. 35, No. 2 (May 2001), p. 416。
17. Donald R. Snodgrass, *Inequality and Economic Development in Malaysia* (Kuala Lumpur: Oxford University Press, 1980), p. 4。
18. 前總理馬哈迪表示，獲得優惠入學和獎學金的馬來人學生「似乎不感激他們獲得的機會。他們對其他事情更感興趣，特別是政治，以致危害了他們的學習」。Mahathir bin Mohamad, "Not One But Two New Malay Dilemmas," *Straits Times* (Singapore), August 1, 2002。馬哈迪宣稱：「我感到失望，因為我未達成讓我的民族變成一個成功民族、一個被尊敬的民族的主要任務。」Michael Shari,"Mahathir's Change of Heart?" *BusinessWeek*, International-Asia edition, July 29, 2002, p. 20。
19. Donald Harman Akenson,"Diaspora, the Irish and Irish Nationalism," *The Call of the Homeland: Diaspora Nationalisms, Past and Present*, edited by Allon Gal, et al (Leiden: Brill, 2010), pp. 190-191; Mei Luo,"Asian Pacific Americans," *Encyclopedia of Educational Leadership and Administration*, edited by Fenwick W. English (Thousand Oaks, California: SAGE Publications, 2006), Volume 1, pp. 53-56; Nana Oishi,"Pacific: Japan, Australia, New Zealand," *The New Americans: A Guide to Immigration Since 1965*, edited by Mary C. Waters and Reed Ueda (Cambridge, Massachusetts: Harvard University Press, 2007), p. 546; "Affirmative Non-Action," *Boston Globe*, January 14, 1985, p. 10。
20. Karyn R. Lacy, *Blue-Chip Black: Race, Class, and Status in the New Black Middle Class* (Berkeley: University of California Press, 2007), pp. 66-68, 77; Mary Pattillo-McCoy, *Black Picket Fences: Privilege and Peril Among the Black Middle Class* (Chicago: University of Chicago Press, 1999), p. 12。
21. Joseph E. Stiglitz, *The Great Divide: Unequal Societies and What We Can Do About Them* (New York: W.W. Norton & Company, 2015), p. 74。
22. Angus Deaton, *The Great Escape: Health, Wealth, and the Origins of Inequality* (New York: Penguin Books, 2013), p. 207。
23. Kay S. Hymowitz,"Brooklyn's Chinese Pioneers," *City Journal*, Spring 2014, pp. 21-29。
24. "A New Kind of Ghetto," *The Economist*, November 9, 2013, Special Report on Britain, p.

P60-259 (Washington: U.S. Census Bureau, 2017), pp. 45, 47。

5. Richard B. Freeman, *Black Elite: The New Market for Highly Educated Black Americans* (New York: McGraw-Hill, 1976), pp. 97-98, 102。
6. Daniel Bergner,"Class Warfare," *New York Times Magazine*, September 7, 2014, p. 62. See also"Success Academy: #1 in New York,"downloaded from the website of Success Academy Charter Schools: http://www.successacademies. org/app/uploads/2017/08/sa_1_in_new_york.pdf;"New York Attacks Success," *Wall Street Journal*, August 23, 2017, p. A14; Molly Peterson,"Good to Great Hits Grade School," *Bloomberg BusinessWeek*, February 15, 2010, p. 56; *KIPP: 2014 Report Card* (San Francisco: KIPP Foundation, 2014), pp. 10, 19; Jay Mathews,"KIPP Continues to Break the Mold and Garner Excellent Results," *Washington Post*, February 3, 2014, p. B2。
7. William Julius Wilson, *The Truly Disadvantaged: The Inner City, the Underclass, and Public Policy* (Chicago: University of Chicago Press, 1987), p. 3。
8. Ibid。
9. See, for example, David Levering Lewis, *When Harlem Was in Vogue* (New York: Penguin Books, 1997), pp. 182-183; Jervis Anderson, *This Was Harlem: A Cultural Portrait, 1900-1950* (New York: Farrar Straus Giroux, 1982), pp. 138-139; Milton & Rose D. Friedman, *Two Lucky People: Memoirs* (Chicago: University of Chicago Press, 1998), p. 48。在第二次世界大戰結束時，一個流落到美軍難民營的立陶宛小孩後來寫了一本回憶錄，回顧他和難民營的其他小孩發現：黑人士兵比白人士兵更有同情心。Leo L. Algminas, *Samogitia Mea Patria: Autobiographical Remembrances* (2015), pp. 124-125。
10. Nicholas Eberstadt, *Men Without Work: America's Invisible Crisis* (West Conshohocken, Pennsylvania: Templeton Press, 2016) p. 72。
11. Andrea Flynn, Susan Holmberg, Dorian T. Warren and Felicia J. Wong, *The Hidden Rules of Race: Barriers to an Inclusive Economy* (New York: Cambridge University Press, 2017), pp. 1-3。
12. "Devils and Enemies," *Far Eastern Economic Review*, July 7, 1994, p. 53。
13. Paul Mojzes, *Balkan Genocides: Holocaust and Ethnic Cleansing in the Twentieth Century* (Lanham, Maryland: Rowman & Littlefield, 2011), p. 2。
14. 正如一位斯里蘭卡學者描述當時的情況：「與南亞（包括緬甸）其他部分成鮮明對比，斯里蘭卡在一九四八年是一片穩定、祥和和秩序的綠洲。權力轉移很順利、和平，反映出該國主流國家主義運動的溫和調性。更重要的是，很少看到晚近南亞國家獨立時陷入的分裂和仇恨。整體來說，國內的情況似乎提供了開始建國和復興的堅實基礎。」K.M. de Silva,"Historical Survey," *Sri Lanka: A Survey*, edited by K.M. de Silva (Honolulu: The University Press of Hawaii, 1977), p. 84。"Sri Lanka had better prospects than most new states when independence came in 1948."Donald L. Horowitz,"A

Times, July 9, 2006, p. A1。

80. James Gwartney and Richard Stroup,"Tax Cuts: Who Shoulders the Burden?" *Federal Reserve Bank of Atlanta Economic Review*, March 1982, pp. 19-27; Benjamin G. Rader,"Federal Taxation in the 1920s: A Re-examination," *Historian*, Vol. 33, No. 3, p. 432; Burton W. Folsom, Jr., *The Myth of the Robber Barons*, sixth edition, p. 116; Robert L. Bartley, *The Seven Fat Years: And How to Do It Again* (New York: The Free Press, 1992), pp. 71-74; Alan Reynolds, "Why 70% Tax Rates Won't Work," *Wall Street Journal*, June 16, 2011, p. A19; Stephen Moore,"Real Tax Cuts Have Curves," *Wall Street Journal*, June 13, 2005, p. A13; *Economic Report of the President: 2017* (Washington: Government Printing Office, 2017), p. 586. See also United States Internal Revenue Service, *Statistics of Income 1920-1929* (Washington: Government Printing Office, 1922-1932)。
81. Alan S. Blinder,"Why Now Is the Wrong Time to Increase the Deficit," *Wall Street Journal*, January 31, 2018, p. A15。
82. 一九二〇年的國家債務略超過二百四十億美元——在威爾遜政府的最後一年——到一九二八年柯立芝政府最後一年時，已減少到低於一百八十億美元。U. S. Bureau of the Census, *Historical Statistics of the United States*, Part 2, p. 1104. See also David Greenberg, *Calvin Coolidge* (New York: Times Books, 2006), p. 67。
83. David Greenberg, *Calvin Coolidge*, p. 72。

Chapter 5・文字的世界

引言：Thomas Hobbes, *Leviathan* (London: J.M. Dent, 1928), p. 16。

1. William Julius Wilson, *More Than Just Race: Being Poor and Black in the Inner City* (New York: W.W. Norton, 2009), pp. 152-153。
2. U.S. Census Bureau,"Table 4. Poverty Status of Families, by Type of Family, Presence of Related Children, Race, and Hispanic Origin: 1959 to 2016,"Downloaded from the website of the Census Bureau: https://www.census.gov/ data/tables/time-series/demo/income-poverty/historical-poverty-people.html。
3. Ibid.; Jessica L. Semega, Kayla R. Fontenot, and Melissa A. Kollar,"Income and Poverty in the United States: 2016," *Current Population Reports*, P60-259 (Washington: U.S. Census Bureau, 2017), pp. 45, 47。
4. U.S. Census Bureau,"Table 4. Poverty Status of Families, by Type of Family, Presence of Related Children, Race, and Hispanic Origin: 1959 to 2016,"Downloaded from the website of the Census Bureau: https://www.census. gov/data/tables/time-series/demo/income-poverty/historical-poverty-people. html; Jessica L. Semega, Kayla R. Fontenot, and Melissa A. Kollar,"Income and Poverty in the United States: 2016," *Current Population Reports*,

69. Thomas Piketty, *Capital in the Twenty-First Century*, p. 278。
70. Robert Arnott, William Bernstein, and Lillian Wu,"The Myth of Dynastic Wealth: The Rich Get Poorer," *Cato Journal*, Fall 2015, p. 461。
71. "Spare a Dime," a special report on the rich, *The Economist*, April 4, 2009, p. 4。
72. See, for example, Phil Gramm and John F. Early,"The Myth of American Inequality," *Wall Street Journal*, August 10, 2018, p. A15. See also Thomas Sowell, *Basic Economics: A Common Sense Guide to the Economy*, fifth edition (New York: Basic Books, 2015), pp. 426-427, 428。
73. Gene Smiley and Richard Keehn,"Federal Personal Income Tax Policy in the 1920s," *Journal of Economic History*, Vol. 55, No. 2 (June 1995), p. 286; Benjamin G. Rader,"Federal Taxation in the 1920s," *The Historian*, Vol. 33, No. 3 (May 1971), p. 432; Burton W. Fulsom, Jr., *The Myth of the Robber Barons: A New Look at the Rise of Big Business in America*, sixth edition (Herndon, Virginia: Young America's Foundation, 2010), pp. 108, 115, 116。
74. Burton W. Fulsom, Jr., *The Myth of the Robber Barons*, sixth edition, p. 109。
75. Andrew W. Mellon, *Taxation: The People's Business* (New York: The Macmillan Company, 1924), p. 170。
76. Gene Smiley and Richard Keehn,"Federal Personal Income Tax Policy in the 1920s," *Journal of Economic History*, Vol. 55, No. 2 (June 1995), p. 289。
77. Burton W. Fulsom, Jr., *The Myth of the Robber Barons*, sixth edition, p. 116。一年所得五萬美元的人繳納的所得稅比率下跌，而一年所得十萬美元和以上的人繳納的所得稅比率增加。在極端的一九一二年，低所得級距的納稅人繳納了一三%的所得稅收，但在一九二九年只佔不到〇．五%，而年所得百萬美元以上的納稅人佔總所得稅的比率，則從不到五%上升到略超過一九%。Gene Smiley and Richard Keehn,"Federal Personal Income Tax Policy in the 1920s," *Journal of Economic History*, Vol. 55, No. 2 (June 1995), p. 295; Benjamin G. Rader,"Federal Taxation in the 1920s," *The Historian*, Vol. 33, No. 3 (May 1971), pp. 432-434。
78. Alan Reynolds,"Why 70% Tax Rates Won't Work," *Wall Street Journal*, June 16, 2011, p. A19; Stephen Moore,"Real Tax Cuts Have Curves," *Wall Street Journal*, June 13, 2005, p. A13。史提格里茲教授說，雷根政府期間的減稅失敗了，「事實上，雷根承諾他的減稅帶來的誘因效應將強到稅收得以增加。然而唯一增加的是赤字」。Joseph E. Stiglitz, *The Price of Inequality* (New York: W.W. Norton, 2012), p. 89。不過，雷根政府期間的每一年聯邦政府課徵的稅收，都超過之前美國的各任政府。*Economic Report of the President: 2018* (Washington: Government Printing Office, 2018), p. 552; U. S. Bureau of the Census, *Historical Statistics of the United States*, Part 2, pp. 1104-1105。赤字反映的事實是，國會超支了許多錢。
79. Edmund L. Andrews,"Surprising Jump in Tax Revenues Curbs U.S. Deficit," *New York*

140; Bill Resnick,"Studies Refute Argument Wage Increase Costs Jobs," *The Oregonian* (Portland), August 25, 1995, p. B7。

56. Richard B. Berman,"Dog Bites Man: Minimum Wage Hikes Still Hurt," *Wall Street Journal*, March 29, 1995, p. A12;"Testimony of Richard B. Berman," *Evidence Against a Higher Minimum Wage*, Hearing Before the Joint Economic Committee, Congress of the United States, One Hundred Fourth Congress, first session, April 5, 1995, Part II, pp. 12-13; Gary S. Becker,"It's Simple: Hike the Minimum Wage, and You Put People Out of Work," *BusinessWeek*, March 6, 1995, p. 22; Paul Craig Roberts,"A Minimum-Wage Study with Minimum Credibility," *BusinessWeek*, April 24, 1995, p. 22; David Neumark and William L. Wascher, *Minimum Wages* (Cambridge, Massachusetts: MIT Press, 2008), pp. 63-65, 71-78。
57. Professor George J. Stigler, in a critique of Professor Lester's survey research, not long after World War II, pointed out that"by parallel logic it can be shown by a current inquiry of health of veterans in 1940 and 1946 that no soldier was fatally wounded."George J. Stigler,"Professor Lester and the Marginalists," *American Economic Review*, Vol. 37, No. 1 (March 1947), p. 157。
58. Dara Lee Luca and Michael Luca,"Survival of the Fittest: The Impact of the Minimum Wage on Firm Exit,"Harvard Business School, Working Paper 17-088, April 2017, pp. 1, 2, 3, 10。
59. Don Watkins and Yaron Brook, *Equal Is Unfair: America's Misguided Fight Against Income Inequality* (New York: St. Martin's Press, 2016), p. 125。
60. Ekaterina Jardim, et al.,"Minimum Wage Increases, Wages, and Low- Wage Employment: Evidence from Seattle,"Working Paper Number 23532, "Abstract" (Cambridge, Massachusetts: National Bureau of Economic Research, June 2017)。
61. "Economic and Financial Indicators," *The Economist*, March 15, 2003, p. 100。
62. "Economic and Financial Indicators," *The Economist*, March 2, 2013, p. 88。
63. "Economic and Financial Indicators," *The Economist*, September 7, 2013, p. 92。
64. "Hong Kong's Jobless Rate Falls," *Wall Street Journal*, January 16, 1991, p. C16。
65. U. S. Bureau of the Census, *Historical Statistics of the United States: Colonial Times to 1970* (Washington: Government Printing Office, 1975), Part 1, p. 126。
66. Steven Pinker, *Enlightenment Now: The Case for Reason, Science, Humanism, and Progress* (New York: Viking, 2018), p. 99。
67. Thomas Piketty, *Capital in the Twenty-First Century* (Cambridge, Massachusetts: Harvard University Press, 2014), p. 252。
68. Thomas A. Hirschl and Mark R. Rank,"The Life Course Dynamics of Affluence," *PLoS ONE*, January 28, 2015, p. 5。

45. Stephan Thernstrom and Abigail Thernstrom, *America in Black and White: One Nation, Indivisible* (New York: Simon & Schuster, 1997), p. 446; Richard J. Herrnstein and Charles Murray, *The Bell Curve: Intelligence and Class Structure in American Life* (New York: The Free Press, 1994), pp. 321-323; William R. Johnson and Derek Neal,"Basic Skills and the Black-White Earnings Gap," *The Black-White Test Score Gap*, edited by Christopher Jencks and Meredith Phillips (Washington: Brookings Institution Press, 1998), pp. 480-497。類似結果也在資料允許定性比較其他因素的情況下發現。See, for example, Richard B. Freeman, *Black Elite: The New Market for Highly Educated Black Americans* (New York: McGraw-Hill, 1976), pp. 207, 209。
46. See, for example, Richard B. Freeman, *Black Elite*, pp. 206-207; Thomas Sowell, *Education: Assumptions Versus History* (Stanford: Hoover Institution Press, 1986), pp. 82-89。
47. See data in Thomas Sowell, *Education*, pp. 83-88. See also Richard B. Freeman, *Black Elite*, pp. 208-209。
48. Thomas Sowell, *Education*, p. 96。
49. U.S. Department of Labor, Bureau of Labor Statistics, *Characteristics of Minimum Wage Workers: 2017* (Washington: Department of Labor, Bureau of Labor Statistics, 2018), p. 1 and tables 1 and 7。
50. Michael A. Fletcher and Jonathan Weisman,"Bush Supports Democrats'Minimum Wage Hike Plan," *Washington Post*, December 21, 2006, p. A14。
51. "Labours Lost," *The Economist*, July 15, 2000, pp. 64-65; Robert W. Van Giezen, "Occupational Wages in the Fast-Food Restaurant Industry," *Monthly Labor Review*, August 1994, pp. 24-30。
52. 威森教授就是這麼做的人之一，參考他寫的許多書：*The Declining Significance of Race: Blacks and Changing American Institutions*, third edition (Chicago: University of Chicago Press, 2012), pp. 16, 95, 165; *The Truly Disadvantaged: The Inner City, the Underclass, and Public Policy*, second edition (Chicago: University of Chicago Press, 2012), p. 177; *When Work Disappears*, p. 25。
53. "Labours Lost," *The Economist*, July 15, 2000, pp. 64-65。
54. Richard A. Lester,"Shortcomings of Marginal Analysis for Wage-Employment Problems," *American Economic Review*, Vol. 36, No. 1 (March 1946), pp. 63-82。
55. David Card and Alan B. Krueger,"Minimum Wages and Employment: A Case Study of the Fast-Food Industry in New Jersey and Pennsylvania,"*American Economic Review*, Vol. 84, No. 4 (September 1994), pp. 772-793; David Card and Alan B. Krueger, *Myth and Measurement: The New Economics of the Minimum Wage* (Princeton: Princeton University Press, 1995); Douglas K. Adie, Book Review,"Myth and Measurement: The New Economics of the Minimum Wage," *Cato Journal*, Vol. 15, No. 1 (Spring/Summer 1995), pp. 137-

Saw Red Ink," *Montreal Gazette*, January 2, 2016, p. B8。

30. "Billionaires," *Forbes*, March 21, 2016, p. 10。
31. 有九個人在十年間只有一年暫時屬於最高級距，這表示在那十年內有九十個人暫時屬於那個級距。每年都屬於這個級距的一個人使在十年間有某個時候屬於該所得級距的總人數達到九十一人。第一年九個短暫一年屬於高級距者的收入是一千二百六十萬美元，十年間九十個的總收入累計為一億二千六百萬美元，再加上十年都屬於較高級距的一個人總收入五百萬美元後，使在十年期間某個時候屬於較高級距的所有九十一個人累計賺得一億三千一百萬美元。這九十一個人因此有十萬三千九百五十六美元四美分的平均年所得，是一年賺進五萬美元的十個人平均年所得的將近三倍。
32. See data and documentation in Thomas Sowell, *Wealth, Poverty and Politics*, revised and enlarged edition (New York: Basic Books, 2016), pp. 321-322。
33. William Julius Wilson, *When Work Disappears: The World of the New Urban Poor* (New York: Alfred A. Knopf, 1996), p. xix。
34. Ibid., p. 67。
35. Ibid., p. 140。
36. Ibid., pp. 178, 179。
37. David Caplovitz, *The Poor Pay More: Consumer Practices of Low-Income Families* (New York: The Free Press, 1967), pp. 94-95。
38. John U. Ogbu, *Black American Students in an Affluent Suburb: A Study of Academic Disengagement* (Mahwah, New Jersey: Lawrence Erlbaum Associates, 2003), pp. 15, 17, 21, 28, 240。
39. Thomas D. Snyder, Cristobal de Brey and Sally A. Dillow, *Digest of Education Statistics: 2015*, 51st edition (Washington: U.S. Department of Education, National Center for Education Statistics, 2016), pp. 328, 329. See also Valerie A. Ramey,"Is There a Tiger Mother Effect? Time Use Across Ethnic Groups," *Economics in Action*, Issue 4 (May 3, 2011)。
40. Richard Lynn, *The Global Bell Curve: Race, IQ, and Inequality Worldwide* (Augusta, Georgia: Washington Summit Publishers, 2008), p. 51。
41. James Bartholomew, *The Welfare of Nations* (Washington: The Cato Institute, 2016), pp. 104-106; *PISA 2015: Results in Focus* (Paris: OECD, 2018), p. 5。
42. Robert A. Margo,"Race, Educational Attainment, and the 1940 Census," *Journal of Economic History*, Vol. 46, No. 1 (March 1986), pp. 196-197。
43. Ibid., p. 197。
44. Abigail Thernstrom and Stephen Thernstrom, *No Excuses: Closing the Racial Gap in Learning* (New York: Simon & Schuster, 2004), p. 13。

Americans (Chicago: Ivan R. Dee, 2003), pp. 28, 31, 32. The original report was: James E. Lange, Ph.D., et al., *Speed Violation Survey of the New Jersey Turnpike: Final Report* (Calverton, Maryland: Public Services Research Institute, 2001). It was submitted to the Office of the State Attorney General in Trenton, New Jersey。

21. Heather Mac Donald, *Are Cops Racist?*, pp. 28-34。
22.

族群	平均年齡
黑人	33.9
柬埔寨人	32.9
中國人	38.1
古巴人	40.7
日本人	50.6
墨西哥人	27.0
波多黎各人	29.9
白人	40.6
總人口	**37.9**

資料來源：U.S. Census Bureau, S0201, Selected Population Profile in the United States, 2016 American Community Survey 1-Year Estimates.。

23. Heather Mac Donald, *Are Cops Racist?*, p. 29。
24. Heather Mac Donald, *The War on Cops: How the New Attack on Law and Order Makes Everyone Less Safe* (New York: Encounter Books, 2016), pp. 56-57, 69-71。
25. Sterling A. Brown, *A Son's Return: Selected Essays of Sterling A. Brown*, edited by Mark A. Sanders (Boston: Northeastern University Press, 1996), p. 73。
26. Mark Robert Rank, Thomas A. Hirschl and Kirk A. Foster, *Chasing the American Dream*, p. 97。
27. Internal Revenue Service,"The 400 Individual Income Tax Returns Reporting the Highest Adjusted Gross Incomes Each Year, 1992-2000," *Statistics of Income Bulletin*, Spring 2003, Publication 1136 (Revised 6-03), p. 7。
28. Internal Revenue Service, Statistics of Income Division,"The 400 Individual Income Tax Returns Reporting the Largest Adjusted Gross Incomes Each Year, 1992-2014,"December 2016, p. 17。
29. Devon Pendleton and Jack Witzig,"The World's Richest People Got Poorer This Year," *Bloomberg.com*, December 28, 2015; Devon Pendleton and Jack Witzig,"World's Wealthiest

8. U.S. Census Bureau,"Table HINC-05. Percent Distribution of Households, by Selected Characteristics within Income Quintile and Top 5 Percent in 2016,"from the Current Population Survey, downloaded on July 11, 2018: https:// www.census.gov/data/tables/time-series/demo/income-poverty/cps-hinc/hinc- 05.htm。
9. Herman P. Miller, *Income Distribution in the United States* (Washington: U.S. Department of Commerce, Bureau of the Census, 1966), p. 7。
10. Rose M. Kreider and Diana B. Elliott,"America's Family and Living Arrangements: 2007," *Current Population Reports*, P20-561 (Washington: U.S. Bureau of the Census, 2009), p. 5。
11. W. Michael Cox and Richard Alm,"By Our Own Bootstraps: Economic Opportunity & the Dynamics of Income Distribution," *Annual Report*, 1995, Federal Reserve Bank of Dallas, p. 8。
12. Richard V. Reeves,"Stop Pretending You're Not Rich," *New York Times*, June 11, 2017, Sunday Review section, p. 5。
13. Mark Robert Rank, Thomas A. Hirschl and Kirk A. Foster, *Chasing the American Dream: Understanding What Shapes Our Fortunes* (Oxford: Oxford University Press, 2014), p. 105。
14. U.S. Department of the Treasury,"Income Mobility in the U.S. from 1996 to 2005,"November 13, 2007, pp. 2, 4, 7。
15. Peter Saunders, *Poor Statistics: Getting the Facts Right About Poverty in Australia* (St. Leonards, Australia: Centre for Independent Studies, 2002), pp. 1-12; David Green, *Poverty and Benefit Dependency* (Wellington: New Zealand Business Roundtable, 2001), pp. 32, 33; Jason Clemens and Joel Emes,"Time Reveals the Truth about Low Income," *Fraser Forum*, September 2001, The Fraser Institute in Vancouver, Canada, pp. 24-26; Niels Veldhuis, et al.,"The'Poor'Are Getting Richer," *Fraser Forum*, January/February 2013, p. 25。
16. U.S. Department of the Treasury,"Income Mobility in the U.S. from 1996 to 2005,"November 13, 2007, p. 4。
17. Danny Dorling,"Inequality in Advanced Economies," *The New Oxford Handbook of Economic Geography*, edited by Gordon L. Clark, et al (Oxford: Oxford University Press, 2018), p. 41。
18. Thomas A. Hirschl and Mark R. Rank,"The Life Course Dynamics of Affluence," *PLoS ONE*, January 28, 2015, p. 1。
19. U.S. Department of the Treasury,"Income Mobility in the U.S. from 1996 to 2005,"November 13, 2007, pp. 2, 4; Internal Revenue Service,"The 400 Individual Income Tax Returns Reporting the Highest Adjusted Gross Incomes Each Year, 1992-2000," *Statistics of Income Bulletin*, Spring 2003, Publication 1136 (Revised 6-03), p. 7。
20. Heather Mac Donald, *Are Cops Racist? How the War Against the Police Harms Black*

Journey (Baltimore: Johns Hopkins University Press, 2010), pp. 174-180; Peter Gottlieb, *Making Their Own Way: Southern Blacks'Migration to Pittsburgh, 1916-1930* (Urbana: University of Illinois Press, 1987), pp. 55-59; Sean Dennis Cashman, *America in the Twenties and Thirties: The Olympian Age of Franklin Delano Roosevelt* (New York: New York University Press, 1989), p. 267。

101. August Meier and Elliott Rudwick, *Black Detroit and the Rise of the UAW* (New York: Oxford University Press, 1979), pp. 9-11; Milton C. Sernett, *Bound for the Promised Land: African American Religion and the Great Migration* (Durham: Duke University Press, 1997), pp. 148-149。

Chapter 4・數字的世界

引　言：Mark Twain, *Mark Twain's Autobiography* (New York: Harper & Brothers, 1924), Volume I, p. 246。

1. United States Commission on Civil Rights, *Civil Rights and the Mortgage Crisis* (Washington: U.S. Commission on Civil Rights, 2009), p. 53。
2. Ibid. See also page 61; Robert B. Avery and Glenn B. Canner,"New Information Reported under HMDA and Its Application in Fair Lending Enforcement," *Federal Reserve Bulletin, Summer 2005*, p. 379; Wilhelmina A. Leigh and Danielle Huff,"African Americans and Homeownership: The Subprime Lending Experience, 1995 to 2007," *Joint Center for Political and Economic Studies*, November 2007, p. 5。
3. Jim Wooten,"Answers to Credit Woes are Not in Black and White," *Atlanta Journal-Constitution*, November 6, 2007, p. 12A。
4. Harold A. Black, M. Cary Collins and Ken B. Cyree,"Do Black-Owned Banks Discriminate Against Black Borrowers?" *Journal of Financial Services Research*, Vol. 11, Issue 1-2 (February 1997), pp. 189-204。此處和其他地方一樣，我們不應假設兩個未加檢視的樣本在有關聯的變數上是相同的。在這個例子，沒有理由假設向黑人銀行提出申貸的人，和向白人銀行申貸的黑人是一樣的人。
5. Robert Rector and Rea S. Hederman, "Two Americas: One Rich, One Poor? Understanding Income Inequality in the United States," *Heritage Foundation Backgrounder*, No. 1791 (August 24, 2004), pp. 7, 8。
6. 在二〇一五年各五分位數的人數是以各五分位數的「消費者單位」數，乘以每消費者的平均人數計算出來的。See Table 1 in Veri Crain and Taylor J.Wilson,"Use with Caution: Interpreting Consumer Expenditure Income Group Data," *Beyond the Numbers* (Washington: U.S. Bureau of Labor Statistics, May 2017), p. 3。
7. Ibid。

少些，和把既有的剩餘拋棄，因為借摩根索的說法，「美國各地都有吃不飽的人」。摩根索計畫把剩餘送給挨餓的人，但遭到總統顧問霍普金斯（Harry Hopkins）否決。根據摩根索的日記：「我一轉身，霍普金斯就去找華勒斯說他們不能這麼做，因為那等於承認你做過的事是錯的……如果我們餵養營養不良的人吃剩餘食物，那就是承認計畫徹底失敗，所以最好不要這麼做。」於是華勒斯告訴摩根索把剩餘食物送給挨餓的人將是「壞政策」。Janet Poppendieck, *Breadlines Knee-Deep in Wheat: Food Assistance in the Great Depression*, updated and expanded (Berkeley: University of California Press, 2014), pp. 238, 239-240。

94. See, for example, Raj Chetty, Nathaniel Hendren, and Lawrence F. Katz,"The Effects of Exposure to Better Neighborhoods on Children: New Evidence from the Moving to Opportunity Experiment," *American Economic Review*, Vol. 106, No. 4 (April 2016), pp. 857, 899; Lawrence F. Katz, Jeffrey R. Kling, and Jeffrey B. Liebman,"Moving to Opportunity in Boston: Early Results of a Randomized Mobility Experiment," *Quarterly Journal of Economics*, Vol. 116, No. 2 (May 2001), pp. 607, 611-612, 648。
95. *Equal Employment Opportunity Commission v. Sears, Roebuck & Company*, 839 F.2d 302 at 311, 360; Peter Brimelow, "Spiral of Silence," *Forbes*, May 25, 1992, p. 77。
96. Paul Sperry,"Background Checks Are Racist?" *Investor's Business Daily*, March 28, 2014, p. A1。
97. Harry J. Holzer, Steven Raphael, and Michael A. Stoll,"Perceived Criminality, Criminal Background Checks, and the Racial Hiring Practices of Employers," *Journal of Law and Economics*, Vol. 49, No. 2 (October 2006), pp. 451-480。
98. Jason L. Riley,"Jobless Blacks Should Cheer Background Checks,"*Wall Street Journal*, August 23, 2013, p. A11; Paul Sperry,"Background Checks Are Racist?" *Investor's Business Daily*, March 28, 2014, p. A1。
99. Douglas P. Woodward,"Locational Determinants of Japanese Manufacturing Start-ups in the United States," *Southern Economic Journal*, Vol. 58, Issue 3 (January 1992), pp. 700, 706; Robert E. Cole and Donald R. Deskins, Jr.,"Racial Factors in Site Location and Employment Patterns of Japanese Auto Firms in America," *California Management Review*, Fall 1988, pp. 17-18。
100. Philip S. Foner,"The Rise of the Black Industrial Working Class, 1915-1918," *African Americans in the U.S. Economy*, edited by Cecilia A. Conrad, et al (Lanham, Maryland: Rowman and Littlefield, 2005), pp. 38-43; Leo Alilunas,"Statutory Means of Impeding Emigration of the Negro," *Journal of Negro History*, Vol. 22, No. 2 (April 1937), pp. 148-162; Carole Marks,"Lines of Communication, Recruitment Mechanisms, and the Great Migration of 1916-1918," *Social Problems*, Vol. 31, No. 1 (October 1983), pp. 73-83; Theodore Kornweibel, Jr., *Railroads in the African American Experience: A Photographic*

76. Alex Kotlowitz, "Where Is Everyone Going?" *Chicago Tribune*, March 10, 2002。
77. Mary Mitchell,"Middle-Class Neighborhood Fighting to Keep Integrity," *Chicago Sun-Times*, November 10, 2005, p. 14。
78. Mick Dumke,"Unease in Chatham, But Who's at Fault?" *New York Times*, April 29, 2011, p. A23。
79. Gary Gilbert,"People Must Get Involved in Section 8 Reform," *Contra Costa Times*, November 18, 2006, p. F4。
80. Geetha Suresh and Gennaro F. Vito, "Homicide Patterns and Public Housing: The Case of Louisville, KY (1989-2007), *Homicide Studies*, Vol. 13, No. 4 (November 2009), pp. 411-433。
81. Alex Kotlowitz, "Where Is Everyone Going?" *Chicago Tribune*, March 10, 2002。
82. Ibid。
83. J.D. Vance, *Hillbilly Elegy: A Memoir of a Family and Culture in Crisis* (New York: HarperCollins, 2016), p. 140。
84. Ibid., p. 141。
85. Lisa Sanbonmatsu, Jeffrey R. Kling, Greg J. Duncan and Jeanne Brooks-Gunn, "Neighborhoods and Academic Achievement: Results from the Moving to Opportunity Experiment," *The Journal of Human Resources*, Vol. 41, No. 4 (Fall, 2006), p. 682。
86. Jens Ludwig, et al.,"What Can We Learn about Neighborhood Effects from the Moving to Opportunity Experiment?" *American Journal of Sociology*, Vol. 114, No. 1 (July 2008), p. 148。
87. Jeffrey R. Kling, et al.,"Experimental Analysis of Neighborhood Effects," *Econometrica*, Vol. 75, No. 1 (January 2007), p. 99。
88. Jens Ludwig, et al.,"Long-Term Neighborhood Effects on Low-Income Families: Evidence from Moving to Opportunity," *American Economic Review*, Vol. 103, No. 3 (May 2013), p. 227。
89. Lawrence F. Katz, Jeffrey R. Kling, and Jeffrey B. Liebman,"Moving to Opportunity in Boston: Early Results of a Randomized Mobility Experiment," *Quarterly Journal of Economics*, Vol. 116, No. 2 (May 2001), p. 648。
90. *Moving To Opportunity for Fair Housing Demonstration Program: Final Impacts Evaluation, Summary* (Washington: U.S. Department of Housing and Urban Development, November 2011), p. 3。
91. "HUD's Plan to Diversify Suburbs," *Investor's Business Daily*, July 23, 2013, p. A12。
92. Ibid。
93. 例如在一九三〇年代的大蕭條期間，財政部長摩根索（Henry Morgenthau）對一個由農業部長華勒斯（Henry Wallace）管理的計畫感到驚駭。華勒斯嘗試要農民生產

1994), pp. 409-410。

66. *Brown v. Board of Education of Topeka*, 347 U.S. 483 (1954), at 495。
67. Ibid., at 494。
68. T. Rees Shapiro,"Vanished Glory of an All-Black High School," *Washington Post*, January 19, 2014, p. B6。「最高法院的判決下來那年，丹巴把八〇％的畢業生送進大學，比率是華盛頓所有學校中最高的，不管是白人或黑人學校都一樣。同一年，丹巴拿獎學金進大學的比率高居第一。Alison Stewart, *First Class: The Legacy of Dunbar, America's First Black Public High School* (Chicago: Lawrence Hill Books, 2013), p. 173。
69. Henry S. Robinson,"The M Street High School, 1891-1916," *Records of the Columbia Historical Society*, Washington, D.C., Vol. LI (1984), p. 122; *Report of the Board of Trustees of Public Schools of the District of Columbia to the Commissioners of the District of Columbia: 1898-99* (Washington: Government Printing Office, 1900), pp. 7, 11。
70. Mary Gibson Hundley, *The Dunbar Story: 1870-1955* (New York: Vantage Press, 1965), p. 75。
71. Ibid., p. 78. Mary Church Terrell,"History of the High School for Negroes in Washington," *Journal of Negro History*, Vol. 2, No. 3 (July 1917), p. 262。
72. Louise Daniel Hutchison, *Anna J. Cooper: A Voice from the South* (Washington: The Smithsonian Institution Press, 1981), p. 62; Jervis Anderson,"A Very Special Monument," *The New Yorker*, March 20, 1978, p. 100; Alison Stewart, *First Class*, p. 99;"The Talented Black Scholars Whom No White University Would Hire," *Journal of Blacks in Higher Education*, No. 58 (Winter 2007/2008), p. 81。
73. Tucker Carlson, "From Ivy League to NBA," *Policy Review*, Spring 1993, p. 36。
74. See"Success Academy: #1 in New York,"downloaded from the website of Success Academy Charter Schools: http://www.successacademies.org/app/ uploads/2017/08/sa_1_in_new_york.pdf. See also"New York Attacks Success," *Wall Street Journal*, August 23, 2017, p. A14; Katie Taylor,"Struggling City Schools Improve Their Test Scores, but Not All Are Safe," *New York Times*, August 23, 2017, p. A16。
75. See, for example, Alex Kotlowitz,"Where Is Everyone Going?" *Chicago Tribune*, March 10, 2002; Mary Mitchell,"Middle-Class Neighborhood Fighting to Keep Integrity," *Chicago Sun-Times*, November 10, 2005, p. 14; Jessica Garrison and Ted Rohrlich,"A Not-So-Welcome Mat," *Los Angeles Times*, June 17, 2007, p. A1; Paul Elias,"Influx of Black Renters Raises Tension in Bay Area," *The Associated Press*, December 31, 2008; Mick Dumke,"Unease in Chatham, But Who's at Fault?" *New York Times*, April 29, 2011, p. A23; James Bovard,"Raising Hell in Subsidized Housing," *Wall Street Journal*, August 18, 2011, p. A15; Frank Main,"Crime Felt from CHA Relocations," *Chicago Sun-Times*, April 5, 2012, p. 18。

克服那種偏見，勢必要透過黑人個人的努力，提升自己到一個超越同胞的平均文化水準。因此，我認為我自己和我的同胞必須接受這個挑戰。」他後來成為一個成功的建築師，為銀行、教會和好萊塢巨星興建大樓和豪宅。See Karen E. Hudson, *Paul R. Williams, Architect: A Legacy of Style* (New York: Rizzoli International Publications, 1993), p. 12。

51. See, for example, Christopher Silver,"The Racial Origins of Zoning in American Cities," *Urban Planning and the African American Community: In the Shadows*, edited by June Manning Thomas and Marsha Ritzdorf (Thousand Oaks: Sage Publications, 1997), pp. 23-42; Michael Jones-Correa,"The Origins and Diffusion of Racial Restrictive Covenants," *Political Science Quarterly*, Vol. 115, No. 4 (Winter 2000-2001), pp. 541-568。
52. See Abbot Emerson Smith, *Colonists in Bondage: White Servitude and Convict Labor in America 1607-1776* (Gloucester, Massachusetts: Peter Smith, 1965), pp. 3-4。
53. E. Franklin Frazier, *The Negro in the United States*, revised edition, pp. 22-26; John Hope Franklin, *From Slavery to Freedom: A History of American Negroes*, second edition (New York: Alfred A. Knopf, 1947), pp. 70-72。
54. St. Clair Drake and Horace R. Cayton, *Black Metropolis*, revised and enlarged edition, pp. 44-45。
55. David M. Katzman, *Before the Ghetto*, pp. 35, 69, 102, 200。
56. Ibid., p. 160; Willard B. Gatewood, *Aristocrats of Color*, p. 125。
57. W.E.B. Du Bois, *The Philadelphia Negro: A Social Study* (New York: Schocken Books, 1967), pp. 7, 41-42, 305-306。
58. Jacob Riis, *How the Other Half Lives: Studies among the Tenements of New York* (Cambridge, Massachusetts: Harvard University Press, 1970), p. 99; David M. Katzman, *Before the Ghetto*, pp. 35, 37, 138, 139, 160; St. Clair Drake and Horace R. Cayton, *Black Metropolis*, revised and enlarged edition, pp. 44-45; Willard B. Gatewood, *Aristocrats of Color*, p. 125。
59. Davison M. Douglas, *Jim Crow Moves North*, p. 3。
60. Jacob Riis, *How the Other Half Lives*, p. 99。
61. Davison M. Douglas, *Jim Crow Moves North*, p. 3。
62. Ibid., pp. 155-156。
63. Ibid., pp. 154。
64. For documentation, see Thomas C. Leonard, *Illiberal Reformers: Race, Eugenics & American Economics in the Progressive Era* (Princeton: Princeton University Press, 2016), pp. 119-124; Thomas Sowell, *Intellectuals and Race* (New York: Basic Books, 2013), pp. 24-43。
65. See, for example, Jacqueline A. Stefkovich and Terrence Leas,"A Legal History of Desegregation in Higher Education," *Journal of Negro Education*, Vol. 63, No. 3 (Summer

35. Davison M. Douglas, *Jim Crow Moves North*, pp. 130-131; Willard B. Gatewood, *Aristocrats of Color*, p. 147。
36. James N. Gregory, *The Southern Diaspora: How the Great Migrations of Black and White Southerners Transformed America* (Chapel Hill: University of North Carolina Press, 2005), p. 123; Isabel Wilkerson, *The Warmth of Other Suns: The Epic Story of America's Great Migration* (New York: Random House, 2010), p. 291; Carl Wittke, *The Irish in America* (New York: Russell & Russell, 1970), pp. 101-102; Oscar Handlin, *Boston's Immigrants* (New York: Atheneum, 1970), pp. 169-170; Jay P. Dolan, *The Irish Americans: A History* (New York: Bloomsbury Press, 2008), pp. 118-119; Irving Howe, *World of Our Fathers: The Journey of the East European Jews to America and the Life They Found and Made* (New York: Harcourt Brace Jovanovich, 1976), pp. 229-230。
37. Daniel J. Elazar and Peter Medding, *Jewish Communities in Frontier Societies*, pp. 282-283。
38. Marilynn S. Johnson, *The Second Gold Rush: Oakland and the East Bay in World War II* (Berkeley: University of California Press, 1993), p. 198。
39. Douglas Henry Daniels, *Pioneer Urbanites: A Social and Cultural History of Black San Francisco* (Philadelphia: Temple University Press, 1980), pp. 50, 75, 77, 97。
40. Marilynn S. Johnson, *The Second Gold Rush*, p. 52。
41. Ibid., p. 55。
42. Douglas Henry Daniels, *Pioneer Urbanites*, p. 165。
43. Marilynn S. Johnson, *The Second Gold Rush*, pp. 95-96, 152, 170; E. Franklin Frazier, *The Negro in the United States*, revised edition, p. 270; Douglas Henry Daniels, *Pioneer Urbanites*, pp. 171-175。
44. E. Franklin Frazier, *The Negro in the United States*, revised edition, p. 270。
45. Gunnar Myrdal, *An American Dilemma: The Negro Problem and Modern Democracy* (New York: Harper & Brothers, 1944), p. 965。
46. Arthur R. Jensen, *Genetics and Education* (New York: Harper & Row, 1972), pp. 106-107, 129-130。
47. Mya Frazier,"After the Walmart Is Gone," *Bloomberg Businessweek*, October 16, 2017, p. 59。
48. William Julius Wilson, *More Than Just Race: Being Black and Poor in the Inner City* (New York: W.W. Norton & Company, 2009), pp. 1-2。
49. Walter E. Williams, *Race & Economics: How Much Can Be Blamed on Discrimination* (Stanford: Hoover Institution Press, 2011), p. 117。
50. Paul R. Williams 在二十世紀初決定成為一個建築師時也是如此，當時黑人似乎不可能從事這個行業。他說：「美國白人對他們歧視黑人的偏見有合理的根據，而若要

Florette, *Black Migration: Movement North, 1900-1920* (Garden City, New York: Anchor Press, 1975), pp. 96-97; Allan H. Spear, *Black Chicago: The Making of a Negro Ghetto, 1890-1920* (Chicago: University of Chicago Press, 1967), p. 168。

27. James R. Grossman,"African-American Migration to Chicago," *Ethnic Chicago*, fourth edition, edited by Melvin G. Holli and Peter d'A. Jones, pp. 323, 330, 332, 333-334; Willard B. Gatewood, *Aristocrats of Color*, pp. 186-187, 332; Allan H. Spear, *Black Chicago*, p. 168; E. Franklin Frazier, *The Negro in the United States*, revised edition (New York: Macmillan, 1957), p. 284; Henri Florette, *Black Migration*, pp. 96-97; Gilbert Osofsky, *Harlem: The Making of a Ghetto, Negro New York 1890-1930* (New York: Harper & Row, 1966), pp. 43-44; Ivan H. Light, *Ethnic Enterprise in America: Business and Welfare Among Chinese, Japanese, and Blacks* (Berkeley: University of California Press, 1972), Figure 1 (after p. 100); W.E.B. Du Bois, *The Black North in 1901: A Social Study* (New York: Arno Press, 1969), p. 25。
28. James R. Grossman,"African-American Migration to Chicago," *Ethnic Chicago*, fourth edition, edited by Melvin G. Holli and Peter d'A. Jones, p. 331. See also Ethan Michaeli, *The Defender: How the Legendary Black Newspaper Changed America* (Boston: Houghton Mifflin Harcourt, 2016), p. 84。
29. Willard B. Gatewood, Aristocrats of Color, pp. 186-187; James R. Grossman, "African-American Migration to Chicago," *Ethnic Chicago*, fourth edition, edited by Melvin G. Holli and Peter d'A. Jones, pp. 323, 330; St. Clair Drake and Horace R. Cayton, *Black Metropolis*, revised and enlarged edition, pp. 73-74。
30. E. Franklin Frazier, *The Negro in the United States*, revised edition, p. 643。
31. 根據史迪芬・平克表示：「北方和南方的差異不是白人與黑人差異的副產品。南方白人比北方白人暴力，而南方黑人比北方黑人暴力。」Steven Pinker, *The Better Angels of Our Nature: Why Violence Has Declined* (New York: Viking, 2011), p. 94。
32. Davison M. Douglas, *Jim Crow Moves North: The Battle over Northern School Segregation, 1865-1954* (Cambridge: Cambridge University Press, 2005), pp. 2-5, 61-62; Willard B. Gatewood, *Aristocrats of Color*, p. 250; E. Franklin Frazier, *The Negro in the United States*, revised edition, p. 441。
33. Willard B. Gatewood, *Aristocrats of Color*, pp. 64, 65, 300-301; E. Franklin Frazier, *The Negro in the United States*, revised edition, pp. 250-251。
34. Davison M. Douglas, *Jim Crow Moves North*, pp. 128, 129; Kenneth L. Kusmer, *A Ghetto Takes Shape*, pp. 57, 64-65, 75-76, 80, 178-179。在聖路易和芝加哥，限制性契約的數量約在第一次世界大戰期間的大移民潮時激增。Michael Jones-Correa, "The Origins and Diffusion of Racial Restrictive Covenants," *Political Science Quarterly*, Vol. 115, No. 4 (Winter 2000-2001), p. 558。

Selected Writings, edited by G. Franklin Edwards (Chicago: University of Chicago Press, 1968), pp. 122-126。

16. E. Franklin Frazier,"The Impact of Urban Civilization Upon Negro Family Life," *American Sociological Review*, Vol. 2, No. 5 (October 1937), p. 615。
17. David M. Katzman, *Before the Ghetto: Black Detroit in the Nineteenth Century* (Urbana: University of Illinois Press, 1973), p. 27。
18. Kenneth L. Kusmer, *A Ghetto Takes Shape: Black Cleveland, 1870-1930* (Urbana: University of Illinois Press, 1978), p. 209。
19. Jonathan Gill, *Harlem*, p. 284。
20. Andrew F. Brimmer,"The Labor Market and the Distribution of Income," *Reflections of America: Commemorating the Statistical Abstract Centennial*, edited by Norman Cousins (Washington: U.S. Department of Commerce, Bureau of the Census, 1980), pp. 102-103。
21. Rakesh Kochhar and Anthony Cilluffo, *Income Inequality in the U.S. Is Rising Most Rapidly Among Asians* (Washington: Pew Research Center, 2018), p. 4. See also William Julius Wilson, *When Work Disappears: The World of the New Urban Poor* (New York: Alfred A. Knopf, 1996), p. 195。
22. Horace Mann Bond, *A Study of Factors Involved in the Identification and Encouragement of Unusual Academic Talent among Underprivileged Populations* (U.S. Department of Health, Education, and Welfare, January 1967), p. 147. [Contract No. SAE 8028, Project No. 5-0859]。
23. Ibid。
24. See, for example, Willard B. Gatewood, *Aristocrats of Color: The Black Elite, 1880 1920* (Bloomington: Indiana University Press, 1990), pp. 188-189, 247; David M. Katzman, *Before the Ghetto*, Chapter V; Theodore Hershberg and Henry Williams,"Mulattoes and Blacks: Intra-Group Differences and Social Stratification in Nineteenth-Century Philadelphia," *Philadelphia: Work, Space, Family, and Group Experience in the Nineteenth Century*, edited by Theodore Hershberg (Oxford: Oxford University Press, 1981), pp. 392-434。
25. Stephen Birmingham, *Certain People: America's Black Elite* (Boston: Little, Brown and Company, 1977), pp. 196-197。據我的個人經驗，我十幾歲時遞送雜貨給那棟建築裡的人時，是從地下室的服務入口進入，而非走有著天篷、穿制服門房和華麗大廳的前門。我自己的家是離一段距離遠的一棟出租公寓。
26. St. Clair Drake and Horace R. Cayton, *Black Metropolis: A Study of Negro Life in a Northern City*, revised and enlarged edition (Chicago: University of Chicago Press, 1993), pp. 73-74; James R. Grossman,"African-American Migration to Chicago," *Ethnic Chicago*, fourth edition, edited by Melvin G. Holli and Peter d'A. Jones, pp. 323, 332, 333-334; Henri

Harvard University Press, 1962), pp. 76, 85-108, 238-239。

5. Annie Polland and Daniel Soyer, *Emerging Metropolis: New York Jews in the Age of Immigration, 1840-1920* (New York: New York University Press, 2012), p. 31; Tyler Anbinder, *City of Dreams: The 400-Year Epic History of Immigrant New York* (Boston: Houghton Mifflin Harcourt, 2016), pp. 174-175, 178, 356, 358; Stephen Birmingham, *"The Rest of Us": The Rise of America's Eastern European Jews* (Boston: Little, Brown, 1984), pp. 12-24。
6. Louis Wirth, *The Ghetto* (Chicago: University of Chicago Press, 1956), pp. 182-184; Irving Cutler,"The Jews of Chicago: From Shetl to Suburb," *Ethnic Chicago: A Multicultural Portrait*, fourth edition, edited by Melvin G. Holli and Peter d'A. Jones (Grand Rapids, Michigan: William B. Eerdmans Publishing Company, 1995), pp. 127-129, 134-135, 143-144。
7. Fred Rosenbaum, *Visions of Reform: Congregation Emanu-El and the Jews of San Francisco, 1849-1999* (Berkeley: Judah L. Magnes Museum, 2000), pp. 59-60, 184。
8. William A. Braverman"The Emergence of a Unified Community, 1880-1917," *The Jews of Boston*, edited by Jonathan D. Sarna, Ellen Smith and Scott-Martin Kosofsky (New Haven: Yale University Press, 2005), p. 66。德國猶太人和波蘭猶太人都在俄羅斯猶太人移入時移出。這個例子裡的波蘭猶太人是來自德國統治區，當時沒有波蘭，而且顯然在文化上較像德國猶太人勝於像俄羅斯猶太人。
9. Daniel J. Elazar and Peter Medding, *Jewish Communities in Frontier Societies: Argentina, Australia, and South Africa* (New York: Holmes & Meier, 1983), pp. 263-264, 332-334; Hilary L. Rubinstein, *The Jews in Victoria: 1835-1985* (Sydney: Allen& Unwin, 1986), Chapters 10-12。這些內部差異的跡象之一便像是澳洲猶太人常說的，雪梨是一個有冰冷猶太人的溫暖城市，而墨爾本則是有溫暖猶太人的冰冷城市。Hilary Rubinstein, *Chosen: The Jews in Australia* (Sydney: Allen & Unwin, 1987), p. 220。
10. H.L. van der Laan, *The Lebanese Traders in Sierra Leone* (The Hague: Mouton & Co., 1975), pp. 237-240; Louise L'Estrange Fawcett, "Lebanese, Palestinians and Syrians in Colombia," *The Lebanese in the World: A Century of Emigration*, edited by Albert Hourani and Nadim Shehadi (London: The Centre for Lebanese Studies, 1992), p. 368。
11. Tyler Anbinder, *City of Dreams*, pp. 176-177。
12. Teiiti Suzuki, *The Japanese Immigrant in Brazil: Narrative Part* (Tokyo: University of Tokyo Press, 1969), p. 109。
13. Tyler Anbinder, *City of Dreams*, p. 185。
14. Charles A. Price, *The Methods and Statistics of'Southern Europeans in Australia'*(Canberra: The Australian National University, 1963), p. 45。
15. E. Franklin Frazier,"The Negro Family in Chicago," *E. Franklin Frazier on Race Relations:*

Society, 1983), pp. 85, 89。

43. Leslie Fulbright,"S.F. Moves to Stem African American Exodus," *San Francisco Chronicle*, April 9, 2007, p. A1。
44. Bureau of the Census, *1990 Census of Population: General Population Characteristics California*, 1990 CP-1-6, Section 1 of 3, pp. 27, 28, 31; U.S. Census Bureau, *Profiles of General Demographic Characteristics 2000: 2000 Census of Population and Housing, California*, Table DP-1, pp. 2, 20, 42。
45. Gilbert Osofsky, *Harlem: The Making of a Ghetto, Negro New York 1890-1930* (New York: Harper & Row, 1966), pp. 106-110; Jonathan Gill, Harlem, pp. 180-184。
46. Gilbert Osofsky, *Harlem*, p. 110。

Chapter 3・揀選和不揀選人

1. Joses C. Moya, *Cousins and Strangers: Spanish Immigrants in Buenos Aires, 1850-1930* (Berkeley: University of California Press, 1998), pp. 119, 145-146。同樣的，大部分在一八八一到一八九九年移民到澳洲的義大利人，來自於義大利人只佔一〇%的地方。Helen Ware, *A Profile of the Italian Community in Australia* (Melbourne: Australian Institute of Multicultural Affairs and Co.As.It Italian Assistance Association, 1981), p. 12。
2. 澳洲著名的移民歷史學家 Charles A. Price 教授很早就指出：「來自來源國各部分的移民很少比率相同，而成批地來自各地方的幾個區。這種現象的主因之一是連鎖移民，這個現象是一個家族、村落或城鎮的成員成功地在海外立足後，寫信給母國的一、兩個朋友和親戚，鼓勵他們來加入他，通常會給予住屋、就業和行旅費用等援助。少數加入他的人再寫信回自己家鄉，因此形成一個移民的『連鎖』系統，最後可能讓母國的一個小區域有數百人來到移民國裡一個相當狹小的區域。」Charles A. Price, *Jewish Settlers in Australia* (Canberra: The Australian National University, 1964), p. 21。
3. Jonathan Gill, *Harlem: The Four Hundred Year History from Dutch Village to Capital of Black America* (New York: Grove Press, 2011), p. 140; Charles A. Price, *Southern Europeans in Australia* (Melbourne: Oxford University Press, 1963), p. 162; Philip Taylor, *The Distant Magnet: European Emigration to the USA* (New York: Harper & Row, 1971), pp. 210, 211; Dino Cinel, *From Italy to San Francisco: The Immigrant Experience* (Stanford: Stanford University Press, 1982), pp. 28, 117-120; Samuel L. Baily,"The Adjustment of Italian Immigrants in Buenos Aires and New York, 1870-1914," *American Historical Review*, April 1983, p. 291; John E. Zucchi, *Italians in Toronto: Development of a National Identity, 1875-1935* (Kingston, Ontario: McGill-Queen's University Press, 1988), pp. 41, 53-55, 58。
4. Moses Rischin, *The Promised City: New York's Jews 1870-1914* (Cambridge, Massachusetts:

From Jim Crow to Civil Rights: The Supreme Court and the Struggle for Racial Equality (Oxford: Oxford University Press, 2004), p. 8。

27. Bernard E. Anderson, *Negro Employment in Public Utilities: A Study of Racial Policies in the Electric Power, Gas, and Telephone Industries* (Philadelphia: University of Pennsylvania Press, 1970), pp. 73, 80。
28. Ibid., pp. 93-95。
29. Venus Green, *Race on the Line: Gender, Labor, and Technology in the Bell System, 1880-1980* (Durham: Duke University Press, 2001), p. 210。
30. Bernard E. Anderson, *Negro Employment in Public Utilities*, pp. 84-87, 150, 152。
31. Ibid., pp. 150, 152。在一九五〇年代，電信業男性員工的黑人比率，實際上在阿拉巴馬、阿肯色、佛羅里達、喬治亞、肯塔基、路易斯安那、密西西比、北卡羅來納、南卡羅來納、田納西、德州和維吉尼亞等南方州都下跌。Ibid., pp. 84-87。
32. Ibid., pp. 114, 139。
33. Michael R. Winston,"Through the Back Door: Academic Racism and the Negro Scholar in Historical Perspective," *Daedalus*, Vol. 100, No. 3 (Summer 1971), pp. 695, 705。
34. Milton & Rose D. Friedman, *Two Lucky People: Memoirs* (Chicago: University of Chicago Press, 1998), pp. 91-92, 94-95, 105-106, 153-154。
35. Greg Robinson,"Davis, Allison," *Encyclopedia of African-American Culture and History*, edited by Colin A. Palmer (Detroit: Thomson-Gale, 2006), Volume C-F, p. 583;"The Talented Black Scholars Whom No White University Would Hire," *Journal of Blacks in Higher Education*, No. 58 (Winter 2007/2008), p. 81。
36. George J. Stigler,"The Economics of Minimum Wage Legislation," *American Economic Review*, Vol. 36, No. 3 (June 1946), p. 358。
37. Walter E. Williams, *Race & Economics: How Much Can Be Blamed on Discrimination* (Stanford: Hoover Institution Press, 2011), pp. 42-43。
38. Ibid.; Edward C. Banfield, *The Unheavenly City: The Nature and Future of Our Urban Crisis* (Boston: Little, Brown, 1970), p. 98。
39. Charles Murray, *Losing Ground: American Social Policy, 1950-1980* (New York: Basic Books, 1984), p. 77; Walter E. Williams, Race & Economics, p. 44。
40. Chas Alamo and Brian Uhler, *California's Housing Costs: Causes and Consequences* (Sacramento: Legislative Analyst's Office, 2015), pp. 9, 11-12, 14。
41. Sandra Fleishman,"High Prices? Cheaper Here Than Elsewhere," *Washington Post*, January 8, 2005, p. F1; Jason B. Johnson,"Making Ends Meet: Struggling in Middle Class," *San Francisco Chronicle*, October 16, 2005, p. A11。
42. Stephen Coyle,"Palo Alto: A Far Cry from Euclid," *Land Use and Housing on the San Francisco Peninsula*, edited by Thomas M. Hagler (Stanford: Stanford Environmental Law

飾資本家和地主，但在這裡個人只被視為經濟類別的化身、特定階級和特定利益的體現。從我的立場來看，社會經濟構造的演進被視為自然歷史的一個過程，可能比任何其他人都更不認為個人要為讓他變成社會奴隸的關係負責，不管他可能主觀地提升自己超越它們多少。」在第十章，馬克思對勞工的命運做了悲慘的預測，但不是資本家的主觀道德缺陷的結果，因為馬克思說：「身為資本家，他只是資本的化身。」而「這一切確實不是取決於個人資本家的良善或邪惡的意志」。Karl Marx, *Capital: A Critique of Political Economy* (Chicago: Charles H. Kerr & Company, 1909), Vol. I, pp. 15, 257, 297。

15. William Julius Wilson, *The Declining Significance of Race: Blacks and Changing American Institutions*, third edition (Chicago: University of Chicago Press, 2012), pp. 52-53, 54-55, 59。
16. Robert Higgs, *Competition and Coercion: Blacks in the American Economy 1865-1914* (New York: Cambridge University Press, 1977), pp. 47-49, 130-131。
17. 在許多例子中，他們實際上不必到任何地方，因為在一個南方農村有許多黑人無法使用公共或私人運輸的時代，白人地主或僱主會派出密探到黑人勞工聚集的地方，並宣布以什麼條件提供哪些工作。即使在今日的一些都市中，類似的招募模式也發生在零工的僱用上。
18. Robert Higgs, *Competition and Coercion*, pp. 102, 144-146。
19. Ibid., p. 117。
20. Walter E. Williams, *South Africa's War Against Capitalism* (New York: Praeger, 1989), pp. 101, 102, 103, 104, 105. See also Brian Lapping, *Apartheid: A History* (New York: G. Braziller, 1987), p. 164; Merle Lipton, *Capitalism and Apartheid: South Africa, 1910-1984* (Aldershot, Hants, England: Gower, 1985), pp. 152, 153。
21. The book that resulted from this research was Walter E. Williams, *South Africa'sWar Against Capitalism*.
21. 以 這 個 研 究 為 本 寫 成 的 書 是 Walter E. Williams, South Africa's War Against Capitalism。
22. Ibid., pp. 112, 113。
23. See, for example, Thomas Sowell, *Applied Economics: Thinking Beyond Stage One*, revised and enlarged edition (New York: Basic Books, 2009), Chapter 7; Thomas Sowell, *Economic Facts and Fallacies* (New York: Basic Books, 2008), pp. 73-75, 123, 170-172。
24. Jennifer Roback,"The Political Economy of Segregation: The Case of Segregated Streetcars," *Journal of Economic History*, Vol. 46, No. 4 (December 1986), pp. 893-917。
25. Ibid., pp. 894, 899-901, 903, 904, 912, 916。
26. Kermit L. Hall and John J. Patrick, *The Pursuit of Justice: Supreme Court Decisions that Shaped America* (New York: Oxford University Press, 2006), pp. 59-64; Michael J. Klarman,

5. Donald R. Marion,"Toward Revitalizing Inner-City Food Retailing," *National Food Review*, Summer 1982, pp. 23-24。「都市商店的銷售量減少一三%，營運成本增加九%。稅前獲利比郊區商店少一半多。勞工成本升高、耗損成本增加、每位顧客銷售減少、保險和修理成本增加，犯罪造成的損失在內城商店是兩倍多。」*Hearings Before the Subcommittee on Agricultural Production, Marketing, and Stabilization of Prices of the Committee on Agriculture and Forestry*, United States Senate, Ninety-Fourth Congress, Second Session, June 23 and 25, 1976 (Washington: U.S. Government Printing Office, 1976), p. 57. See also pp. 116, 124-125。
6. Dorothy Height,"A Woman's Word," *New York Amsterdam News*, July 24, 1965, p. 34。
7. Ray Cooklis,"Lowering the High Cost of Being Poor," *Cincinnati Enquirer*, May 28, 2009, p. A7。
8. Jonathan Gill, *Harlem: The Four Hundred Year History from Dutch Village to Capital of Black America* (New York: Grove Press, 2011), p. 119。
9. See U.S. Census Bureau, S0201, Selected Population Profile in the United States, 2016 American Community Survey 1-Year Estimates, downloaded from the Census website on July 9, 2018: https://factfinder.census.gov/faces/tableservices/ jsf/pages/productview.xhtml?pid=ACS_16_1YR_S0201&prodType=table。
10. "Choose Your Parents Wisely," *The Economist*, July 26, 2014, p. 22。「我們發現若把父母教育、技術和所得納入考慮，父親和母親在孩子人生頭五年投資的時間，對孩子是否完成教育有很大的影響。」George-Levi Gayle, Limor Golan, and Mehmet A. Soytas,"Intergenerational Mobility and the Effects of Parental Education, Time Investment and Income on Children's Educational Attainment," *Federal Reserve Bank of St. Louis Review*, Volume 100, No. 3 (Third Quarter 2018), pp. 291-292。
11. *The Chronicle of Higher Education: Almanac 2017-2018*, August 18, 2017, p. 46。
12. Karl Marx and Frederick Engels, *Selected Correspondence 1846-1895*, translated by Dona Torr (New York: International Publishers, 1942), p. 476。
13. Adam Smith, *An Inquiry into the Nature and Causes of the Wealth of Nations* (New York: Modern Library, 1937), p. 423。
14. 亞當·斯密譴責「商人和製造者卑鄙貪婪、壟斷精神」和「商人和製造者的喧鬧和詭辯」，他形容他們是「很少聚會的人，即使是為了作樂和消遣，但談話總是以針對大眾的陰謀結束」。至少這些人建議的政策，他說：「任何因此而提出新的商務法律或規定，應該永遠要審慎地聆聽，在採用前永遠應該經過長久而仔細的檢視，不僅要極其謹慎，更要懷著最懷疑的注意。它來自一個人的階層，他們的興趣永遠與大眾不同，他們往往對欺騙、甚至壓迫大眾有興趣，而且在許多情況下曾欺騙和壓迫大眾。」Adam Smith, *An Inquiry into the Nature and Causes of the Wealth of Nations*, pp. 128, 250, 460。卡爾·馬克思在他初版的《資本論》中寫道：「我無法粉

敦高，而華盛頓歷年來的最低溫紀錄則比倫敦每個冬季月份都要低。

94. For documented specifics, see Thomas Sowell, *Wealth, Poverty and Politics*, revised and enlarged edition, pp. 62-64。
95. Steven Pinker, *The Better Angels of Our Nature: Why Violence Has Declined* (New York: Viking, 2011), pp. 85-87。
96. "Solving Murder," *The Economist*, April 7, 2018, p. 9。

Chapter 2・歧視：意義和成本

1. Harry J. Holzer, Steven Raphael, and Michael A. Stoll,"Perceived Criminality, Criminal Background Checks, and the Racial Hiring Practices of Employers," *Journal of Law and Economics*, Vol. 49, No. 2 (October 2006), pp. 452, 473. See also Gail L. Heriot, "Statement of Commissioner Gail Heriot in the U.S. Commission on Civil Rights'Report,"Assessing the Impact of Criminal Background Checks and the Equal Employment Opportunity Commission Conviction Records Policy,"Legal Studies Research Paper Series, Research Paper No. 17-251 (San Diego: University of San Diego Law School, 2013); Jennifer L. Doleac and Benjamin Hansen,"The Unintended Consequences of 'Ban the Box': Statistical Discrimination and Employment Outcomes When Criminal Histories Are Hidden,"Social Science Research Network, last revised August 22, 2018。
2. See, for example, Zy Weinberg,"No Place to Shop: Food Access Lacking in the Inner City," *Race, Poverty & the Environment*, Vol. 7, No. 2 (Winter 2000), pp. 22-24; Michael E. Porter,"The Competitive Advantage of the Inner City," *Harvard Business Review*, May-June 1995, pp. 63-64; James M. MacDonald and Paul E. Nelson, Jr.,"Do the Poor Still Pay More? Food Price Variations in Large Metropolitan Areas," *Journal of Urban Economics*, Vol. 30 (1991), pp. 349, 350, 357; Donald R. Marion,"Toward Revitalizing Inner-City Food Retailing," *National Food Review*, Summer 1982, pp. 22, 23, 24。
3. David Caplovitz, *The Poor Pay More: Consumer Practices of Low-Income Families* (New York: The Free Press, 1967), p. xvi。
4. See, for example,"Democrats Score A.&P. Over Prices," *New York Times*, July 18, 1963, p. 11; Elizabeth Shelton,"Prices Are Never Right," *Washington Post*, December 4, 1964, p. C3;"Gouging the Poor," *New York Times*, August 13, 1966, p. 41;"Overpricing of Food in Slums Is Alleged at House Hearing," *New York Times*, October 13, 1967, p. 20;"Ghetto Cheats Blamed for Urban Riots," *Chicago Tribune*, February 18, 1968, p. 8;"Business Leaders Urge Actions to Help Poor," *Los Angeles Times*, April 11, 1968, p. C13; Frederick D. Sturdivant and Walter T. Wilhelm,"Poverty, Minorities, and Consumer Exploitation," *Social Science Quarterly*, Vol. 49, No. 3 (December 1968), p. 650。

Brunswick: Transaction Books, 1980), p. 143。

80. Angelo M. Codevilla, *The Character of Nations: How Politics Makes and Breaks Prosperity, Family, and Civility* (New York: Basic Books, 1997), p. 50。
81. Charles Murray, *Human Accomplishment*, p. 298。
82. Ibid., pp. 304, 305。
83. 美國人口普查局的資料顯示，四十五到五十四歲者的家庭所得中位數，是不到二十五歲的家庭所得中位數的兩倍。但白人家庭所得是黑人家庭所得的不到兩倍。Kayla Fontenot, Jessica Semega and Melissa Kollar,"Income and Poverty in the United States: 2017," *Current Population Reports*, P60-263 (Washington: U.S. Census Bureau, 2018), Table 1, p. 2。全職勞工的中位數每週薪資也一樣。"Usual Weekly Earnings of Wage and Salary Workers First Quarter 2017,"U.S. Bureau of Labor Statistics, U.S. Department of Labor, April 18, 2017, Table 3。
84. See U.S. Census Bureau, S0201, Selected Population Profile in the United States, 2016 American Community Survey 1-Year Estimates, downloaded from the Census website on July 9, 2018: https://factfinder.census.gov/faces/tableservices/ jsf/pages/productview.xhtml?pid=ACS_16_1YR_S0201&prodType=table。
85. For documented specifics, see Thomas Sowell, *Intellectuals and Race* (New York: Basic Books, 2013), Chapter 3。
86. Thomas C. Leonard,"Eugenics and Economics in the Progressive Era," *Journal of Economic Perspectives*, Vol. 19, No. 4 (Fall 2005), p. 216。
87. Sidney Webb,"Eugenics and the Poor Law: The Minority Report," *Eugenics Review*, Vol. II (April 1910-January 1911), p. 240; Thomas C. Leonard,"Eugenics and Economics in the Progressive Era," *Journal of Economic Perspectives*, Vol. 19, No. 4 (Fall 2005), p. 216; Richard Overy, *The Twilight Years: The Paradox of Britain Between the Wars* (New York: Viking, 2009), pp. 93, 105, 106, 107, 124-127; Donald MacKenzie,"Eugenics in Britain," *Social Studies of Science*, Vol. 6, No. 3-4 (September 1975), p. 518; Jakob Tanner,"Eugenics Before 1945," *Journal of Modern European History*, Vol. 10, No. 4 (2012), p. 465。
88. For documented specifics, see Thomas Sowell, *Intellectuals and Race*, pp. 29-35。
89. Leon J. Kamin, *The Science and Politics of I.Q.* (New York: John Wiley and Sons, 1974), p. 6。
90. Carl C. Brigham, *A Study of American Intelligence* (Princeton: Princeton University Press, 1923), p. 190。
91. *The World Almanac and Book of Facts: 2013* (New York: World Almanac Books, 2013), p. 335。
92. E.A. Pearce and C.G. Smith, *The Times Books World Weather Guide* (New York: Times Books, 1984), pp. 279, 380, 413。
93. Ibid., pp. 132, 376。沒有一個冬季月份（從十二月到三月）華盛頓的平均日低溫比倫

California Press, 1995), Vol. I, pp. 34, 35; Thomas Sowell, *Wealth, Poverty and Politics*, revised and enlarged edition, pp. 45-54。

69. James S. Gardner, et al., "People in the Mountains," *Mountain Geography: Physical and Human Dimensions*, edited by Martin F. Price, et al (Berkeley: University of California Press, 2013), pp. 288-289; J.R. McNeill, *The Mountains of the Mediterranean World: An Environmental History* (New York: Cambridge University Press, 1992), pp. 223, 225-227; Ellen Churchill Semple, *Influences of Geographic Environment*, pp. 578-579。

70. 例如參考 Frederick R. Troeh and Louis M. Thompson, *Soils and Soil Fertility*, sixth edition (Ames, Iowa: Blackwell, 2005), p. 330; Xiaobing Liu, et al.,"Overview of Mollisols in the World: Distribution, Land Use and Management," *Canadian Journal of Soil Science*, Vol. 92 (2012), pp. 383-402; Darrel Hess, *McKnight's Physical Geography*, eleventh edition, pp. 362-363。

71. Andrew D. Mellinger, Jeffrey D. Sachs, and John L. Gallup,"Climate, Coastal Proximity, and Development," *The Oxford Handbook of Economic Geography*, edited by Gordon L. Clark, Maryann P. Feldman and Meric S. Gertler (Oxford: Oxford University Press, 2000), p. 169。近一世紀前，一篇地理學論文宣稱，以通則來說，「一國的海岸是它最先發展的部分」。Ellen Churchill Semple, *Influences of Geographic Environment*, p. 280。

72. 文獻中的例子請參考 Thomas Sowell, *Wealth, Poverty and Politics*, revised and enlarged edition, Section I. See also Ellen Churchill Semple, *Influences of Geographic Environment*, especially chapters on coastal peoples (VIII), island peoples (XIII), peoples in river valleys (XI) and peoples in hills and mountains around the world (XV and XVI)。

73. James S. Gardner, et al.,"People in the Mountains," *Mountain Geography*, edited by Martin F. Price, et al., p. 268。

74. 二〇一四年的世界人口是七十二億人。那一年美國的人口是三億二千三百萬人，義大利為六千一百萬人。The Economist, *Pocket World in Figures: 2017 edition* (London: Profile Books, 2016), pp. 14, 240。

75. Edward C. Banfield, *The Moral Basis of a Backward Society* (New York: The Free Press, 1958), pp. 35, 46-47。

76. Fernand Braudel, *A History of Civilizations*, translated by Richard Mayne (New York: The Penguin Press, 1994), p. 17。

77. Donald L. Horowitz, *Ethnic Groups in Conflict* (Berkeley: University of California Press, 1985), p. 677。

78. Myron Weiner,"The Pursuit of Ethnic Equality Through Preferential Policies: A Comparative Public Policy Perspective," *From Independence to Statehood*, edited by Robert B. Goldmann and A. Jeyaratnam Wilson (London: Frances Pinter, 1984), p. 64。

79. Cynthia H. Enloe, *Police, Military and Ethnicity: Foundations of State Power* (New

有決定性的成本或品質優勢，攻擊的不是既有公司的邊際獲利和生產，而是它們的生存基礎。Joseph A. Schumpeter, *Capitalism, Socialism, and Democracy*, third edition (New York: Harper & Brothers, 1950), p. 84。例子之一是 A&P 連鎖雜貨商多年來是全世界各類連鎖零售商中最大的一家，但最後新競爭者「不是藉由去做 A&P 在全世界最擅長做的事來與 A&P 競爭」，而是藉由不同的組織企業的方法來摧毀 A&P。Richard S. Tedlow, *New and Improved: The Story of Mass Marketing in America* (New York: Basic Books, 1990), p. 246。

57. Darrell Hess, *McKnight's Physical Geography: A Landscape Appreciation*, eleventh edition (Upper Saddle River, New Jersey: Pearson Education, Inc., 2014), p. 200。
58. *Africa: Atlas of Our Changing Environment* (Nairobi, Kenya: United Nations Environment Programme, 2008), p. 29; Rachel I. Albrecht, Steven J. Goodman, Dennis E. Buechler, Richard J. Blakeslee and Hugh J. Christian,"Where Are the Lightning Hotspots on Earth?" *Bulletin of the American Meteorological Society*, November 2016, p. 2055; *The New Encyclopadia Britannica* (Chicago: Encyclopadia Britannica, Inc., 2005), Volume 3, p. 583。
59. Darrell Hess, *McKnight's Physical Geography*, eleventh edition, p. 198。
60. Alan H. Strahler, *Introducing Physical Geography*, sixth edition (Hoboken, New Jersey: Wiley, 2013), pp. 402-403。
61. Bradley C. Bennett,"Plants and People of the Amazonian Rainforests," *BioScience*, Vol. 42, No. 8 (September 1992), p. 599。
62. Ronald Fraser,"The Amazon," *Great Rivers of the World*, edited by Alexander Frater (Boston: Little, Brown and Company, 1984), p. 111。
63. Karen Kaplan,"Man, Chimp Separated by a Dab of DNA," *Los Angeles Times*, September 1, 2005, p. A12; Rick Weiss,"Scientists Complete Genetic Map of the Chimpanzee," *Washington Post*, September 1, 2005, p. A3;"A Creeping Success," *The Economist*, June 5, 1999, pp. 77-78。
64. David S. Landes, *The Wealth and Poverty of Nations*, p. 6。
65. A.H.M. Jones, *The Later Roman Empire 284-602: A Social and Administrative Survey* (Norman: University of Oklahoma Press, 1964), Volume 2, pp. 841-842。
66. Ellen Churchill Semple, *The Geography of the Mediterranean Region: Its Relation to Ancient History* (New York: Henry Holt and Company, 1931), p. 5。
67. Jack Chen, *The Chinese of America* (San Francisco: Harper & Row Publishers, 1980), pp. 65-66。
68. 例如參考 Ellen Churchill Semple, *Influences of Geographic Environment*, pp. 20, 280, 281-282, 347, 521-531, 599, 600; Fernand Braudel, *The Mediterranean and the Mediterranean World in the Age of Philip II*, translated by Sian Reynolds (Berkeley: University of

44. David S. Landes, *The Wealth and Poverty of Nations: Why Some Are So Rich and Some So Poor* (New York: W.W. Norton & Company, 1998), pp. 93-95; William H. McNeill, *The Rise of the West: A History of the Human Community* (Chicago: University of Chicago Press, 1991), p. 526。
45. David S. Landes, *The Wealth and Poverty of Nations*, pp. 94-95。
46. See, for examples, Thomas Sowell, *Wealth, Poverty and Politics*, revised and enlarged edition, especially Part I; Ellen Churchill Semple, *Influences of Geographic Environment* (New York: Henry Holt and Company, 1911), pp. 144, 175, 397, 530, 531, 599, 600. B y contrast, she refers to"the cosmopolitan civilization characteristic of coastal regions."Ibid., p. 347。
47. Andrew Tanzer,"The Bamboo Network," *Forbes*, July 18, 1994, pp. 138-144; "China: Seeds of Subversion," *The Economist*, May 28, 1994, p. 32。
48. Richard Rhodes, *The Making of the Atomic Bomb* (New York: Simon & Schuster, 1986), pp. 13, 106, 188-189, 305-314; Silvan S. Schweber, *Einstein and Oppenheimer: The Meaning of Genius* (Cambridge, Massachusetts: Harvard University Press, 2008), p. 138; Michio Kaku, *Einstein's Cosmos: How Albert Einstein's Vision Transformed Our Understanding of Space and Time* (New York: W.W. Norton, 2004), pp. 187-188; Howard M. Sachar, *A History of the Jews in America* (New York: Alfred A. Knopf, 1992), p. 527; American Jewish Historical Society, *American Jewish Desk Reference* (New York: Random House, 1999), p. 591。
49. Quoted in Bernard Lewis, *The Muslim Discovery of Europe* (New York: W.W. Norton, 1982), p. 139。
50. Giovanni Gavetti, Rebecca Henderson and Simona Giorgi,"Kodak and the Digital Revolution (A),"9-705-448, Harvard Business School, November 2, 2005, pp. 3, 11。
51. "The Last Kodak Moment?" *The Economist*, January 14, 2012, pp. 63-64。
52. Mike Spector and Dana Mattioli,"Can Bankruptcy Filing Save Kodak?" *Wall Street Journal*, January 20, 2012, p. B1。
53. Henry C. Lucas, Jr., *Inside the Future: Surviving the Technology Revolution* (Westport, Connecticut: Praeger, 2008), p. 157。
54. Giovanni Gavetti, Rebecca Henderson and Simona Giorgi,"Kodak and the Digital Revolution (A),"9-705-448, Harvard Business School, November 2, 2005, p. 4。
55. Ibid., p. 12。
56. 早在伊士曼柯達公司倒閉前半世紀多，經濟學家熊彼得就已指出，最強大的經濟競爭不是像一般人所想像的發生在生產相同產品的廠商之間，而是舊與新的科技以及組織的方法之間的競爭。在伊士曼柯達的例子裡，決定性的不是富士底片的競爭，而是數位相機。以熊彼得的話來說：「重要的不是競爭的種類，而是來自新商品、新技術、新供應來源、新類型的組織（例如大規模單位控制）的競爭——具

34. 「到三歲時，專門職業者的孩子平均聽到五十萬句鼓勵、八萬句斥責的話。在靠救濟金生活的小孩身上情況正好相反，平均聽到七萬五千句鼓勵和二十萬句斥責的話。」Paul Tough,"What it Takes to Make a Student," *New York Times Magazine*, November 26, 2006, p. 48.　See also Betty Hart and Todd R. Risley, *Meaningful Differences in the Everyday Experience of Young American Children* (Baltimore: Paul H. Brookes Publishing Co., 1995), p. 253.　See also Edward C. Banfield, *The Unheavenly City: The Nature and Future of Our Urban Crisis* (Boston: Little, Brown, 1970), pp. 224-229。
35. "Choose Your Parents Wisely," *The Economist*, July 26, 2014, p. 22。
36. 例如參考 Kay S. Hymowitz, *Marriage and Caste in America: Separate and Unequal Families in a Post-Marital Age* (Chicago: Ivan R. Dee, 2006), pp. 78-82; Betty Hart and Todd R. Risley, *Meaningful Differences in the Everyday Experience of Young American Children*, p. 253; Edward C. Banfield, *The Unheavenly City*, pp. 224-229。靠救濟金生活的單親媽媽生的小孩未能完成高中學業未來的前景堪虞，缺少與父親的互動勢必帶來後果。「我們發現若把父母教育、技術和所得納入考慮，父親和母親在孩子人生頭五年投資的時間，對孩子是否完成教育有很大的影響。」George-Levi Gayle, Limor Golan, and Mrhmet A. Soytas,"Intergenerational Mobility and the Effects of Parental Education, Time Investment, and Income on Children's Educational Attainment," *Federal Reserve Bank of St. Louis Review*, Volume 100, No. 3(Third Quarter 2018), p. 292。
37. 想看更多例子和對社會移動性更完整的討論，參考 Thomas Sowell, *Wealth, Poverty and Politics*, revised and enlarged edition (New York: Basic Books, 2016), pp. 178-183, 360-375, 382-390。
38. Henry Thomas Buckle, *On Scotland and the Scotch Intellect* (Chicago: University of Chicago Press, 1970), p. 52。
39. Irokawa Daikichi, *The Culture of the Meiji Period*, translated and edited by Marius B. Jansen (Princeton: Princeton University Press, 1985), p. 7。
40. Joel Mokyr, *A Culture of Growth: The Origins of the Modern Economy* (Princeton: Princeton University Press, 2017), p. 256。
41. Steven Beller,"Big-City Jews: Jewish Big City-the Dialectics of Jewish Assimilation in Vienna, c. 1900," *The City in Central Europe: Culture and Society from 1800 to the Present*, edited by Malcolm Gee, Tim Kirk and Jill Steward (Brookfield, Vermont: Ashgate Publishing, Ltd., 1999), p. 150。
42. Charles Murray, *Human Accomplishment*, pp. 280, 282。
43. Charles O. Hucker, *China's Imperial Past: An Introduction to Chinese History and Culture* (Stanford: Stanford University Press, 1975), p. 65; Jacques Gernet, *A History of Chinese Civilization*, second edition, translated by J.R. Foster and Charles Hartman (New York: Cambridge University Press, 1996), p. 69。

CESifo Economic Studies, Vol. 57, 1/2011, p. 109。

22. Sidney Cobb and John R.P. French, Jr.,"Birth Order Among Medical Students," *Journal of the American Medical Association*, Vol. 195, No. 4 (January 24, 1966), pp. 172-173。
23. William A. Layman and Andrew Saueracker,"Birth Order and Sibship Size of Medical School Applicants," *Social Psychiatry*, Vol. 13 (1978), pp. 117-123。
24. William D. Altus,"Birth Order and Its Sequelae," *Science*, Vol. 151 (January 7, 1966), pp. 44-49. See also Robert S. Albert,"The Achievement of Eminence: A Longitudinal Study of Exceptionally Gifted Boys and Their Families," *Beyond Terman: Contemporary Longitudinal Studies of Giftedness and Talent*, edited by Rena F. Subotnik and Karen D. Arnold (Norwood, New Jersey: Ablex Publishing Corporation, 1994), p. 293。
25. Alison L. Booth and Hiau Joo Kee,"Birth Order Matters: The Effect of Family Size and Birth Order on Educational Attainment," *Journal of Population Economics*, Vol. 22, No. 2 (April 2009), p. 377。
26. Robert J. Gary-Bobo, Ana Prieto and Natalie Picard,"Birth Order and Sibship Sex Composition as Instruments in the Study of Education and Earnings,"Discussion Paper No. 5514 (February 2006), Centre for Economic Policy Research, London, p. 22。
27. Jere R. Behrman and Paul Taubman,"Birth Order, Schooling, and Earnings," *Journal of Labor Economics*, Vol. 4, No. 3, Part 2: The Family and the Distribution of Economic Rewards (July 1986), p. S136。
28. Philip S. Very and Richard W. Prull,"Birth Order, Personality Development, and the Choice of Law as a Profession," *Journal of Genetic Psychology*, Vol. 116, No. 2 (June 1, 1970), pp. 219-221。
29. Richard L. Zweigenhaft,"Birth Order, Approval-Seeking and Membership in Congress," *Journal of Individual Psychology*, Vol. 31, No. 2 (November 1975), p. 208。
30. *Astronauts and Cosmonauts: Biographical and Statistical Data*, Revised August 31, 1993, Report Prepared by the Congressional Research Service, Library of Congress, Transmitted to the Committee on Science, Space, and Technology, U.S. House of Representatives, One Hundred Third Congress, Second Session, March 1994 (Washington: U.S. Government Printing Office, 1994), p. 19。
31. Daniel S.P. Schubert, Mazie E. Wagner, and Herman J.P. Schubert,"Family Constellation and Creativity: Firstborn Predominance Among Classical Music Composers," *The Journal of Psychology*, Vol. 95, No. 1 (1977), pp. 147-149。
32. Arthur R. Jensen, *Genetics and Education* (New York: Harper & Row, 1972), p. 143。
33. R.G. Record, Thomas McKeown and J.H. Edwards,"An Investigation of the Difference in Measured Intelligence between Twins and Single Births," *Annals of Human Genetics*, Vol. 34, Issue 1 (July 1970), pp. 18, 19, 20。

Saxon"William B. Shockley, 79, Creator of Transistor and Theory on Race," *New York Times*, August 14, 1989, p. D9; J.Y. Smith;"Luis Alvarez, Nobel-Winning Atomic Physicist, Dies," *Washington Post*, September 3, 1988, p. B6。

7. Malcolm Gladwell, *Outliers*, pp. 111-112。
8. Ibid., p. 112。
9. 著名的經濟學家羅塞特（Richard Rosett）是另一個例子。參考 Thomas Sowell, *The Einstein Syndrome: Bright Children Who Talk Late* (New York: Basic Books, 2001), pp. 47-48. The best-selling author of *Hillbilly Elegy* was another. See J.D. Vance, *Hillbilly Elegy: A Memoir of a Family and Culture in Crisis* (New York: HarperCollins, 2016) pp. 2, 129-130, 205, 239。
10. Charles Murray, *Human Accomplishment: The Pursuit of Excellence in the Arts and Sciences, 800 B.C. to 1950* (New York: HarperCollins, 2003), pp. 98-99。
11. Ibid., p. 99。
12. James Corrigan,"Woods in the Mood to End His Major Drought," *The Daily Telegraph* (London), August 5, 2013, pp. 16-17。
13. Charles Murray, *Human Accomplishment*, p. 102。
14. Ibid., pp. 355-361。
15. John K. Fairbank and Edwin O. Reischauer, *China: Tradition & Transformation* (Boston: Houghton Mifflin, 1978), p. 17。
16. William D. Altus,"Birth Order and Its Sequelae," *Science*, Vol. 151 (January 7, 1966), p. 45。
17. Ibid。
18. Julia M. Rohrer, Boris Egloff, and Stefan C. Schmukle,"Examining the Effects of Birth Order on Personality," *Proceedings of the National Academy of Sciences*, Vol. 112, No. 46 (November 17, 2015), p. 14225。這些智商中位數的差異未必很大。不過，即使是微小的智商中位數差異，可能轉換成不同族群在智商一百二十以上的比率有很大的差異——一百二十以上的智商大多發現在吸引主要注意力的菁英職業的人。大多數觀察家對哪種人符合在速食餐廳櫃檯工作的條件較不感興趣，而是較注意哪種人符合在化學實驗室工作，或擔任工程師或物理學家的條件。
19. Lillian Belmont and Francis A. Marolla,"Birth Order, Family Size, and Intelligence," *Science*, Vol. 182, No. 4117 (December 14, 1973), p. 1098。
20. Sandra E. Black, Paul J. Devereux and Kjell G. Salvanes, "Older and Wiser? Birth Order and IQ of Young Men," *CESifo Economic Studies*, Vol. 57, 1/2011, pp. 103-120。
21. Lillian Belmont and Francis A. Marolla,"Birth Order, Family Size, and Intelligence," *Science*, Vol. 182, No. 4117 (December 14, 1973), pp. 1096-1097; Sandra E. Black, Paul J. Devereux and Kjell G. Salvanes,"Older and Wiser? Birth Order and IQ of Young Men,"

註解

前言

1. Alan Greenspan, *The Age of Turbulence: Adventures in a New World* (New York: Penguin Press, 2007), p. 95。

引言

1. Fernand Braudel, *A History of Civilizations*, translated by Richard Mayne (New York: The Penguin Press, 1994), p. 17。

Chapter 1．差異和先決條件

1. 當一個特定的努力需要多重因素——即使先決條件只有少數幾個且很尋常——而使成功的機率大幅降低，只是讓結果平等更難出現的原因之一。其他因素可能是非先決條件的影響因素，但因素增加——包括先決條件和其他影響因素——使得影響結果的可能組合及排列數隨之增加，因而減少了成功結果平等的可能性。一個具體的非先決條件的影響因素例子，是左撇子是棒球一壘手的優勢。雖然有許多右撇子一壘手是絕佳的野手，但左撇子擔任一壘手的比率往往較高。
2. 有一、二、三、四或五個先決條件的機率可能呈常態分布，像是一條鐘形曲線，但結果的分布未必是如此。如果把結果的分布畫成圖形，橫軸表示先決條件的數量，縱軸表示成功的結果數，所有那些有一、二、三和四個先決條件都將只有零個成功呈現在一條與橫軸對應的線上。在五個先決條件的地方，這條線以正確的角度升高到橫軸，代表不同程度的成功。這顯然看起來不會像是一條鐘形曲線。
3. *World Illiteracy At Mid-Century: A Statistical Study* (Paris: United Nations Educational, Scientific and Cultural Organization, 1957), p. 15。
4. 截至一九四〇年，特曼集團裡只有不到半數的女性是全職員工。Lewis M. Terman, et al., *The Gifted Child Grows Up: Twenty-Five Years'Follow-Up of a Superior Group* (Stanford: Stanford University Press, 1947), p. 177。
5. Malcolm Gladwell, *Outliers: The Story of Success* (New York: Little, Brown and Company, 2008), p. 111。
6. Ibid., pp. 89-90. See also Joel N. Shurkin, *Terman's Kids: The Groundbreaking Study of How the Gifted Grow Up* (Boston: Little, Brown & Company, 1992), p. 35; Wolfgang

Big Ideas
偽歧視：拆穿政治正確、破解直覺偏見，用數字與邏輯重新認識歧視的真相！

2021年10月初版　　定價：新臺幣430元

著者	Thomas Sowell
譯者	吳國卿
叢書編輯	陳冠豪
校對	徐文若
整體設計	李偉涵

出版者	聯經出版事業股份有限公司
地址	新北市汐止區大同路一段369號1樓
叢書編輯電話	(02)86925588轉5315
台北聯經書房	台北市新生南路三段94號
電話	(02)23620308
台中分公司	台中市北區崇德路一段198號
暨門市電話	(04)22312023
台中電子信箱	e-mail：linking2@ms42.hinet.net
郵政劃撥	帳戶第0100559-3號
郵撥電話	(02)23620308
印刷者	文聯彩色製版印刷有限公司
總經銷	聯合發行股份有限公司
發行所	新北市新店區寶橋路235巷6弄6號2樓
電話	(02)29178022

副總編輯	陳逸華
總編輯	涂豐恩
總經理	陳芝宇
社長	羅國俊
發行人	林載爵

行政院新聞局出版事業登記證局版臺業字第0130號

本書如有缺頁，破損，倒裝請寄回台北聯經書房更換。　ISBN 978-957-08-6038-2 (平裝)
聯經網址：www.linkingbooks.com.tw
電子信箱：linking@udngroup.com

Discrimination and Disparities
This edition published by arrangement with Basic Books, an imprint of Perseus Books, LLC, a subsidiary of Hachette Book Group, Inc., New York, New York, USA, through Bardon-Chinese Media Agency.

國家圖書館出版品預行編目資料

偽歧視：拆穿政治正確、破解直覺偏見，用數字與邏輯重新認識歧視的真相！/ Thomas Sowell著．吳國卿譯．初版．新北市．聯經．2021年10月．312面．14.8×21公分（Big Ideas）
譯自：Discrimination and disparities.
ISBN 978-957-08-6038-2（平裝）

1.收入 2.分配 3.偏見 4.種族偏見

551.81 110015992